◎ "档案学国家级一流本科专业建设点" 项目资助

网络信息检索

（第二版）

主　编　高俊宽

副主编　邹桂香

参　编　（按参编章节顺序排名）

徐　芳　高　峰　任　荣

杨方铭　明　海　宗　琦

合肥工业大学出版社

目　　录

第一章　网络信息检索概述

1952 年，美国学者穆尔斯（C. W. Mooers）提出信息检索（Information Retrieval，IR）的概念。网络信息检索（Network Information Retrieval，NIR）是随着计算机、网络及通信等信息技术（Information Technology，IT）发展与普及的产物。根据中国互联网网络信息中心（CNNIC）2023 年 8 月 28 日发布的第 52 次《中国互联网络发展状况统计报告》显示，截至 2023 年 6 月 30 日，中国网民数量达到了 10.79 亿，互联网普及率达 76.4%，域名总数达 3024 万个。在信息高速发展的今天，通过网络获取信息的用户在不断增加，网络信息资源正日益成为人们工作、学习和生活中不可或缺的组成部分。

互联网的出现使得信息的采集、传播的速度和规模达到空前的水平，出现了"信息爆炸"等现象。面对浩瀚无边的"信息海洋"，人们会出现"信息焦虑综合征"等负面情绪与问题。另外，由于网络的开放性、自由性、便捷性等特点，网络上充斥着各种类型的信息，这些网络信息在质量方面参差不齐，如何在包罗万象的网络信息中利用最少的时间检索出对自己最有用的信息资源就显得尤为重要。于是，各种网络信息检索技术、方法与工具应需而生，信息检索也逐渐从开始 PC 端的网络信息检索发展为今天移动端的网络信息检索，但是基本原理和检索并没有发生根本的变化。本书首先介绍网络信息检索的基本问题，其次对搜索引擎进行深入系统的分析，然后从政府、教育、学术、文化、休闲、网购等方面对网络信息检索的应用进行论述。本章主要介绍网络信息资源、网络信息检索等基本内容，为后续章节的学习奠定基础。

第一节　网络信息资源概述

1　信息、信息资源、网络信息资源

1.1　信息

一位美国科学家在诗句中写道：没有物质的世界是虚无的世界；没有能源的世界是死寂的世界；没有信息的世界是混乱的世界。

美国哈佛大学的研究小组提出了著名的资源三角形理论：没有物质，什么都不存在；没有能量，什么都不会发生；没有信息，任何事物都没有意义。

信息、物质和能源一起构成当今人类社会的三大资源。信息是一个内涵与外延都十分广泛的概念，从不同的角度和目的可以对信息有不同的看法和理解，目前关于信息的定义有若干种。代表性的定义有：信息论的创始人申农（Claude Elwood Shannon）在《通信

的数学理论》中首次提出信息是用来消除不确定性的东西。控制论的创始人维纳（Nobert Wiener）认为：信息是人们在适应外部世界并且使这种反应作用于外部世界的过程中同外部世界进行交换的内容的名称。我国学者钟义信认为：信息是事物运动的状态与方式，是事物的一种属性。总之，信息是在自然界和人类社会生活中普遍存在的一种现象，是事物存在方式和运动状态的属性。

1.2　信息资源

文献调查表明，信息资源的概念在学术界仍没有统一的定论。但是，目前有两种代表性的观点：从狭义上说，信息资源是指信息本身或信息的集合，主要指信息内容；从广义上说，信息资源是指信息及其相关因素的集合，涉及信息的生产、分配、交换、消费等整个过程。

1.3　网络信息资源

简单来说，网络信息资源是互联网络上公开发布的网页和在线数据库的总和。网络信息资源又称虚拟资源、电子信息资源、数字资源、联机资源等，是指通过计算机网络，利用计算机技术、通信技术、多媒体技术等相关技术，以数字化形式存在于互联网上的各种类型的信息资源的总和。与传统信息资源相比，网络信息资源信息内容的表述与组织方式不同，信息表述所依附的媒介物也不同，因而其检索的技术、方法与工具也与传统的信息检索有所区别。

2　网络信息资源的特征

网络信息资源是依托于互联网的一种方便快捷的新型数字化资源，它的出现改变了传统意义上的信息资源的检索方式，产生了传统意义的信息资源所不具备的许多特点，使信息资源更加丰富。与传统的信息资源相比，网络信息资源有如下特征：

2.1　数量繁多，分布广泛

网络的开放性和自由性使得网络信息资源飞速增长，网络信息资源犹如夜空中的繁星一样众多。网络在全世界范围内的普及打破了传统信息资源在时间和空间方面的限制，网络信息资源分布呈现出全球性的特点。

2.2　类型众多，内容丰富

网络信息资源的类型多种多样，除了传统模式的文字外，还包括图像、声音、动画、视频、软件等其他类型的信息资源。网络信息资源的内容也十分丰富，涵盖了大部分的领域和学科内容，能够基本满足绝大部分用户的需求。

2.3　时效性强，更新及时

网络为人们的生活提供了便捷的交流方式，用户总能在网络上第一时间查看有关的信息资源。它具有很强的时效性和动态性，通信技术的发展更为网络的更新提供了可能。

2.4　成本低廉，获取方便

在网络上获取信息资源的成本一般都比较低廉，所花的时间成本和经济成本都要比传统的信息资源低得多，且网络信息资源更易于用户方便快捷地获取，而不再受制于时间和空间。

2.5　分布随意，质量不一

网络的开放自由给用户提供了发布信息资源的广阔空间，而资源的多样性和缺乏专有的管理使网络信息资源在分布上呈现出无序的特点。从整体上看，资源的分布较为随意，由于用户的水平和能力等原因，信息资源的质量也显得参差不齐。

2.6　交互性强，方便共享

在网络的环境下，每个用户既充当着信息资源拥有者的角色，又充当着信息资源生产者的角色，用户可以在网络上享受相对的自由，分享自己已有的信息资源，从而达到和他人资源共享的目的。

2.7　关联度高，链接开放

网络信息资源利用超文本技术在相关的资源之间建立起某种联系，再将不同的资源通过节点链接在一起，形成一个巨型的链接图。这种链接关系是对传统信息资源的一大挑战，用户可以很容易地从一个链接资源转到另一个相关链接资源的内容上。

2.8　版权纠纷，难于管理

和传统的纸质信息资源的版权保护体系相比较，网络信息资源的版权纠纷和不确定性明显更多。网络中包含着很多界定模糊的概念，这使得相关法律的执行变得更加困难和难于规范，也就使某些侵权行为更加肆无忌惮。保护网络信息资源的版权刻不容缓。

综上所述，网络信息资源和传统的信息资源相比，有很多明显的优点，例如数量和类型众多、时效性强、成本低廉、交互性强、关联度高等特点，但同时也具有分布随意、难于控制等问题。

3　网络信息资源的分类

网络信息资源种类繁多，内容丰富，按照不同的方式可以将其划分为多个不同的类型。

3.1　按信息来源划分

①政府信息资源：由政府公开发布在网络上的各种信息，代表着政府部门意志的信息。具体包含政府的相关新闻、具体的部门设置、制定的政策法规和规章等。②社会信息资源：来自社会各个阶层、各个领域的信息资源，包括具体的教育信息、科技信息、社交信息和娱乐信息等。③商业信息资源：商业内部或商业机构中的信息，有些是对外公开的，另一部分则是商业机密。主要包括企业的历史、产品、销售渠道、顾客信息等。

3.2　按采用的网络传输协议划分

①WWW信息资源是一种基于超文本传输协议并利用超文本、超媒体和多媒体等技术清晰直观地展现给用户的信息资源。②Telnet信息资源是指利用网络通信协议通过计算机远程登录服务来访问其共享的资源。③FTP信息资源是指利用文件传输协议来实现信息资源的传递和共享的资源。④用户服务组信息资源是一种最受欢迎的信息交流方式，包括新闻组、邮件列表、专题讨论组、兴趣组和辩论会等形式。⑤Gopher信息资源是一种基于菜单的网络服务，用户在菜单选项中选择相对应的资源即可与远程服务器建立联系。

3.3　按网络信息资源的组织形式划分

①文本信息资源是指按一定的文本顺序排列的信息资源。②超文本、超媒体、多媒体信息资源，可以将各种形式的资源如文本、图像、声音等很好地结合起来，从而达到更加

丰富的效果。③数据库信息资源，可以将大量的信息资源以一定的方式整理在一起，用户可以直接在数据库中方便地查找检索。④网站信息资源是指将各种形式的信息资源经过一系列的整合组织在一个网站内的资源。

3.4 按信息交流方式划分

①非正式出版信息是指流动性、随意性较强、信息量大、信息质量难以保证和控制的信息。它在网络信息资源中占很大的比重。②半正式出版信息是指受到一定的产权保护，但是没有纳入正式出版信息系统的信息。③正式出版信息是指受到一定产权保护，信息质量可靠、利用率较高的知识性、分析性信息。

3.5 按信息的载体和传播范围划分

①光盘信息资源主要指以光盘的载体形式展现出的信息资源。②联机信息资源是由计算机联机服务系统提供的集中式的网络信息资源。③互联网信息资源是指分布在互联网上的各种文字、声音、图形、图像、视频等资源。

第二节 网络信息检索

1 网络信息检索的概念

目前关于网络信息检索的概念尚无统一的定义，一般来说，网络信息检索是指运用特定的网络信息检索技术和策略，利用相关的网络信息检索工具，对互联网上的信息资源进行查找的一种检索方式。为了理解网络信息检索的概念，我们可以看一些日常工作、学习和生活中可能遇到的例子。

实例 1：小明通过网络地图（如百度地图、高德地图等）查找前往面试公司的交通工具及路线。

实例 2：小赵想买笔记本电脑，通过社交软件（如微信、QQ 等）向朋友咨询了相关的信息。

实例 3：小李想出国留学，通过搜索引擎（如百度、必应等）查找美国学校与专业的排名情况。

实例 4：小王想去济州岛旅游，通过网络社区（如小红书、豆瓣等）查找济州岛的旅游攻略。

实例 5：小康在图书馆 OPAC 系统里面找到了想要借阅图书的相关信息。

以上 5 个实例中，1、3、4 属于网络信息检索的范围，而 2、5 不属于网络信息检索的范围。分析实例 1、3、4，我们可以得出网络信息检索的两个充分条件：以网络为工具和检索网络上的信息资源。

2 网络信息检索分类

根据每个人不同的检索习惯和不同的检索目的，可以将网络信息检索分为以下三类。

2.1 浏览

用户在互联网上浏览信息时，当看到感兴趣或想了解的信息时可以利用文件中的超文本链接从现有网页跳转到另一个相关的网页。在用户的检索目的性不太强的时候，可以利用浏览的方式进行检索。但是如果过分地依赖这种检索方式，会让人迷失在网络信息资源的大海中。

2.2 目录型信息检索

目录型检索工具是采用人工方式或半自动化方式对信息资源进行采集、评价、组织、过滤和控制等，按照一定的学科顺序或其他顺序对这些整理过的资源进行分类，本书第二章将详细介绍。用户不需要搜索具体的关键词，只需要按照分类目录层层挖掘下去即可。由于是人工编排录入，所以该检索具有较高的准确性，可以清晰地看出大类和子类之间的关系。但是，人工的方式必然会花费更多的时间成本和精力成本，再加上网络信息资源千变万化、更新颇快，这种方式的检索也就存在着更新速度慢、学科类别分类不统一等问题。目录型检索工具最具有代表性的网站就是各浏览器的首页导航，如 QQ 上网导航、360 导航等。

2.3 搜索引擎

搜索引擎型检索工具是互联网上较为普遍和使用范围较广的一种检索方式。搜索引擎型检索工具让自动跟踪索引器（如百度蜘蛛、Googlebot 等工具）遍历整个互联网，将各种相关的网络信息资源搜集到一起并建立成一个庞大的资源数据库，当用户发出具体的操作请求后，它会根据用户的具体需求而调用资源数据库中的相关资源并将其返回给用户，本书第二章将详细介绍。它能很人性化地"识别"用户的一系列操作且快速地给用户提供较为准确的信息资源；但是，由于采用计算机软件自动对信息资源进行加工检索而不是人工加工检索以及检索软件的水平不同等特点，这种检索方式检索出来的信息资源的质量还有待提高。

3 网络信息检索原理

信息检索是将信息按照一定的方式组织和存储起来，并根据用户的需要找出有关信息的过程。在整个网络信息检索的过程中，用户通过互联网这个平台，运用相应的检索技术和检索策略，在计算机检索系统的数据库中检索自己想获取的信息资源，数据库会根据用户的检索情况在终端设备上呈现出最终的检索结果。

想要检索网络信息资源，首先要保证数据库中存储有相应的数据资源，然后才能对其进行检索。因此，从广义上说，网络信息资源包括信息存储和信息检索这两部分。

3.1 信息存储

信息存储的过程是以人工或者自动化的形式收集各种类型的原始网络信息资源，将其按照计算机特定的格式和语言存储在数据库中。由于网络信息资源数量庞大，为了提高检索效率，通常还会对网络信息进行进一步的处理，构建索引库，主要包括预处理、特征分析抽取、特征标识等环节。

3.2 信息检索

信息检索的环节是建立在相应的检索基础上，用户根据自己的检索需求，通过检索式发出相应的检索指令，索引服务器会根据用户的需求进行检索式分析并与索引库中的信息配对，如果有匹配的网络信息资源，索引服务器会向数据库服务器请求输出相关的检索结

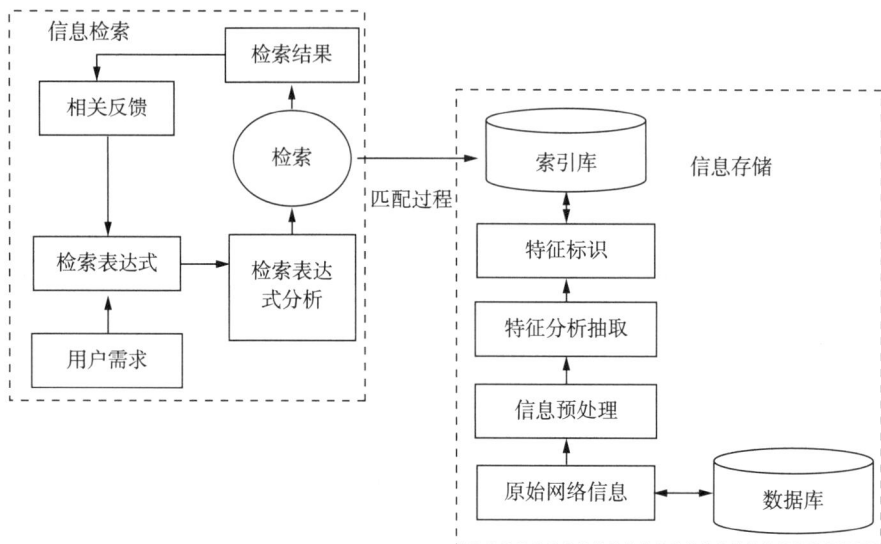

图 1-1 网络信息检索原理示意图

果，用户还可以根据检索结果进行反馈或者修正检索表达式，直至检索到用户满意的信息资源。

4 网络信息检索评价

4.1 网络信息检索评价的概念

网络信息检索评价是指对互联网上的信息资源按照各方面的指标对网络信息资源的质量进行的全面具体的评价。

4.2 网络信息检索评价的指标

网络信息检索评价的指标有很多，主要有以下几个方面。

（1）数据库内容

①收录范围。收录范围对检索结果有直接影响，数据库收录内容的多少是决定信息检索效果的关键因素。收录范围越大，检索结果就越可能全面完整，查全率就越高。②更新频率。互联网信息资源的开放自由和传播迅速使信息资源的更新变得更加频繁，内容更加丰富。网络信息资源的更新周期越短，信息资源结果的准确性就越高。③数据库索引。数据库索引对信息检索的结果也十分重要。索引内容的完整性也会提高信息检索的效率，使检索的结果更加精确，花费的检索时间更短。

（2）检索功能

①检索方式。不同的检索方式会对检索结果产生不同的影响。如果能针对具体的检索环境利用合理的检索方式可以在一定程度上缩短检索的时间成本，提高检索效率。②检索技术。检索技术对信息检索提出了更高的要求。运用更多更先进的检索技术，例如布尔检索、截词检索、概念检索、引文检索等方法会使检索的范围更加广、结果更加可靠。③检索限定。在网络信息检索中，每个数据库都会根据情况给出相应的限定词，如主题、作者、关键词、题名、刊名等，让用户根据自己的需求自由选择限定词的字段。检索限定越多，越利于检索，就越有可能找到所需资源。

（3）检索效果

①查全率。查全率是指对于一项特定的检索，实际检索出的文件数与所有应该被检出的文件数的比。它是衡量信息检索效率的重要指标，可以反映出检测信息是否全面。②检准率。检准率是指对于一项特定的检索，实际检出的文件之中有多少比率是真正应该被检出的文件。它也是衡量信息检索效率的重要指标，它可以反映出所检测信息的准确程度。③响应时间。系统的响应时间对检索结果有一定影响，响应时间主要和网络的传输速度、通信设备等有关，如果系统的响应时间过长的话会降低用户的检索体验。④检索结果的相关性。信息资源的检索结果特别繁多，如果用户从上至下逐条检索会花费大量的时间且收获甚微。按照相关性从高到低依次排序的检索结果可以让用户花最少的时间检索出最贴切的资源。

（4）用户界面

用户界面是信息检索评价中很重要的一项指标，它很直观地反映出检索结果的大致信息。用户界面的明确清晰、简洁明了、交互友好、方便易用等因素都跟信息检索的评估密切相关。

5　网络信息检索的发展趋势

信息检索一直都是图书馆学、情报学的重要研究领域之一，随着网络技术的发展和互联网用户需求的不断变化，传统信息检索的缺点日益凸显。为了解决这些问题，出现了一些新的信息检索理念，如跨语言信息检索、语义信息检索、可视化信息检索、协同信息检索以及基于云计算的信息检索等，这些也是网络信息检索发展的趋势。

5.1　跨语言信息检索

跨语言信息检索（Cross Language Information Retrieval，CLIR）是指可用一种提问语言检索出用另一种语言表达的信息，也就是一种跨越语言界限进行检索的系统。调查数据表明，截至 2022 年 10 月，互联网上 60.8% 的网页为英文，5.5% 的网页为俄文，1.7% 的网页为中文。另外，根据国家工业信息安全发展研究中心数据资源所的统计数据，2016 年 6 月至 2017 年 3 月，在全球前 10 位互联网使用语种当中信息用户增长最快的 3 个语种，均为非英语，其中西班牙语网络用户增长 6.02%，阿拉伯语用户增长 3.04%，日语用户增长 2.90%，以英语为母语的美国、英国信息网络用户增长也很迅速，但均没有超过 1%。可见，随着非英语互联网用户的大幅度增加，消除语言差异和障碍对信息检索的影响，提高网络信息资源检索的效率已经成为迫切需要解决的问题。

跨语言信息检索研究最早可追溯到 1973 年 G. 萨尔顿（G. Salton）的论文 *Experiments in multilingual information retrieval*。当时的研究主要针对国际联机检索进行，由于检索系统不普及，因而人们对网络信息的需求并不强烈。20 世纪 90 年代后期，互联网的迅猛发展使得跨语言信息检索研究真正成为热点，互联网的全球化信息结构引发了对跨语言信息检索的迫切需要。这就促使越来越多的研究团体深入研究跨语言信息检索问题，并研究开发跨语言信息检索的不同方法。

跨语言信息检索研究涉及语言学、情报学、计算机科学等多门学科知识，是一个综合性强、富有挑战性的研究领域。目前，跨语言信息检索中的文档的结构化、文档的语言识别以及文档的标引等基本问题依然是研究的热点问题和趋势。

5.2 语义信息检索

传统的基于关键词的检索方式由于字义本身与其概念的延伸不在同一级上，使得查询的结果可能仅是在字面意义或者某层意义上相匹配，例如输入"CNN"，检索结果可能会包括表示卷积神经网络的"CNN"和"CNN"新闻等；输入"拍卖"可能会检索出"羽毛球拍卖完了"等信息，其检准率会受到影响。事实上，人们想要的往往是信息的概念及相关成分，语义检索（Semantic Retrieval）的出现正是为了解决这一问题。

通俗地讲，语义信息检索是指搜索引擎的工作不再拘泥于用户所输入请求语句的字面本身，而是透过现象看本质，准确地捕捉到用户所输入语句后面的真正意图，并以此来进行搜索，从而更准确地向用户返回最符合其需求的搜索结果。

语义信息检索涉及 Web 语义、本体（Ontology）、自然语言处理（Natural Language Processing）、人工智能领域的智能代理（Intelligent Agent）和机器学习等相关技术，目前这些技术尚处于发展的阶段，真正的语义信息检索尚需要进一步的努力才能实现。

5.3 可视化信息检索

互联网和信息检索技术的高速发展，在一定程度上解决了人们查找信息的难题，但依然存在诸多问题，检索式表达、检索结果表达的可视化问题就是其中之一。近年来随着可视化技术（Visualization Technology）的发展，网络信息检索的可视化特别是搜索引擎的可视化被越来越多的搜索引擎服务提供商所青睐。20 世纪 90 年代以来，随着可视化技术的进步，可视化信息检索系统得到了长足的发展。

可视化信息（Visualization Information）是指一切反映客观世界的可视信息媒体，包括图片、动画、影像、视频等，是一种反映在特定载体上的信息，是可以加工、存储并被人们利用的信息。可视化信息的检索就是利用可视化技术设法为用户提供一个可视化的环境以支持用户完成信息检索、浏览、挖掘等超出传统的信息系统所能实现的功能。

可视化信息检索（Visualization Information Retrieval）受到国内外学者的广泛关注。目前出现了一些新的研究领域，比如动态的网络可视化信息检索系统，是一种对各可视化检索系统与网络导航系统相互兼容而形成的一种新的检索系统。

5.4 协同信息检索

在现实生活中，人们在很多与他人合作的任务中，如旅行计划、组织社会活动或者完成家庭作业等，有着协同检索的需求。Web2.0 及计算机支持的协同工作（Computer Supported Cooperative Work，CSCW）等新技术的发展也使协同信息检索开始成为信息检索领域新的研究热点。

简单来说，协同信息检索是为了解决某个具体的协同检索问题，适应某个具体目标、环境的检索系统。协同信息检索系统（Cooperative Information Retrieval System）与群组软件（Groupware）或者协同软件（Collaborative Software）、P2P（Peer‐to‐Peer）技术、即时通信（Instant Messaging）技术、聚类（Clustering）搜索技术以及标引（Indexing）技术有着密切的关系，有效的协同信息检索系统是这些技术协同工作的结果。

协同信息检索系统在国内是一个新领域，国外的研究也处于实验室研究阶段。现有的协同信息检索系统从实现功能看，包括：支持实时交流的 Coagmento 系统、CoSearch 系统、SearchX 系统等；运用交互桌面实现协同数字资源搜索的 GroupLens 系统、WeSearch 系统等；支持推荐、评价的 Tapestry 系统等；支持深度数据挖掘算法的 VisSearch 系统、Cerchiamo 系统等；隐性捕捉检索信息的 I－SPY 系统等。

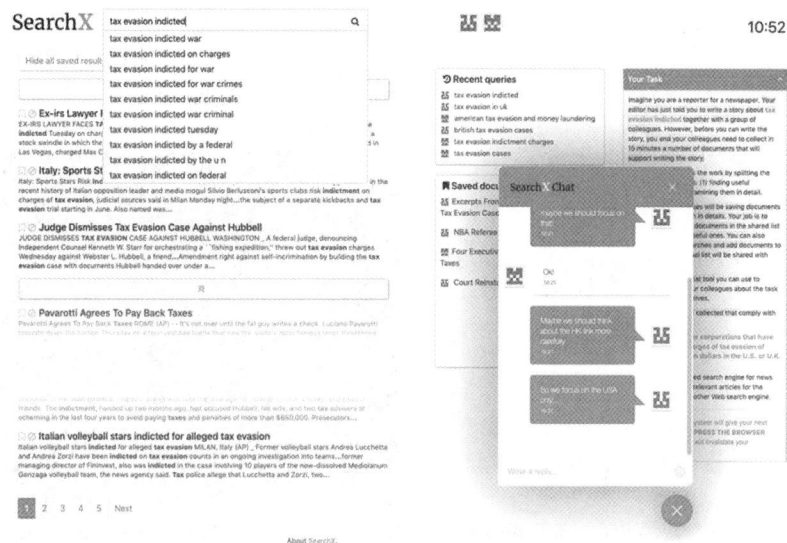

图 1－2　SearchX 系统

图 1－3　WeSearch 系统

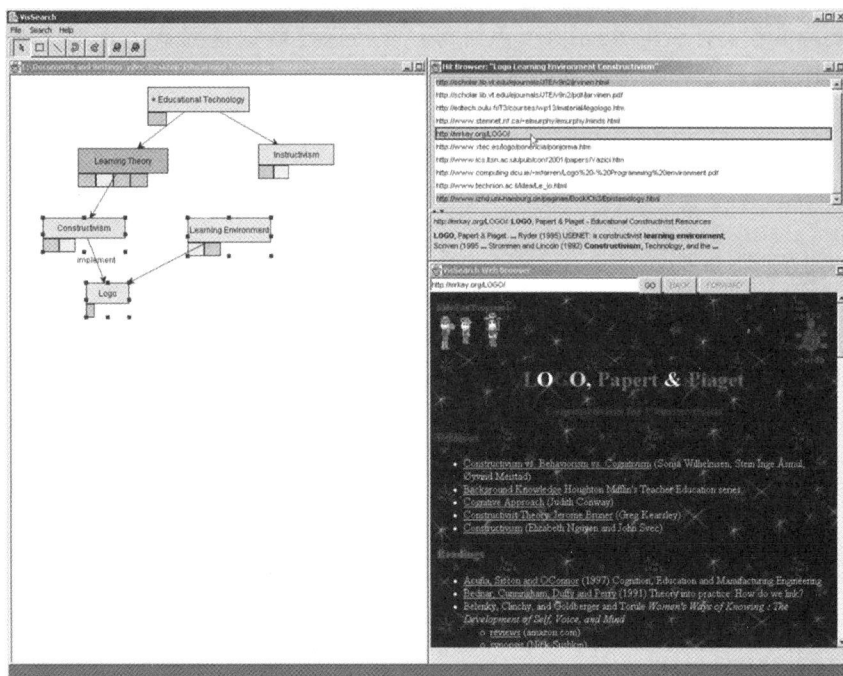

图 1 - 4　VisSearch 系统

5.5　其他

近年来，随着云计算（Cloud Computing）、大数据（Big Data）等理念和技术的出现，有人提出了基于云计算的大数据检索、基于云计算的信息检索以及云计算环境下的绿色信息检索等检索理念。另外，有人对少儿信息检索、少年网络信息检索行为等进行了研究。

参考文献

1. 隋莉萍. 网络信息资源检索与利用 [M]. 北京：清华大学出版社，2014.

2. 高飞. 网络信息实用检索 [M]. 北京：中国质检出版社，中国标准出版社，2015.

3. 陈泉. 网络信息资源检索与利用 [M]. 北京：清华大学出版社，2010.

4. 张洋. 网络信息资源开发与利用 [M]. 北京：科学出版社，2010.

5. 朱江岭. 网络信息资源检索 [M]. 北京：海洋出版社，2010.

6. 谷琦. 网络信息资源组织管理与利用 [M]. 北京：科学出版社，2008.

7. 朱红，朱敬，李淑青. 网络信息检索与利用 [M]. 北京：人民邮电出版社，2010.

8. 符绍宏，雷菊霞，邓瑞丰，高冉. 互联网信息资源检索与利用 [M]. 北京：清华大学出版社，2012.

9. 许旌莹. 网络信息检索与利用 [M]. 北京：北京理工大学出版社，2022.

10. 高俊宽. 网络信息检索 [M]. 合肥：合肥工业大学出版社，2015.

第二章　搜索引擎

第一节　搜索引擎概述

伴随着互联网的飞速发展，网络信息资源急剧增长，信息内容涉及工业、农业、科技、教育、文化艺术、商业、信息咨询、休闲娱乐等诸多方面。网络对人们的帮助越来越大，人们对网络的依赖和需求也越来越多，但在浩如烟海的网络信息资源中，快捷、准确地找出所需信息也越来越难。为了满足人们的信息检索需求，网络搜索引擎也应运而生。据中国互联网络信息中心（CNNIC）于 2023 年 8 月发布的第 52 次《中国互联网络发展状况统计报告》（以下简称《报告》）统计，截至 2023 年 6 月底，搜索引擎用户规模已达 8.41 亿。搜索引擎被称为"网络之门"，为人们在茫茫的信息海洋中导航，使用它可以快速地从海量的网络信息中检索到自己所需要的信息。

1　搜索引擎概述

1.1　搜索引擎的内涵

搜索引擎（Search Engine）是互联网上专门用于检索的网站的统称，具体而言，它是以互联网为平台，以超文本链接技术为基础，根据一定的策略，运用特定的计算机程序搜集互联网上的信息，在对信息进行处理和组织后，为用户提供检索服务的在线检索工具。

从用户的角度来看，搜索引擎提供一个包含搜索框的网页页面，用户在搜索框输入检索词语，通过浏览器提交后，搜索引擎就会在数据库中进行搜索，并返回跟用户输入的内容相关的信息列表。

1.2　搜索引擎发展简史

现代搜索引擎的鼻祖是 1990 年由加拿大麦吉尔大学的学生艾伦·伊米杰（Alan Emtage）发明的 Archie 软件。当时，万维网（World Wide Web）还没有出现，人们通过 FTP 来共享交流资源，由于大量文件散布在各个分散的 FTP 主机中，查询起来非常不方便。Archie 能定期搜集并分析 FTP 服务器上的文件名信息，查找分散在各个 FTP 主机中的文件。用户必须输入精确的文件名搜索，然后 Archie 会告诉用户哪一个 FTP 地址可以下载该文件。Archie 是第一个自动索引互联网上匿名 FTP 网站文件的程序，但它还不是真正的搜索引擎。

1993 年，搜索引擎历史上第一个用于 Web 网络的搜索引擎 World Wide Web Wanderer 出现，它由马太·杰瑞（Matthew Gray）开发，只作收集网址而用。2 月，

Excite 由 6 个斯坦福大学的学生创建，Excite 从 Architext 项目衍生而来。他们想使用静态统计的方法分析词之间的关系来使搜索引擎更具效率。他们还发布了一个供网站管理员在自己网站上使用的搜索软件版本，后来被叫作 Excite for Web Servers。（Excite 后来曾以概念搜索闻名，2002 年 5 月，被 Infospace 收购的 Excite 停止自己的搜索引擎，改用元搜索引擎 Dogpile。）

1994 年 4 月，斯坦福大学的两名博士生，美籍华人杨致远（Jerry Yang）和大卫·菲洛（David Filo）共同创办了 Yahoo! 网站。随着访问量和收录链接数的增长，Yahoo! 目录开始支持简单的数据库搜索。Yahoo! 中收录的网站，因为都附有简介信息，所以搜索效率明显提高。2004 年 2 月，Yahoo! 正式推出自己的全文搜索引擎。Yahoo! 几乎成为 20 世纪 90 年代的互联网的代名词。1994 年 7 月和年底，Lycos 和 Infoseek 分别在国际互联网上亮相，搜索引擎进入了高速发展时期。

1995 年，一种新的搜索引擎形式——元搜索引擎（Meta Search Engine）出现了。用户只需提交一次搜索请求，由元搜索引擎负责转换处理后提交给多个预先选定的独立搜索引擎，并将从各独立搜索引擎返回的所有查询结果集中起来处理后再返回给用户。第一个元搜索引擎，是华盛顿大学硕士生埃里克·塞尔伯格（Eric Selberg）和奥伦·埃兹奥尼（Oren Etzioni）的 Metacrawler。12 月 DEC 公司推出了 Alta Vista，这是第一个支持自然语言搜索的搜索引擎、第一个实现高级搜索语法（如 AND、OR、NOT 等）的搜索引擎，大量的创新使它迅速达到当时搜索引擎的顶峰。

1996 年 6 月，Ask Jeeves 公司创立，2001 年 9 月，Ask Jeeves 收购了全文搜索引擎 Teoma 并与之进行整合后，其搜索能力得到了进一步的加强，2006 年更名为 Ask。1996 年 5 月和 10 月，HotBot 和 Looksmart 先后问世。

1997 年 8 月，Northern Light 搜索引擎正式现身。它曾是拥有最大数据库的搜索引擎之一，没有禁用词（Stop Words），有出色的实时新闻服务、7100 多种出版物组成的特别收藏库（Special Collection）、良好的高级搜索语法，第一个支持对搜索结果进行简单的自动分类。10 月，北大天网正式在 CERNET 上提供服务，它利用教育网优势，有强大的 FTP 搜索功能。

1998 年 1 月，台湾中正大学吴升教授所领导的 GAIS 实验室创立 Openfind。Openfind 起先只做中文搜索引擎，鼎盛时期同时为三大著名门户新浪、奇摩、雅虎提供中文搜索引擎，但 2000 年后市场逐渐被 Baidu 和 Google 瓜分。1998 年 2 月，Oventure（goto.com）诞生，2003 年 7 月被 Yahoo! 收购。1998 年 9 月，Google 在斯坦福大学正式诞生，它是目前最具影响力的搜索引擎。

1999 年 5 月，Fast（AllTheWeb）公司发布了自己的搜索引擎 AllTheWeb，可利用 ODP 自动分类，支持 Flash 和 PDF 搜索，支持多语言搜索，还提供新闻搜索、图像搜索、视频、MP3 和 FTP 搜索，拥有极其强大的高级搜索功能。2003 年 2 月 25 日，Fast 的互联网搜索部门被 Overture 收购。

2000 年 1 月，李彦宏和徐勇创立了百度（Baidu）公司。2001 年 10 月正式发布 Baidu 搜索引擎，专注于中文搜索。2001 年 4 月，Teoma 诞生，同年 9 月被 Ask Jeeves 收购。2004 年 8 月，搜狐推出搜狗搜索引擎。2005 年 6 月，新浪正式推出自主研发的搜索引擎

"爱问"。2006 年 9 月，微软公司发布正式的 Live Search 搜索引擎，2009 年，微软 Live Search 改名为 Bing，并与 Yahoo! 达成历史性协议。Yahoo! 将逐步放弃自己的搜索技术，转用 Bing 的数据。2007 年，网易全面采用有道搜索技术，合并原来的综合搜索和网页搜索。2010 年，Yahoo! 正式采用 Bing 的搜索数据。2010 年中，Google 因某些原因退出中国市场，只能在香港留下一个桥头堡。2014 年 3 月，中国搜索正式开通。2015 年 1 月，360 搜索正式推出独立品牌"好搜"。2016 年 2 月，"好搜"重新更名为"360 搜索"。自此之后，国内 PC 搜索逐渐形成以百度、搜狗、360 为代表的三足鼎立局面。

搜索引擎技术领域一直以来都在进行不断的革新，搜索引擎领域瞬息万变，竞争激烈，目前互联网上搜索引擎已达数百家，其搜索的信息量与从前不可同日而语，一家搜索引擎光靠自己单打独斗已无法完全适应目前的市场状况，搜索引擎之间也开始出现分工协作，并有了专业的搜索引擎技术和搜索数据库服务提供商，面向其他搜索引擎提供服务。从这个意义上来说，它们是搜索引擎的搜索引擎。

2 搜索引擎分类

随着互联网和搜索引擎技术的发展，搜索引擎的种类也日益丰富，按不同的标准可以进行不同的分类，如按工作方式可以分为目录索引搜索引擎、全文检索搜索引擎和元搜索引擎，按搜索内容可以划分为通用搜索引擎和垂直搜索引擎，等等。下面介绍几种主要搜索引擎类型。

2.1 目录索引搜索引擎

目录索引搜索引擎以人工或半自动方式将互联网网站按类别编排形成一份目录，各类下边排列着属于这一类别的网站的站名和网址链接，有些搜索引擎还通过人工方式提供各网站的信息摘要，形成像图书馆目录一样的分类树形结构索引。

目录索引搜索引擎由于加入了人工维护，信息较为准确、导航质量高。用户在这类搜索引擎中查找网站时，可以使用关键字进行查询，也可以只遵循分类体系逐级查询，即可准确方便地找到所需的信息。用户通过浏览层次型的目录来寻找相关的信息资源，目录按一定的主题分类体系组织，并辅之年代、地区等分类。用户一般采取逐层浏览目录、逐步细化来寻找合适的类别直至具体资源。

目录索引搜索引擎的缺点在于：搜索范围比全文检索搜索引擎要小很多；由于没有统一的分类体系，用户对信息分类的判断和选择将直接影响结果；信息分类的交叉也导致许多内容的重复；需要人工介入，信息维护量大，更新较慢，影响使用；目录库相对较小，信息量远不及现代搜索引擎。

目录索引搜索引擎严格意义上来说并不是现代搜索引擎，通过搜索得到的网站是通过人工编辑而不是搜索引擎自动抓取的，在搜索引擎发展初期算作搜索引擎，现在已经远远不能满足人们的需求了，一些目录索引搜索引擎也开始与全文检索搜索引擎合作，如 Yahoo! 和 Bing 搜索的合作。另一方面，许多全文检索搜索引擎也加入了目录索引的搜索形式，以方便用户检索。国外比较著名的目录搜索引擎有 Yahoo!、Looksmart 等。国内比较著名的有搜狐、新浪等。

2.2 全文检索搜索引擎

全文检索搜索引擎是目前使用最广泛的搜索引擎。通过使用大型的数据库来收集、组织和存储互联网资源，当用户查询关键词时，搜索引擎将用户输入的关键词在数据库中进行匹配和关联，然后将匹配的结果以列表清单的形式返回给用户，检索过程类似于字典中的检索字表查字的过程。全文检索搜索引擎的主页有一个搜索框，我们可以在搜索框中输入要查找的关键词（字、词或短语等），再点击检索按钮。按钮的名称，一般是"搜索"，也有的起名为"查找""查询""开始"等，或使用英文"Start""Find""Search""Go""Get it""Submit"等。有些全文检索搜索引擎也提供分类目录，但提供的是网页的目录而不是网站的分类目录。

从搜索结果来源的角度，全文检索搜索引擎又可以分为两类：一种是拥有自己的检索程序（Indexer），俗称"蜘蛛"（Spider）程序或"机器人"（Robot）程序，并自建网页数据库，搜索结果直接从自身的数据库中调用，如上面提到的 Google、百度等；另一种则是租用其他引擎的数据库，并按自定的格式排列搜索结果，如 Lycos 搜索引擎。目前 Lycos 主要与雅虎进行合作。

全文检索搜索引擎更新较快、方便直接，不需要人工干预，可以使用逻辑关系组合关键词，通过添加各种语法规则，比如数据类型、范围、时间等来精确定位，因而可准确检索满足特定条件的网络资源。互联网上新的或更新的页面常常在短时间内就可以被检索到，而过期的链接也会及时地删去。它的不足之处在于检索结果反馈的信息往往太多太滥，用户很难找到所需的内容，检索结果缺乏准确性。如果想要得到理想的结果，需要借助于必要的语法规则和限制符，这些又是用户很难熟悉和掌握的。另外，对于同一个关键词，不同的全文检索搜索引擎反馈的结果相差也会很大。国外最具有代表性的全文检索搜索引擎有 Google、Lycos 等，国内的有百度等。

2.3 元搜索引擎

元搜索引擎是建立在独立搜索引擎之上的搜索引擎，又称多元集成搜索引擎，它利用若干个独立搜索引擎，对其进行整合、调整、控制和优化，集中提供统一的检索服务。

这类搜索引擎自己并不收集网站或网页信息，通常也没有自己的数据库，而是将搜索请求同时发送到多个传统的搜索引擎，然后对各个搜索引擎的反馈结果再进行整理后返回给查询者。元搜索引擎向其提交查询请求的搜索引擎称为目标搜索引擎。

元搜索引擎是一种很有用的搜索工具，它特别适合两种搜索应用：使用单个关键词或词组进行查询，通过元搜索引擎一次提交就可以获得来自多个引擎的综合结果，显然比单独地访问各个搜索引擎方便得多，而且元搜索引擎还可以自动过滤掉大量的重复信息；测试某个关键词查询在多个搜索引擎中的效果，使用元搜索引擎显然是最方便的途径。

元搜索引擎有串行处理和并行处理两种方式。串行处理是将用户的检索要求先发给某一个搜索引擎，然后将检索结果处理后再发给下一个搜索引擎，依次进行，最终把结果反馈给用户，这种处理准确性高但速度慢。并行处理是把检索要求同时发给所有要调用的搜索引擎，这种处理方式速度快但重复内容较多。

元搜索搜索引擎是为弥补传统搜索引擎的不足而出现的一种辅助检索工具，具备很多传统搜索引擎所不具备的优势。但是，元搜索引擎也存在很大的局限性：首先，由于不同的搜索引擎所能支持的高级查询不同，处理方式也差别很大，因此现在的元搜索引擎都只能进行简单的关键词查询，不支持复杂的高级条件查询。其次，由于搜索处理时间的限制，现在的元搜索引擎一般在某一个目标搜索引擎上花费的时间都不长，所以一般对每个目标搜索引擎只获取了大约10％的信息。因此当用户确实需要完整的信息，元搜索引擎就无能为力了。鉴于这种情况，现在出现了一些专门的搜索软件，通过这样的软件可以向上百个搜索引擎提交请求，然后再对结果进行处理。由于没有时间和带宽上的限制，所以可以长时间运行以得到更加丰富的综合结果。国外常见的元搜索引擎有 InfoSpace、Dogpile、Vivisimo、Ask Jeeves 等，国内有搜星等。

2.4　其他

（1）集合式搜索引擎

集合式搜索引擎类似于元搜索引擎，都没有自己的索引数据库。区别在于它并非同时调用多个搜索引擎进行搜索，而是由用户从提供的若干搜索引擎中选择，然后搜索用户需要的内容。它的形式是在一个浏览页面上同时集合几个搜索引擎供用户使用，用户可以一次选择一个或者全部搜索引擎，一次输入关键词，可以获得一个或者多个搜索引擎的检索结果。它是对现有搜索引擎的一种应用方式，是多个独立搜索引擎的集合，为用户的搜索提供方便，算不上是真正的搜索引擎。著名的集合式搜索引擎如 2002 年底推出的 HotBot、2007 年底推出的 Duoci 等。

（2）垂直搜索引擎

垂直搜索引擎为 2006 年后逐步兴起的一类搜索引擎。它不同于通用的网页搜索引擎，是针对某一个行业的专业搜索引擎，是搜索引擎的细分和延伸，专注于特定的搜索领域和搜索需求（如机票搜索、旅游搜索、生活搜索、小说搜索、视频搜索、购物搜索等），在其特定的搜索领域有更好的用户体验。垂直搜索是相对通用搜索引擎的信息量大、查询不准确、深度不够等提出来的新的搜索引擎服务模式，通过针对某一特定领域、某一特定人群或某一特定需求提供的有一定价值的信息和相关服务。其特点就是"专、精、深"，且具有行业色彩，相比较通用搜索引擎的海量信息无序化，垂直搜索引擎则显得更加专注、具体和深入。著名的垂直搜索引擎如印搜、爱搜书、百度专利、Google 学术搜索等。

（3）门户搜索引擎

门户搜索通常是门户网站里面的搜索功能，通常门户搜索引擎没有自身的网页数据库，也没有目录索引，其搜索结果完全来自独立搜索引擎，目的是满足网站对用户的需求。著名的有 Aol Search、MSN Search、腾讯、搜狗等门户搜索引擎。

（4）免费链接列表

这类网站一般只简单地滚动链接条目，少部分有简单的分类目录，不过规模要比 Yahoo! 等目录索引小很多。

3　搜索引擎的常用检索方法

3.1　简单检索

在搜索引擎中输入一个单词（关键词），然后点击"搜索"即可，系统很快会返回查询结果，这是搜索引擎最简单的查询方法，使用方便，但是查询的结果不太准确，可能包含着许多无用的信息。

3.2　词组检索

输入两个单词以上的词组（短语），提交搜索引擎检索并反馈结果，也叫词组检索。

现有搜索引擎一般都约定把词组或者短语放在引号""内。

3.3 复杂检索

（1）布尔逻辑

布尔检索是指通过标准的布尔逻辑关系来表达关键词与关键词之间逻辑关系的一种检索方法，这种检索方法允许我们输入多个关键词，各个关键词之间的关系可以用逻辑关系词来表示。

常用的布尔逻辑算符有三种，分别是逻辑与"AND"、逻辑或"OR"、逻辑非"NOT"。

AND，称为逻辑"与"，用 AND 进行连接，表示它所连接的两个词必须同时出现在查询结果中。例如，输入"汽车 AND 新能源"，它要求查询结果中必须同时包含汽车和新能源。

OR，称为逻辑"或"，它表示所连接的两个关键词中任意一个出现在查询结果中就可以。例如，输入"汽车 OR 新能源"，就要求查询结果中可以只有汽车，或只有新能源，或同时包含汽车和新能源。

NOT，称为逻辑"非"，它表示所连接的两个关键词中应从第一个关键词概念中排除第二个关键词。例如，输入"汽车 NOT 新能源"，就要求查询的结果中包含汽车，但同时不能包含新能源。

在实际的使用过程中，可以将各种逻辑关系综合运用，灵活搭配，以便进行更加复杂的查询。

（2）通配符（＊和?）

通配符包括星号（＊）和问号（?）（半角，以下要加的其他符号同此）。前者表示匹配的数量不受限制，可以使用星号代替 0 个或多个字符。后者匹配的字符数要受到限制，可以使用问号代替一个字符。通配符主要用在英文搜索引擎中。例如，输入"computer＊"，就可以找到"computer、computers、computerised、computerized"等单词，而输入"comp?ter"，则只能找到"computer、compater、competer"等单词。

（3）双引号（""）

给要查询的关键词加上双引号，可以实现精确的查询，这种方法要求查询结果要精确匹配，不包括演变形式。例如，在搜索引擎的文字框中输入"电脑技术"，它就会返回网页中有"电脑技术"这个关键字的网址，而不会返回包括"电脑"和"技术"的网页，并且在结果数目与时间上都比输入电脑技术得到更少、更快、更好的结果，能更准确地找到所需要的信息。

（4）加号（＋）和减号（－）

在关键词的前面使用加号，表示"并"的意思，也就等于告诉搜索引擎该单词必须出现在搜索结果中的网页上。例如，在搜索引擎中输入"苏州＋大学"就表示要查找的内容必须同时包含苏州和大学这两个关键词。

在关键词的前面使用减号，也就意味着在查询结果中不能出现该关键词。例如，在搜索引擎中输入"电视台－中央电视台"，它就表示最后的查询结果中只包含"电视台"但不包含"中央电视台"，即含有减号后关键词的结果被过滤掉了。

（5）竖号（｜）

竖号仅被少数搜索引擎使用，如谷歌等。竖号表示"或"的意思，即搜索结果中含有多个关键词的一个即可，不能同时含有这些词。例如，在搜索引擎中输入"小米｜苹果"，在搜索结果中，要么含有"小米"，要么含有"苹果"，但不能同时含有"小米""苹果"两个词。

（6）特殊搜索命令

intitle：多数搜索引擎都支持的针对网页标题的搜索命令（冒号使用英语输入法，下同）。例如，输入"intitle：家用电器"，表示要搜索标题含有"家用电器"的网页。

site：限定在某类站点或者某个网站内搜索。语法格式有两种：①site：网址　关键词；②关键词　site：网址。"site："后面跟的站点域名，不要带"http：//"。例如，输入"site：baidu. com 中国好声音"表示是在 Baidu 这个网站内搜索"中国好声音"的网页。

3.4　目录搜索

目录搜索指按搜索引擎提供的分类目录逐级检索。用户一般不需要输入检索词，而是按照检索系统所给的若干种分类项目，选择类别进行逐级搜索，也叫分类搜索。

第二节　搜索引擎的技术原理

1　搜索引擎的组成

一个搜索引擎一般由搜索器、索引器与索引数据库、检索器和用户接口等四部分组成。

1.1　搜索器

搜索器的功能是在浩瀚的互联网中漫游，发现和搜集网页资源。它通常是一个计算机应用程序，比如网络蜘蛛（Spider）或网络机器人（Robot），它会尽可能多、尽可能快地搜集各种新网页资源。由于互联网上的信息更新很快，因此还需定期更新已搜集过的旧信息，以避免死链和无效链接。

搜索器搜集处理的信息类型多样，包括网页文件（如 HTML、XML、ASP 等）、字处理文档（如 Word、Excel、PDF 等）、数据库文件（如 Access、Oracle 等）、音视频文件（如 MP3、MPEG、AVI 等）、各种图像文件（如 BMP、JPEG 等），商业搜索引擎的信息发现每天可达几百万网页。搜索器的实现常用分布式并行计算技术，以提高信息发现和更新的速度。

1.2　索引器与索引数据库

索引器的功能是理解搜索器所搜集的网页信息，从中抽出索引项，用于生成索引文件，进而建立索引数据库。索引通常分为正排索引和倒排索引。

索引器的优劣直接影响搜索引擎的质量。搜索器搜集的网页中存在着大量重复的网页与内容，另外，网页中有很多与内容无关的信息，比如广告、导航条、网站说明等。如何从源文件中提取内容，这给信息查询带来了很大的挑战。在这一步，自然语言处理扮演了重要角色。以中文为例，需要先去除无关的 HTML 标记，然后进行中文分词（将中文序列分成若干个词，词是汉语的基本表达单元）、同义词处理（有些词虽然形式不一样但是表示相同的含义，比如"爱好"和"嗜好"）、去除"停用词"（指那些没有实际意义的词，比如"的""是""在"等）。经过上述步骤后，整个页面可以用若干个词的序列来表示。

索引器还有一点很重要的作用就是体现网页的重要程度，由于搜索引擎数据库中与搜索关键词相匹配的结果集通常相当大，如何将用户最想要的列在返回结果集的前端，这就涉及每个搜索引擎核心的排序算法。在判断这个网页与另一个网页相比谁更重要时，通常采用科技文献的做法，即"引用越多越重要"。比如 Google 就是根据此思想，如果一个网页 URL 被更多个网页引用，表示这个网页比较重要，体现在排序中就会列在返回结果集的前列。

索引数据库是搜索引擎的核心，它既是索引器提供的产品，又是检索器进行工作的基础，没有索引数据库就没有办法实现搜索引擎的功能。索引数据库由一个接口模块和四个类件（倒排地址表、倒排索引文件、主索引文件和纯文本文件）组成。

1.3　检索器

检索器的功能是根据用户的查询在索引库中快速检索，进行相关度匹配，对检出的结果进行排序，返回相应的网页列表给用户。这包括：首先，需要对用户查询进行理解，将其转换为服务器检索使用的信息，比如进行同义词和语义转换的处理；其次，根据用户查询，从索引库中检索出结果集；再次，进行相关度判断，根据特定的排序算法，对输出结果进行排序。其中相关度判断通常采用矢量空间模型，用户查询与页面文档表示为矢量，相似度则体现为用户查询与页面文档矢量间的夹角余弦，最后将相关度大于阈值的页面集按照相关度逆序返回给用户。当然搜索引擎的排序并不一定与用户的需求完全符合。

1.4　用户接口

用户接口的作用是为用户提供可视化的查询输入和结果输出界面，方便用户输入查询关键词、显示查询结果、提供用户相关性反馈机制等。目的是方便用户使用搜索引擎，高效地、多方式地检索出有效的信息。同时，用户接口的设计和实现必须适应人类的思维习惯，比如用户接口提供了各种查询逻辑运算符（如 AND、OR、＋、－）、出现位置（如标题、内容、网站）、域名范围（如.edu、.org、.cn）等限制查询范围。在查询输出界面中，将查询器检出的结果集形成一个线性文档列表，其中包含页面的标题、简介和链接地址等信息，由页面生成系统将搜索结果的链接地址和页面内容摘要等内容组织起来返回给用户。针对用户查询接口，各种搜索引擎无论是从技术上还是方法上都给出了不同的实现方式，目前尚不统一。

2　搜索引擎的运行

按照上述的技术构成原理，搜索引擎的运行包括以下几个部分：

2.1　爬行并抓取网页

搜索引擎的基础是有大规模的网页信息资源的数据库，这是决定搜索引擎整体质量的一个重要指标。要获得大量的网页信息资源，搜索引擎就必须收集网络资源。搜索引擎通过高性能的网络蜘蛛（Spider）或者网络机器人（Robot），自动地在互联网中搜索信息。

每个搜索引擎的蜘蛛或机器人，都有不同的 IP，并有自己的代理名称，通常在网络日志中可以看到不同 IP 及代理名称的搜索引擎蜘蛛，如 Baiduspider、Googlebot 等分别表示百度蜘蛛、谷歌机器人等，用于区分不同的搜索引擎。

一个典型的网络蜘蛛工作的方式是查看一个页面，从中找到相关内容进行抓取，然后从该页面的所有链接中继续寻找相关的信息，以此类推。

搜索器通常有两种搜集信息的策略：

① 从一个起始 URL 集合开始，顺着这些 URL 中的超链接（Hyperlink），以宽度优先、深度优先或最佳优先方式在互联网中发现并收集信息。

宽度优先的爬行策略是网络蜘蛛来到一个网页后，先将每一层的链接爬行完后，再爬行下一层网页的链接。

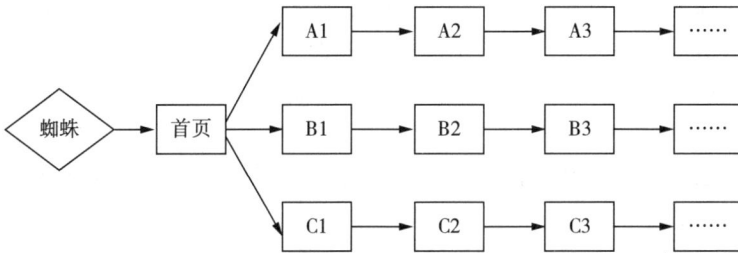

图 2-1　深度优先的爬行策略

深度优先的爬行策略是网络蜘蛛在一个网页发现一个链接，会顺着这个链接爬行到下一个网页，在这个网页中又沿一个链接爬行下去，直到没有未爬行的链接，然后再回到第一个网页，沿另一个链接一直爬行下去。

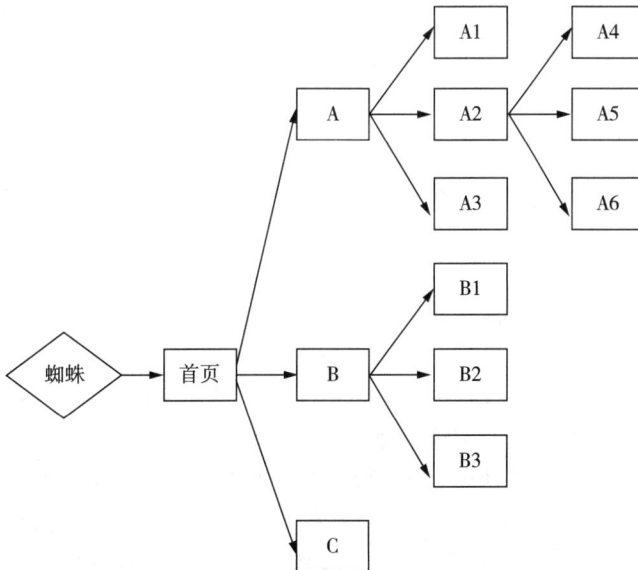

图 2-2　宽度优先的爬行策略

最佳优先爬行策略是按照一定的算法，划分网页的重要等级，搜索引擎对等级较高的进行优先爬行和抓取，通常规模大的网站能获得搜索引擎的更多信任，且大网站更新频率快，蜘蛛会优先爬行。另外，反应速度快的网站可以提高蜘蛛的工作效率，蜘蛛也会优先爬行。

② 将 Web 空间按照域名、IP 地址或国别划分成子空间，让每个搜索器负责一个子空间的穷尽搜索。

蜘蛛爬行了网页后，会对有价值的网页进行抓取收录，存入信息数据库中，并按一定的特征对网页信息进行分类。这是搜索引擎提供服务的基础条件。

2.2 提取信息并建立索引库

索引库的建立关系到用户能不能快速、准确地找到所需信息，这就需要对搜索引擎蜘蛛所抓取的网页进行处理，这和爬行抓取一样属于搜索引擎后台处理的一部分。

网络蜘蛛抓取的网页数量巨大，不能直接用于检索器检索，否则会耗时较长，影响用户体验。这时索引器就要对抓取的网页进行预处理，建立索引时对网页采用基于网页内容分析和基于超链接相结合的方法进行相关度评价，能够客观对网页进行排序，最大限度保证搜索出的结果与用户的检索提问相一致。处理的工作过程主要包括对网页结构化、分词、降噪去重、索引、越链接分析、数据整合等。网页结构化主要是提取网页有用信息，去除网页 HTML 代码及脚本，对剩下的文字内容进行处理。分词通常在中文搜索引擎中使用，根据词典或日常使用习惯对语句按词汇进行划分。每种搜索引擎分词的结果并不完全相同，满足用户需求的能力也不一样，这都会影响最终的搜索结果。降噪去重是去除网页上无意义及重复的内容，只保留网页主要信息。索引是搜索引擎以网页中词语为关键词，建立便于检索的有序文件条目存储于搜索引擎的索引数据库中，包括了正排索引和倒排索引。索引数据库是整个搜索过程的基础，没有索引搜索引擎就难以查找到相应的内容。每个网页的外部超链接的数量、质量以及网页导出链接情况，都反映了网页与关键词的相关度，超链接分析就是搜索引擎对网页链接进行分析，得出网页相关度的计算。经过搜索引擎处理过的网页文件，按不同格式进行整理和分类存储，然后整合各种类型的数据，存于搜索引擎的数据库中。在索引数据库建立的过程中，对所有数据采用多进程并行的方式，对新的信息采取增量式的方法建立索引库，保证索引能够迅速建立，以便数据能够得到及时更新。

2.3 用户检索服务

搜索引擎根据用户输入的检索词，在索引库中快速检出文档，进行文档与检索的相关度评价，对将要输出的结果进行排序，并将检索结果返回给用户，这就是搜索引擎工作与用户交互的重要流程。在这个过程中，搜索引擎首先要对用户输入的搜索词进行拆分、去噪、调用方式选择等操作，以确定检索命令，一些无意义的词，如"啊""了""呀""哈"等就会被过滤掉，比如用户在搜索"电脑出现黑屏了"时，搜索引擎就把它拆分为"电脑""出现""黑屏""了"，其中"了"并没有多少实际意义，因此就会在搜索命令中去掉，形成"电脑"＋"出现"＋"黑屏"的搜索命令，以查询同时含有这几个词的网页文件。其次会匹配文件范围，把经过处理的搜索命令，在搜索引擎的数据库中进行检索，确定符合命令要求的文件，并把这些文件按权重值由高到低排序，作为待排名的文件范围，然后搜索引擎对确定参与排名的网页文件进行相关性计算，以获得最终返回给用户的搜索结果。在返回搜索结果后，搜索引擎与用户会继续进行交互，通过收集用户搜索的数据，优化检索服务，使搜索引擎更加准确、高效且个性化。

第三节 国内外常用搜索引擎

1 Google

1.1 简介

Google（www.google.com）在 1998 年 9 月由斯坦福大学两名博士生拉里·佩奇（Larry Page）和谢尔盖·布林（Sergey Brin）创立，因此两人也被称为"Google Guys"。Google 是目前最具影响力的搜索引擎，据统计，在 2013 年 Google 的市场份额已经超过83%，在全球范围内拥有无数的用户。Google 支持多达 132 种语言，包括简体中文和繁体中文，输出结果采用 45 种语言。Google 的引擎技术一流，尤其以分析超文本链接见长。它采用新一代先进技术，根据互联网本身的链接结构对相关网站用自动方法进行分类，Google 的专利网页级别技术 PageRank™对网页进行基于全位置的排序处理，能够提供准确率极高的搜索结果。它的智能化"手气不错"功能，提供可能最符合要求的网站。Google 搜索引擎主要的搜索服务有网页、图片、图书、财经、导航、视频、地图、翻译、新闻、购物等，另外还具有强大的 Google 学术搜索功能等。

1.2 基本检索方法

（1）初级检索

① 基本检索。基本检索就是 Google 默认的主界面，在检索框内输入检索词，点击下面的"Google Search"（"Google 搜索"）按钮或者按回车键，即可得到相关的检索结果页面。

图 2-3 Google 首页

② 搜索运算符的使用。值得注意的是，这里的搜索运算符都是指英文符号。

a. 逻辑运算符。Google 支持布尔逻辑检索，"AND"/"＋"表示逻辑"与"。在 Google 中，逻辑运算符"AND"/"＋"不需要写出来，只需在两个关键词中间用空格来表示即可，系统将自动默认逻辑关系为"与"。如"A B"表示检查结果必须同时满足条件 A 和条件 B。

Google 用减号"－"表示逻辑"非"操作，"A－B"表示搜索包含 A 但不包含 B 的网页。

Google 用大写的"OR"表示逻辑"或"操作，搜索结果至少包含所输入检索关键词中的一个，"A OR B"表示在搜索的网页中，要么有 A，要么有 B，或者同时具有 A 和 B。但值得注意的是，小写的"or"，在查询的时候将被忽略，这样上述的操作实际上变成了一次"与"查询。

b. 通配符。Google 不支持传统的通配符搜索，如"＊""?"等，只能做精确查询，关键词后面的"＊"或者"?"会被忽略掉。Google 目前只支持用"＊"来代替完整的、唯一的单个字词，而且包含"＊"时必须用引号，如"以＊治国"，表示搜索第一个为"以"、末两个为"治国"的四字短语，中间的"＊"可以为任何字符。

c. 引号。使用引号来精确搜索网页上的字词或词组。通过这种方法可迅速搜索到歌词或书中的一段文字，如"想象一下所有的人"。不过，建议仅在需要搜索某个精确字词或词组时使用这种搜索方式，不然，可能会错误地排除掉很多有用的搜索结果。

Google 的关键词可以是词组（中间没有空格），也可以是短语或句子（中间有空格），但是，用短语或句子作关键词，必须加英文引号，否则空格会被当作逻辑"与"操作符。

d. 自动排除常用字符及强制搜索。Google 对一些网络上出现频率极高的词（主要是英文单词），如"i""com"以及一些符号如"＊""."等，作忽略处理，如果用户必须要求关键词中包含这些常用词，就要用强制语法"＋"。

如搜索包含"Who am I ?"的网页。如果用"Who am I ?"，"Who""I""?"会被省略掉，搜索将只用"am"作关键字，所以应该用强制搜索。

搜索式："＋Who＋am＋I"（注意：英文符号无法成为搜索关键字，加强制也不行）。

e. site 。"site"表示仅从特定网站或网域获得搜索结果。如"sina. com. cn""edu. sina. com. cn"，或者是某个域名，如"com. cn""com""gov"等。

例如，如果想搜索中央电视台网站所有提到"奥运"的内容，可以使用"奥运 site：cctv. com"命令。

f. link 。"link"表示查找链接到某个特定网页的页面。例如，可以查找链接到 google. com. hk 的所有页面，命令为：link：google. com. hk。

g. related。"related"表示查找与已浏览过的网址类似的网站。当搜索与 time. com 相关的网站时，会找到可能感兴趣的其他新闻出版物网站，命令如下：related：time. com。

（2）高级检索

Google 提供了高级检索功能，可使用"高级搜索"页缩小复杂搜索查询的网页搜索结果的范围。进入高级检索页面的方式：直接转至 www. google. com/advanced _ search；

或者点击搜索结果页右上角的齿轮图标选择高级搜索。

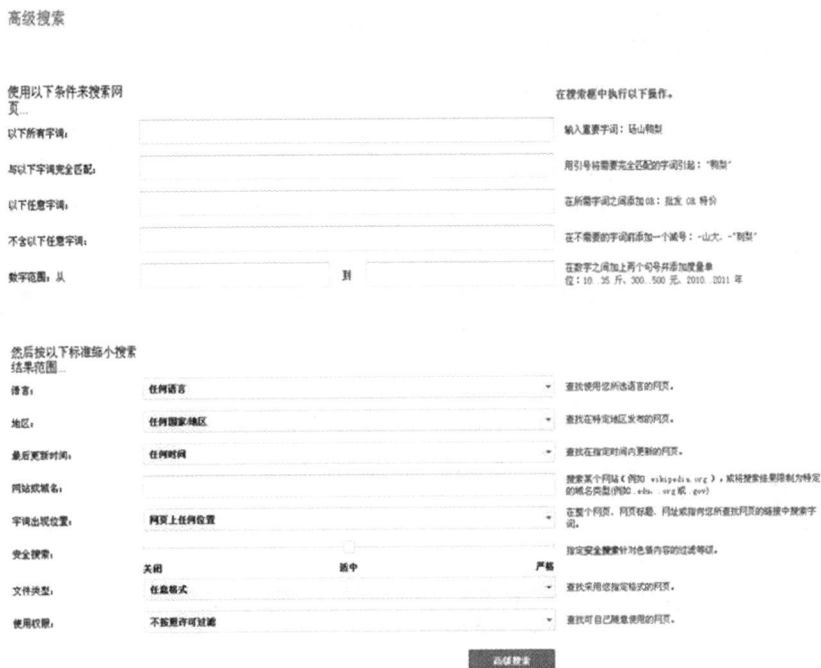

图 2-4　Google 高级检索

① 在"使用以下条件来搜索网页"部分输入搜索字词。

② 在"然后按以下标准缩小搜索结果范围"部分选择要使用的过滤条件。可以使用一个或多个过滤条件。

Google 可以使用的过滤条件包括：语言、区域、最后更新时间、网站或域、搜索字词出现在网页上的位置、安全搜索、阅读水平、文件类型、使用权限等。

③ 点击高级搜索。

另外，还可以使用搜索运算符在搜索框中添加其中的多个过滤条件。

（3）搜索中的标点和符号

在 Google 搜索中可以使用一些标点和符号来更改搜索字词。Google 会忽略大部分的标点符号，例如，Google 会将搜索查询［courtney@dogs.com］视为［courtney dogs com］。

表 2-1　Google 搜索支持的常用标点和符号

符号	用途
［＋］	用于搜索类似血型（例如［AB＋］）的内容或 Google＋信息页（例如［＋Chrome］）
［@］	用于查找社交标记，例如［@google］
［&］	用于紧密关联主题和词组，例如［A&E］
［％］	用于搜索百分比值，例如［40％ of 80］

（续表）

符号	用途
［＄］	用于表示价格，例如［nikon ＄400］
［－］	用于表示搜索字词周围的字词紧密关联，例如［twelve－year－old dog］
［_］	用于连接两个字词，例如［quick _ sort］。在搜索结果中，这对字词要么组成一个字词（quicksort），要么由下划线相连（quick _ sort）

（4）过滤搜索结果

在 Google 检索过程中，可以使用搜索结果页顶部的选项来过滤和自定义搜索结果。

图 2-5　Google 过滤搜索结果

① 添加或移除过滤器。

a. 在搜索结果页顶部选择过滤选项，例如图片或新闻。点击更多可查看更多选项。

b. 点击搜索工具可查看更多可应用丁搜索的过滤器。过滤选项会因搜索的内容和已使用的过滤条件而有所不同，因此并非每次都能看到所有选项。

c. 可以选择一个或多个过滤条件来缩小搜索结果范围。

d. 要返回到查看未经过滤的搜索结果，点击搜索结果页顶部的网页。

e. 要删除通过"搜索工具"添加的任何过滤条件，点击清除。

② 过滤器类型。

a. 可用于网页的搜索工具。

b. 可用于图片的搜索工具。

表 2-2　可用于网页的搜索工具

搜索工具	作用
发布日期	根据搜索结果在网上的发布时间限定搜索结果
精确匹配	搜索完全匹配的字词或词组
字典	查找搜索字词的定义、同义词和图片等
阅读水平	根据阅读理解水平限定搜索结果
不公开	如果已登录自己的 Google 账户，则可以查看其他人通过 Google＋或 Gmail 与自己分享的内容

（续表）

搜索工具	作用
附近	查看当前所在位置的搜索结果
已访问的网页/ 尚未访问的网页	如果已登录 Google 账户，并已启用"网络历史记录"，则可以将搜索结果限定于已访问或尚未访问的网页
视频	按视频时长、画质和来源（如 youtube.com）过滤搜索结果
食谱	按食材、烹饪时间和卡路里过滤搜索结果
应用	按价格和操作系统查找可用的应用
专利	选择专利的申请或发布日期、受理申请的专利局、申请状态和类型。也可以直接访问 patents.google.com 搜索专利

表 2-3　可用于图片的搜索工具

搜索工具	作用
尺寸	在大尺寸、中尺寸或图标之间进行选择，或设置确切尺寸
颜色	查找特定色彩、黑白或透明的图片
类型	只查看脸部特写、照片、剪贴画、素描画或 GIF 动画类型的图片
时间	查找最近发布或在某个特定日期发布的照片
使用权限	查看能够重复使用或修改的照片

③ 查找某些类型的搜索结果。

在搜索结果页顶部会看到多种搜索结果过滤方式，通过这些过滤方式，可以只查看某种类型的内容。例如，如果想购买新相机，可以搜索"数码相机"，然后点击购物。

Google 的搜索结果类型包括：图片、地图、购物、新闻、视频、图书、航班、应用等。

④ 过滤搜索结果。

在确定想要查看哪类搜索结果（如网页或图片）后，可以使用搜索工具进一步缩小搜索结果范围。

例如，要查看红色行星的图片，可按以下步骤进行：

第一，在搜索框中输入［行星］。

第二，点击图片。

第三，点击搜索工具。

第四，点击颜色，然后选择红色作为过滤条件。

第五，要返回查看所有搜索结果，点击搜索框下方的清除。

（5）几个搜索小技巧

① 使用简单的搜索字词。无论要搜索什么，都先试着使用简单的字词进行搜索。必要时，可添加一些描述性字词。如果要查找特定地点的某个场所或商品，可添加城镇名或邮政编码。

② 使用适合网上搜索的字词。在利用 Google 搜索时，使用网站上最可能会出现的字词。例如，不要使用"我的头很痛"，而是使用"头痛"，因为医学网站上往往会使用后者。

③ 不用担心输入方面的琐事。

a. 拼写。无论搜索字词的拼写是否正确，Google 的拼写检查工具都会自动使用给定字词的最常用拼写形式。

b. 大小写字母。Google 对英文字符大小写不敏感，"GOD"和"god"搜索的结果是一样的。

c. 标点符号。当利用 Google 进行搜索时，系统会忽略大多数标点。

1.3 特色功能

Google 搜索引擎中，包括了几个具有特色的功能产品，如 Google 学术搜索、图书搜索、翻译等。

（1）学术搜索（scholar. google. com）

图 2 - 6 Google 学术搜索

Google 学术搜索（Google Scholar）于 2004 年 11 月推出，提供可广泛搜索学术文献的简便方法，能够帮用户搜索包括期刊论文、学位论文、书籍、预印本、文摘和科技报告等在内的学术文献，内容涵盖自然科学、人文科学、社会科学等多种学科，对科研工作者、学生和其他经常查阅学术文献的人来说非常实用、方便。

Google 学术搜索的检索功能和检索方法同 Google 网站搜索类似，提供了简单检索和高级检索。

（2）图书搜索（books. google. com）

Google 图书搜索（Google Books）是一个由 Google 研发的搜索工具，它是一种图书内容的全文索引目录，它能够帮助读者进行图书全文检索并且迅速地定位并找到他们希望购买或借阅的图书。读者在搜索结果中发现感兴趣的图书后，能够进行少量的图书内容浏览，如果想要看到图书全文，可以通过在搜索结果页面上出现的出版社网站以及网上书店的链接方便地进行图书购买。

Google 与 20000 多个出版者和作者成为合作伙伴，让其图书出现在 Google 上，Google 对这些图书提供预览，还提供收藏该书的图书馆、书店的链接。这意味着数以百万计的图书，其中包括不再出版的和版权已公开的图书，能够立即被读者找到并且购买或借阅。

目前 Google 的全文图书搜索包含了大约几千万册图书，在下面的搜索框中输入关键词，就可以对这些图书进行搜索。同时 Google 图书搜索也提供了高级检索功能。

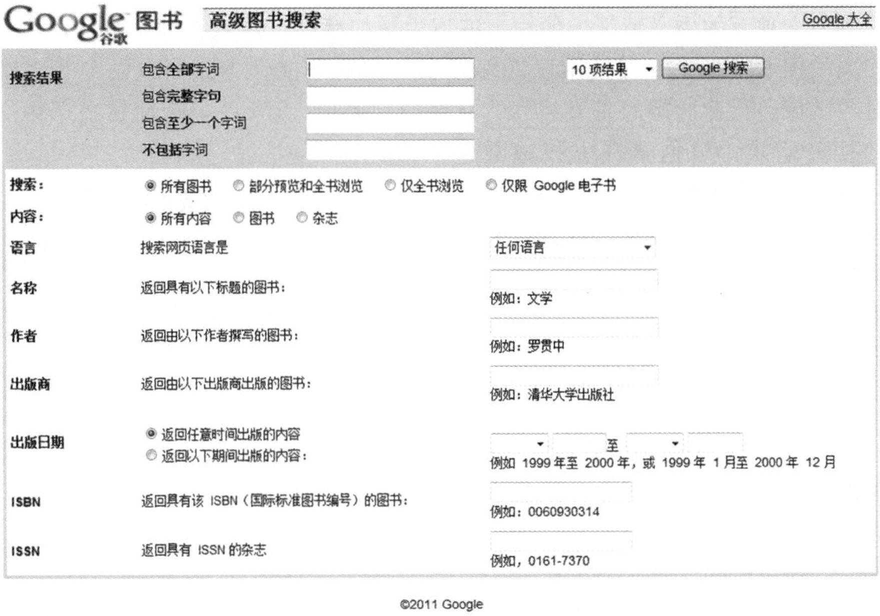

图 2-7　Google 图书搜索

（3）翻译

Google 提供免费的翻译服务，对用户来说极其方便快捷，目前支持英文、中文、法语、德语、俄语、希腊语等多种语言之间的即时翻译。它可以提供所支持的任意两种语言之间的字词、句子和网页翻译。

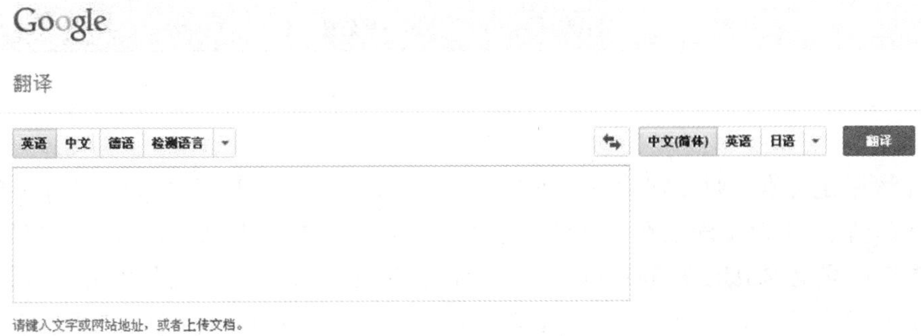

图 2-8　Google 翻译

2　百度

2.1　简介

百度（www.baidu.com）是全球最大的中文搜索引擎。2000 年 1 月李彦宏和徐勇在北京中关村创立了百度公司，2001 年 10 月正式发布 Baidu 搜索引擎，专注于中文搜索。百度的名字灵感来源于"众里寻他千百度，蓦然回首，那人却在灯火阑珊处"。百度拥有全球最大的中文网页库，且数量每天以千万级别的速度在增长，每天响应来自 138 个国家数亿次的搜索请求。其核心技术是中文分词技术，可以智能识别中文人名、地名、概念、专有名词等中文独有的语义特征，使用户的搜索更加精确，通过百度主页，用户可以在瞬间找到相关的搜索结果。百度搜索以网络搜索为主的功能性搜索，以贴吧为主的社区搜索，针对各区域、行业所需的垂直搜索，以及门户频道、IM 等，全面覆盖了中文网络世界所有的搜索需求。根据第三方权威数据，百度在中国的搜索份额超过 80%。目前百度提供的搜索服务主要包括新闻、网页、翻译、知道、地图、图片、视频、百科、文库、网盘等。

图 2-9　百度首页

2.2　基本检索方法

（1）初级检索

① 基本检索。百度搜索使用起来非常简单方便，只需要在搜索框内输入需要检索的内容，敲击回车键，或者鼠标点击搜索框右侧的百度搜索按钮"百度一下"，就可以得到最符合查询需求的网页内容。

② 检索语法的使用。

a. 逻辑运算符。百度支持布尔逻辑检索，逻辑"与"用空格表示，不需要用"AND"或"+"，逻辑"非"用"—"表示，逻辑"或"用"|"表示。

b. 使用多个词语搜索。输入多个词语搜索（不同字词之间用一个空格隔开），可以获得更精确的搜索结果。例如：想了解上海人民公园的相关信息，在搜索框中输入［上海人民公园］获得的搜索效果会比输入［人民公园］得到的结果更好。

图 2-10　百度基本检索　　　　　　图 2-11　百度多个语词检索

c. 字段限定检索。百度搜索中，可以限定在标题、网站、URL 中查找所需要的信息。

intitle：把搜索范围限定在网页标题中。网页标题通常是对网页内容提纲挈领式的归纳。把查询内容范围限定在网页标题中，有时能获得良好的效果。使用的方式是把查询内容中特别关键的部分用"intitle："领起来。例如，找林青霞的写真，就可以这样查询：写真　intitle：林青霞。注意，"intitle："和后面的关键词之间不要有空格。

site：把搜索范围限定在特定站点中。有时候，用户如果知道某个站点中有自己需要找的东西，就可以把搜索范围限定在这个站点中，提高查询效率。使用的方式是在查询内容的后面加上"site：站点域名"。例如，小苹果 mv 比较流行，就可以这样查询：小苹果 mv site：baidu.com，表示在 baidu.com 网站里查找所有"小苹果 mv"的信息。注意，"site："后面跟的站点域名不要带"http：//"；另外，"site："和站点名之间不要带空格。

inurl：把搜索范围限定在 URL 链接中。网页 URL 中的某些信息，常常有某种有价值的含义。如果对搜索结果的 URL 做某种限定，就可以获得良好的效果。实现的方式是用"inurl："，后跟需要在 URL 中出现的关键词，"inurl："语法和后面所跟的关键词之间不要有空格。例如，找关于 photoshop 的使用技巧，可以这样查询：photoshop　inurl：jiqiao。上面这个查询串中的"photoshop"可以出现在网页的任何位置，而"jiqiao"则必须出现在网页 url 中。

d. 精确匹配——双引号和书名号。

如果输入的查询词很长，百度在经过分析后，给出的搜索结果中的查询词可能是拆分的。如果对这种情况不满意，可以尝试让百度不拆分查询词。给查询词加上双引号，就可以达到这种效果。例如，搜索"苏州大学"，如果不加双引号，搜索结果被拆分，效果不是很好，但加上双引号后，搜索"苏州大学"获得的结果就全是符合要求的了。

书名号是百度独有的一个特殊查询语法。在其他搜索引擎中，书名号会被忽略，而在百度，中文书名号是可被查询的。加上书名号的查询词，有两层特殊功能，一是书名号会出现在搜索结果中；二是被书名号扩起来的内容，不会被拆分。书名号在某些情况下特别有效果，例如，查名字很通俗和常用的那些电影或者小说。比如，查电影"手机"，如果不加书名号，很多情况下出来的是通信工具——手机，而加上书名号后，结果就都是关于电影方面的了。

图 2-12　百度精确匹配检索

e. 专业文档搜索。当用百度来搜索某些专业文档（Word、Excel、PDF、TXT 等），可以使用 filetype 命令来实现，即"检索词 filetype：文档类型"，如在搜索框中输入"刑法 filetype：PDF"表示要搜索刑法的 PDF 文档。

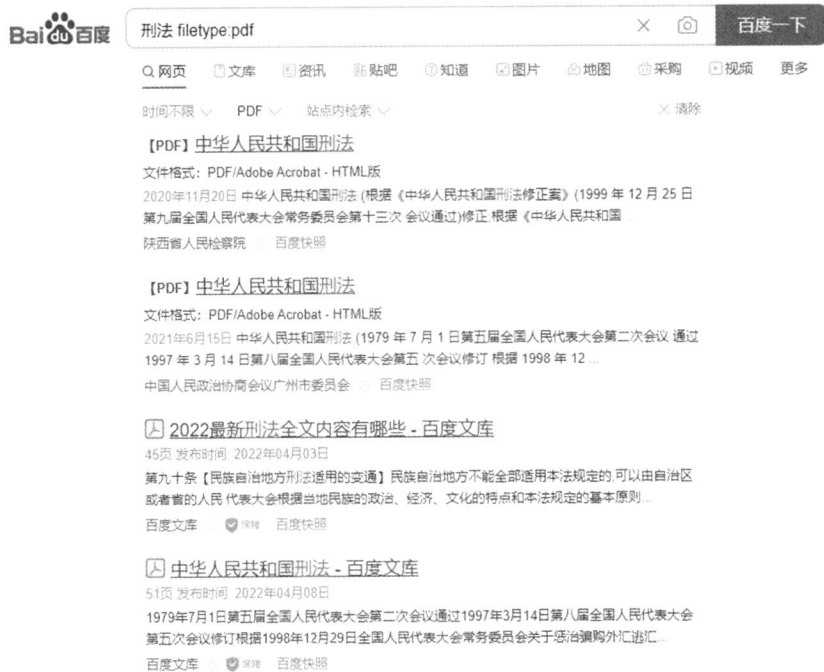

图 2-13　百度专业文档检索

（2）高级检索

如果在使用百度搜索的时候，对搜索结果不满意，可以点击页面右上角"设置"—"高级搜索"按钮，进入高级检索界面。

在百度的高级检索界面，可以方便地做各种搜索限制和查询。

图 2-14　百度高级检索（1）　　　　图 2-15　百度高级检索（2）

（3）搜索工具

百度提供了搜索工具的功能。如果用户选定一个检索词完成检索后，发现得到的检索结果数量太多，检索结果不太理想，就可以利用搜索工具进行二次检索，即在当前这次检索结果范围内，通过限定时间、文献格式和检索站点，进一步进行检索，以缩小检索文献范围，使检索结果更加符合查询目标。

百度搜索工具的入口在一次检索结果网页的上方搜索框下面。

图 2-16　百度搜索工具

点击"搜索工具"按钮，即可对检索时间范围（一天内、一周内、一月内、一年内、自定义）、检索文献格式（所有网页和文件、PDF、DOC、XLS、PPT、RTF），或某站点内检索等进行限定选择，从而使检索结果更加精确。

2.3　特色功能

百度还提供了百度文库、百度百科、百度知道、百度快照、百度学术等特色服务，下面简要介绍几种。

（1）百度文库（wenku.baidu.com）

百度文库是百度发布的供网友在线分享文档的平台。该平台于 2009 年 11 月 12 日推出，2010 年 7 月 8 日，百度文库手机版上线。百度文库内容专注于教育、PPT、专业文献、应用文书四大领域。百度文库的文档由百度用户上传，需要经过百度的审核才能发布，百度自身不编辑或修改用户上传的文档内容。网友可以在线阅读和下载这些文档。百度文库的文档包括教学资料、考试题库、专业资料、公文写作、法律文件等多个领域的资料。百度用户上传文档可以得到一定的积分，下载有标价的文档则需要消耗积分。当前平台支持主流的 .DOC（.DOCX）、.PPT（.PPTX）、.XLS（.XLSX）、.POT、.PPS、.VSD、.RTF、.WPS、.ET、.DPS、.PDF、.TXT 文件格式。百度文库占据在线文档分享市场 70% 以上的份额，用户主动上传文档数量超过 1000 万份，其中教育类文

图 2-17　百度文库

档占 80％。每天，这一平台新增的文档资源数量达 15 万份，文档下载量为 650 万份，用户浏览量 7000 万次。截至 2014 年 4 月文库文档数量已突破一亿。2019 年 11 月，百度文库与首都版权产业联盟等单位联合推出版权保护"文源计划"，力求"为每篇文档找到源头"。

（2）百度百科（baike.baidu.com）

百度百科是百度公司推出的一部内容开放、自由的网络百科全书。其测试版于 2006 年 4 月 20 日上线，正式版在 2008 年 4 月 21 日发布。百度百科旨在创造一个涵盖各领域知识的中文信息收集平台。百度百科强调用户的参与和奉献精神，充分调动互联网用户的力量，汇聚上亿用户的头脑智慧，积极进行交流和分享。同时，百度百科实现与百度搜索、百度知道的结合，从不同的层次上满足用户对信息的需求。

图 2-18 百度百科

（3）百度知道（zhidao.baidu.com）

百度知道是一个基于搜索的互动式知识问答分享平台，于 2005 年 6 月 21 日发布，并于 2005 年 11 月 8 日转为正式版。百度知道是用户自己有针对性地提出问题，通过积分奖励机制发动其他用户来解决该问题的搜索模式。同时，这些问题的答案又会进一步作为搜索结果，提供给其他有类似疑问的用户，达到分享知识的效果。百度知道的最大特点，就在于和搜索引擎的完美结合，让用户所拥有的隐性知识转化成显性知识，用户既是百度知道内容的使用者，同时又是百度知道的创造者，是对过分依靠技术的搜索引擎的一种人性化完善，在这里累积的知识数据可以反映到搜索结果中。通过用户和搜索引擎的相互作用，实现搜索引擎的社区化。

图 2-19 百度知道

（4）百度快照

百度快照是网页在百度上自动生成的临时缓存页面，当遇到网站服务器暂时故障或网络传输堵塞时，可以通过"快照"快速浏览页面文本内容。百度快照就是一种网页快照，其原理是搜索引擎在收录网页时，对网页进行备份，存在自己的服务器缓存里，当用户在搜索引擎中点击"百度快照"链接时，搜索引擎将 Spider 系统当时所抓取并保存的网页内容展现出来。百度快照只会临时缓存网页的文本内容，所以那些图片、音乐等非文本信息，仍是存储于原网页。当原网页进行了修改、删除或者屏蔽后，百度搜索引擎会根据技术安排自动修改、删除或者屏蔽相应的网页快照。

目前百度快照是最人性化的一种网页快照，它除了拥有 Google 快照的全部功能外，还增加了关键词定位功能，为用户提供更加快速、高效的关键词搜索方式，在方便程度上来讲"百度快照"大大超越了同类其他搜索引擎。

（5）百度学术（xueshu. baidu. com）

百度学术搜索是百度旗下提供海量中英文文献检索的学术资源搜索平台，2014 年 6 月初上线，涵盖了各类学术期刊、会议论文等。百度学术搜索可检索到收费和免费的学术论文，用户可以选择查看学术论文的详细信息，也可以选择跳转至百度学术搜索页面查看更多相关论文，由用户自由选择。用户还可以选择将搜索结果按照"相关性""被引频次""发表时间"三个维度分别排序，以满足不同的需求。

百度学术搜索提供了高级检索，通过限定关键词的数量与位置、作者、机构、出版物类型、发表时间和语言范围等细化指标提高检索的精准性。

图 2 - 20　百度学术

3　国内外其他常用搜索引擎介绍

3.1　中国搜索（www. chinaso. com）

中国搜索由中国搜索信息科技股份有限公司（人民日报社、新华通讯社、中央电视台、光明日报社、经济日报社、中国日报社、中国新闻社联合设立）创办运营，于 2013 年 10 月开始筹建，2014 年 3 月 21 日正式开通。

图 2 - 21　中国搜索

目前中国搜索拥有新闻、报刊、网页、图片、视频、地图、问答等七大类综合搜索服务，网址导航服务以及国情、社科、理论、法规、时政、地方、国际、军事、体育、财经、房产、汽车、家居、购物、食品、智慧城市等 16 个垂直搜索频道和"中国新闻"等移动客户端产品和服务。以后将逐步增开音乐、社区、开放平台、搜索认证、文库、阅读、教育、旅游、医疗等更多贴近民生、服务大众的应用服务和垂直搜索频道，并致力于开发一系列移动搜索服务产品。

3.2　搜狗（www.sogou.com）

搜狗搜索是搜狐公司于 2004 年 8 月推出的全球首个第三代互动式中文搜索引擎。搜狗以网页搜索为核心，在音乐、图片、视频、新闻、地图领域提供垂直搜索服务。

图 2-22　搜狗搜索

搜狗搜索采取了自主研发的服务器集群并行抓取技术，致力于中文互联网信息深度挖掘，目前中文网页收录量达到 500 亿以上，并以每天 5 亿网页的速度更新，帮助中国上亿网民加快信息获取速度。

搜狗的特色搜索功能包括分类提示、网页评级、站内查询、网页快照、相关搜索、拼音查询、智能纠错、高级搜索、文档搜索等。搜狗的其他搜索产品各有特色，音乐搜索小于 2％的死链率，图片搜索独特的组图浏览功能，新闻搜索及时反映互联网热点事件的看热闹首页，地图搜索的全国无缝漫游功能，使得搜狗的搜索产品线极大地满足了用户的日常需求。

2013 年 9 月，搜狗与腾讯达成战略合作，不断布局移动搜索，2014 年 7 月 23 日，搜狗正式上线"微信公众平台搜索"，对微信公众号以及微信公众平台内容进行检索，成为搜狗搜索服务中的一个鲜明特色。

3.3　360 搜索（www.so.com）

360 搜索是奇虎 360 公司开发的基于机器学习技术的第三代搜索引擎，具备"自学习、自进化"能力。2015 年 1 月，360 搜索推出独立品牌"好搜"，2016 年 2 月，360 再次宣布将"好搜搜索"重新更名为"360 搜索"，域名也由"haosou.com"切换为更易输入的"so.com"，回归 360 母品牌。

图 2-23　360 搜索

360 搜索主要包括新闻搜索、网页搜索、微博搜索、视频搜索、MP3 搜索、图片搜索、地图搜索、问答搜索、购物搜索，通过互联网信息的及时获取和主动呈现，为用户提供实用和便利的搜索服务。

据多家网站发布的流量来路数据，目前 360 搜索已超越搜狗、必应等搜索引擎，成为仅次于百度的中国第二大搜索引擎。

3.4 必应（cn.bing.com）

微软必应（Bing）是微软公司于 2009 年 5 月 28 日推出，用以取代 Live Search 的全新搜索引擎服务。为符合中国用户使用习惯，Bing 中文品牌名为"必应"。作为全球领先的搜索引擎之一，截至 2013 年 5 月，必应已成为北美地区第二大搜索引擎，如加上为雅虎提供的搜索技术支持，必应已占据 29.3% 的市场份额。2020 年 10 月 6 日，微软官方宣布 Bing 改名为 Microsoft Bing。必应集成了多个独特功能。

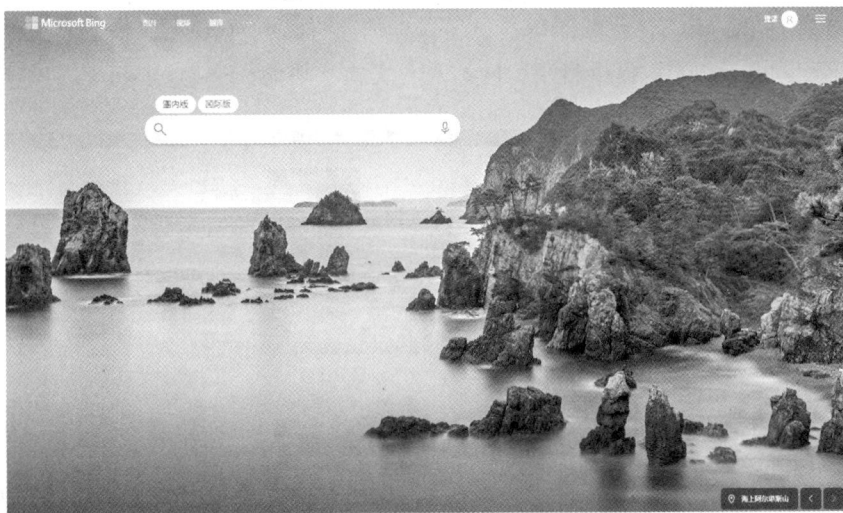

图 2-24 Bing 搜索

每日首页美图功能：必应搜索改变了传统搜索引擎首页单调的风格，将来自世界各地的高质量图片设置为首页背景，并加上与图片紧密相关的热点搜索提示，使用户在访问必应搜索的同时获得愉悦体验和丰富资讯。

与 Windows 8.1 深度融合的超级搜索功能以及崭新的搜索结果导航模式：通过与 Windows 8.1 在操作系统层面的深度融合，必应为用户带来了全新的沉浸式搜索体验——必应超级搜索功能（Bing Smart Search）。用户可登录微软必应首页，打开内置于 Windows 8 操作系统的必应应用，或直接按下 Windows Phone 手机搜索按钮，均可直达必应的网页、图片、视频、词典、翻译、资讯、地图等全球信息搜索服务。

输入中文，全球搜图功能：为了帮助用户找到最适合的精美图片，必应图片搜索率先实现了中文输入全球搜图。用户不需要用英文进行搜索，而只需输入中文，必应将自动为用户匹配英文，帮助用户发现来自全球的合适图片。

航班追踪功能：用户无需知道航班公司名称或者航班号码，只需输入城市名称或者机场代码，即可在必应中搜索该航线上各航班的数据。如果用户提供更精确的航班公司以及航班号码信息，若有数据可用，必应搜索还将显示航站楼、登机口等更详细的信息。

中文必应还提供了必应影响力搜索，所谓"影响力"，是指一个人对他人产生影响的能力。必应影响力就是根据来自多个社交网络、搜索引擎和媒体网站的海量数据，运用科学的方法进行分析，从而产生的影响力分数和排名。必应影响力分数介于0～100，代表一个人在互联网上影响力的高低。这个分数是和其他人相互比较的结果，并且实时更新，反映影响力的即时变化。

3.5　Yahoo!（www.yahoo.com）

Yahoo! 是世界上最早的搜索引擎之一，在1994年由斯坦福大学的两名博士生，美籍华人杨致远和大卫·菲洛共同创办，Yahoo! 是最老的"分类目录"搜索数据库，也是最重要的搜索服务网站之一，在全部互联网搜索应用中所占份额达36％左右。所收录的网站全部被人工编辑按照类目分类，其数据库中的注册网站无论是在形式上还是内容上质量都非常高。目前有英、中、日、韩、法、德、意、西班牙、丹麦等12种语言版本，各版本的内容互不相同。Yahoo! 提供目录、网站及全文检索功能。

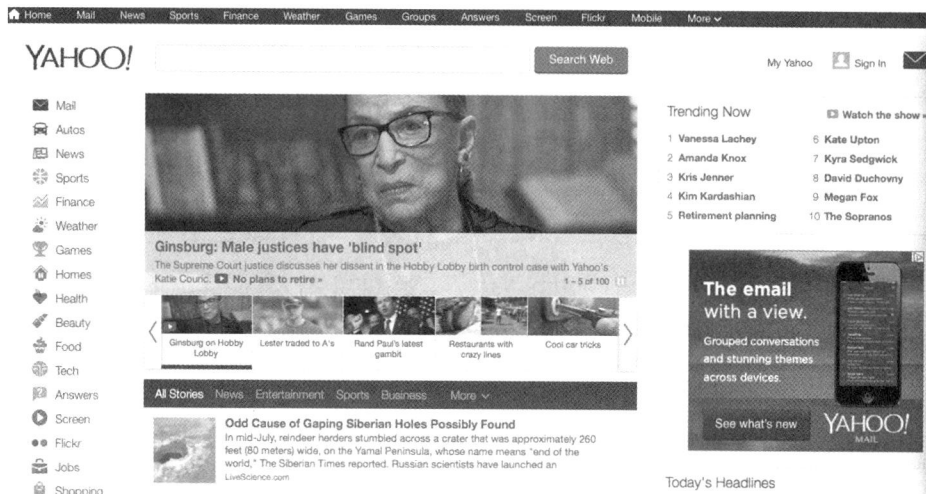

图2-25　Yahoo!

Yahoo! 的分类目录按内容分为14大类：包括 Art&Humanities（艺术与人文）、Business&Economy（商业与经济）、Computers&Internet（电脑与国际网路/网络）、Education（教育）、Entertainment（娱乐）、Government（政府）、Health（健康与医药）、News&Media（新闻与媒体）、Recreation&Sports（休闲与运动）、Reference（参考资料）、Regional（国家与地区）、Science（科学）、Social Science（社会科学）、Society&Culture（社会与文化）。用户可以选择分类浏览或检索有关信息，每个大类又分为若干小类，可以进一步链接到更加细化的下一级目录，最后得到一个与特定主题相关的网页列表。

网页搜索：中国最大的网页搜索引擎，可以搜索全球190亿网页、20亿中文网页，支持38种语言。雅虎搜索网页搜索支持按照时间筛选结果，支持DOC、PPT、PDF等多种

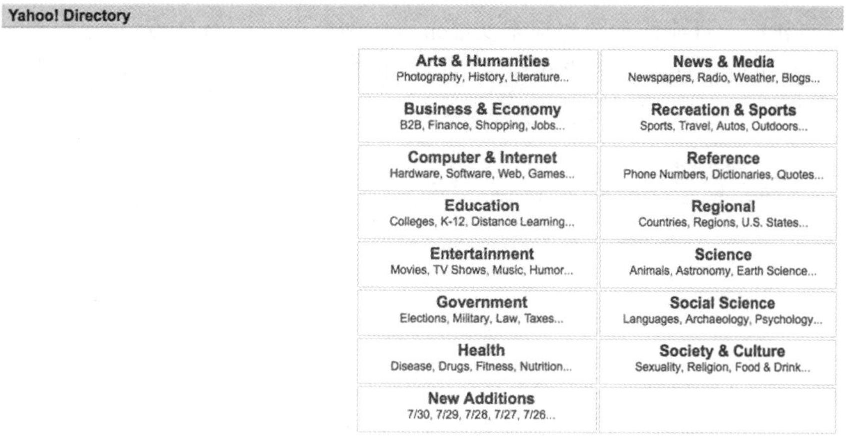

图 2 - 26 Yahoo! 分类目录

特殊格式文档检索，同时提供站内检索、网页快照、英译汉等多种特殊服务。

图片搜索：全球最大图片搜索引擎，可搜索全球 20 亿图片，并以每月几十万的速度增长，由"中文图库"和"全球图库"两部分数据库组成。

音乐搜索：中国最大音乐搜索引擎，可搜索到全球 2000 万音乐文档，能够根据用户选择进行 MP3、RM、WMA、SWF 等多种格式的多媒体文档搜索。

资讯搜索：雅虎资讯搜索提供新闻全文搜索和资讯标题搜索，并在原有产品基础之上，进一步推出向网民提供个性化定制服务的功能。

雅虎搜索社区：雅虎搜索社区为用户提供一个表达和交流思想的自由网络空间。每天有无数新的思想和新的话题产生，每一个在雅虎搜索搜索信息的人都可以在部落找到与自己兴趣相同的人进行交流，了解到其他搜索引擎找不到的信息。

地址栏搜索：雅虎地址栏搜索，是最简单有效的搜索服务，用户不必访问搜索网站，只用直接在浏览器地址栏中输入关键词即可直达网站或搜索信息。

2021 年 11 月 1 日起，雅虎停止了在中国大陆的 Yahoo! 产品与服务。

3.6 Dogpile（www.dogpile.com）

Dogpile 是一个著名的元搜索引擎，诞生于 1996 年，现属于 InfoSpace 公司，是目前性能较好的统一检索入口式元搜索引擎之一。每一条搜索结果都综合自数个搜索引擎，包括 Google，Yahoo!，Ask Jeeves，About，FindWhat，LookSmart，Live 等。它采用 Vivisimo 先进的自动聚类技术，对来自搜索引擎的结果进行相关性比较，聚合生成并提供最符合查询提问的无重复的结果列表。Dogpile 提出的口号是"Good Dog，Great Results"。

新版的 Dogpile 展现了元搜索引擎发展的最新成果。它将用户的查询请求同时向多个搜索引擎递交，按照自定义的关联运算法则对得到的结果进行重复排除、重新排序等智能处理后，以优化过的检索结果返回给用户。Dogpile 为用户提供了较为全面的检索功能，包括 Web（网页）搜索、Images（图片）搜索、Video（视频）搜索、News（新闻）搜索、Local（本地）搜索、White Page（白页）搜索等，其检索结果更易于浏览，自动分类

的技术增强了对检索结果的组织功能，还可以自动修正普通的拼写错误，更加方便了用户
对 Dogpile 的利用。目前认为图片检索功能最强的两个搜索引擎是 Google 和 Dogpile。

　　Dogpile 的主要优点在于它能够利用该引擎猜测出来的、附加的搜索条件来智能优化
用户的搜索结果。但是，作为著名的元搜索引擎，Dogpile 暂不支持中文搜索。

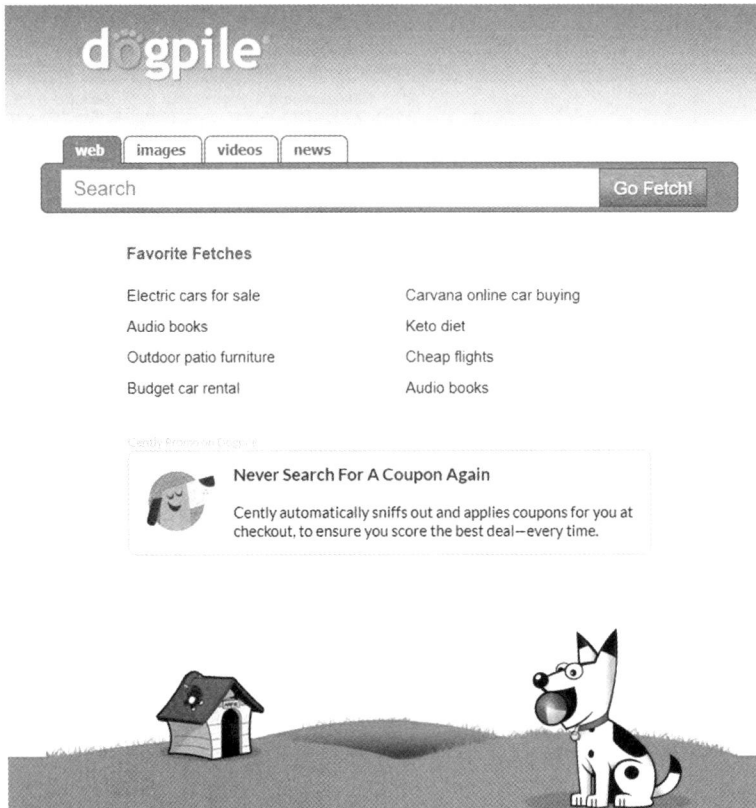

图 2 - 27　Dogpile

3.7　Ask（www.ask.com）

　　Ask 在美国是继 Google、雅虎和微软之后的第四大搜索引擎。Ask 搜索引擎原名 Ask
Jeeves，成立于 1996 年，是一家老牌的搜索服务网站，最初以自然语言搜索作为特色。
2005 年在被 IAC 公司收购之后，Ask 网站抛弃了过去的小管家形象，网站名称也改
为 Ask。

图 2 - 28　Ask

Ask 检索功能强大灵活，最突出的特色是支持自然语言检索，它的数据库里储存了超过 1000 万个问题的答案，只要你用英文直接输入一个问题，它就会给出问题答案，如果你的问题答案不在它的数据库中，那么它会列出一串跟你的问题类似的问题和含有答案的链接供你选择。当遇到一些属于事实型、原理型的问题时，使用 Ask 是最方便的。例如"美国历任总统中就任时年纪最轻的是谁?""飞机是哪一年发明的?""雪为什么是白的?"等，它都会给你答案。另外其功能还包括布尔逻辑检索、多字段检索、相关检索、网页缓存（cache）等；查准率高，Teoma 技术独特的搜索机制保证了搜索结果的高度相关性；特色检索给用户搜索特定信息提供了极大方便；关注用户，提供人性化检索服务，如检索界面简洁，只有搜索框的纯粹搜索引擎界面与带有广告和大量网页的门户相比更能减轻用户负担。Ask 高级搜索具有多种过滤技术，可大大加强搜索结果的准确性。除了支持传统的布尔逻辑检索技术外，还提供字段检索功能，如可指定 HTML、URL、站点、地域、语言、时间段等。

现阶段，Ask 数据库容量为 20 亿，与 Google 的 60 亿、雅虎的 45 亿还有较大差距；只支持 10 种语言，均为拉丁语系，现在正在努力实现对双字节亚洲语言的支持，包括扩充约 1 亿文档容量的日语数据库，但暂不支持中文检索。

3.8　Lycos（www.lycos.com）

Lycos 最早诞生于 1994 年麦克·马丁博士（Dr. Michael Mauldin）在卡内基梅隆大学的一个搜索项目，当时的 Lycos 搜索引擎被用于该校的数字图书馆工程。Lycos 是最早提供信息搜索服务的网站之一，算得上是搜索引擎中的元老。"Lycos"是 Lycosidae（一种很善于捕捉猎物的狼蛛）的缩写。

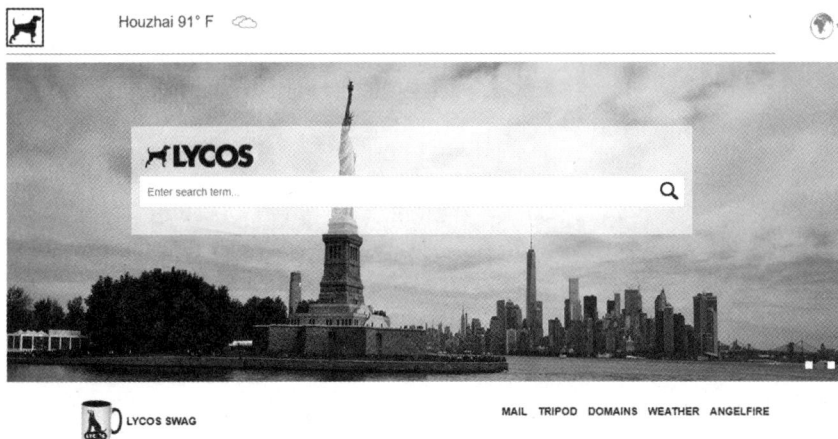

图 2-29　Lycos

Lycos 在 2000 年被西班牙网络集团 Terra Lycos Network 收购。据调查，2002 年 10 份，Lycos 以当月 3700 万次的独立访问量，排名第五大用户最常访问的网站。

Lycos 整合了搜索数据库、在线服务和其他互联网工具，提供网站评论、图像及包括 MP3 在内的压缩音频文件下载链接等。Lycos 提供常规及高级搜索。常规搜索时如无特殊限定，则默认以布尔逻辑 AND 关系进行查询。高级搜索提供多种选择定制搜索条件，可选择 AND、OR、NOT 等。另外还可用 ADJ、NEAR、FAR 或 BEFORE 来限定词与词之间的关系。支持"＋"号和"－"号，并允许针对网页标题、地址进行检索。具有多语言搜索功能，共有 25 种语言供选择。首页下部显示部分 Open Directory 的目录索引。

Lycos 是一个强大、无所不包的搜索引擎，现已放弃自己的 Spider 索引数据库，目前搜索结果大部分来自 FAST/AllTheWeb 引擎。Lycos 逐渐变得像 Yahoo! 那样成为主题索引，在搜索图像和声音文件上的能力较强。

参考文献

1. 黄如花. 信息检索 ［M］. 武汉：武汉大学出版社，2010.

2. 王培义. 信息检索教程 ［M］. 北京：北京邮电大学出版社，2010.

3. 彭奇志等. 信息检索与利用 ［M］. 北京：中国轻工业出版社，2013.

4. 金晓祥. 数字信息检索与创新 ［M］. 北京：中国书籍出版社，2013.

5. 王玉等. 信息资源检索与利用 ［M］. 北京：中国人民大学出版社，2011.

6. 金楠等. SEO 搜索引擎实战详解 ［M］. 北京：清华大学出版社，2014.

7. 邰峻，刘文科. 网络信息检索实用教程 ［M］. 北京：电子工业出版社，2010.

8. 洪全等. 信息检索与利用教程 ［M］. 北京：清华大学出版社，2009.

9. 周理盛. 信息资源检索实务 ［M］. 北京：化学工业出版社，2007.

10. 邓发云. 信息检索与利用 ［M］. 北京：科学出版社，2010.

11. 刘二稳等. 信息检索与创新专利 ［M］. 北京：科学出版社，2013.

12. 高俊宽. 信息检索 ［M］. 合肥：合肥工业大学出版社，2011.

13. 王红兵，胡琳. 信息检索与利用 ［M］. 3 版. 北京：科学出版社，2019.

第三章　政府信息检索

2022年6月，国务院发布《关于加强数字政府建设的指导意见》，提出："加强数字政府建设是适应新一轮科技革命和产业变革趋势、引领驱动数字经济发展和数字社会建设、营造良好数字生态、加快数字化发展的必然要求，是建设网络强国、数字中国的基础性和先导性工程，是创新政府治理理念和方式、形成数字治理新格局、推进国家治理体系和治理能力现代化的重要举措，对加快转变政府职能，建设法治政府、廉洁政府和服务型政府意义重大。"根据2023年3月中国互联网络信息中心发布的第51次《中国互联网络发展状况统计报告》（以下简称《报告》）显示，截至2022年12月，我国在线政务服务用户规模达9.26亿，占网民整体的86.7%。据《2022联合国电子政务调查报告》显示，我国电子政务水平在193个联合国会员国中排名43位，是自报告发布以来的最高水平，我国也是全球增幅最高的国家之一。

第一节　政府信息概述

1　政府信息概述

1.1　政府信息的概念

政府信息是重要的国家资源，它向公众提供政府、社会和经济的过去、现在与未来的情况，是政府科学、高效地履行社会、经济行为的可靠保证，也是政府进行日常管理的基本工具。根据2019年国务院修订发布的《中华人民共和国政府信息公开条例》第二条规定，政府信息是指行政机关履行行政管理职能过程中制作或者获取的，以一定形式记录、保存的信息。它包括3个方面的含义：

① 在行政机关履行行政管理职能过程中所产生。顾名思义，政府信息和政府行为息息相关，只能产生于行政机关的履行行政管理职能的过程中，如制定各种规章，发布各种命令等等。如果和行政机关的履行行政管理职能无关，即使与政府有千丝万缕的联系，也不属于政府信息。

② 由行政机关制作或者获取。行政机关是政府信息的生产者、消费者、拥有者。由行政机关制作的政府信息产生于政府内部，如各种条例、规定、章程、命令、指示、批复、议案、通告、公函、会议纪要、合同、协议书等。由行政机关获取的政府信息产生于政府外部，例如消息资料、群众信访、提议议案、社会调研等。

③ 以一定形式记录、保存。政府信息总以一定的形式表现出来，有文字的、口头的、

缩微的、音视频的、数据库的、网络的等等。

1.2 政府信息的特征

① 权威性。政府信息是由政府部门所生产的，既包括中央政府及其各部门，也包括地方各级政府部门。政府部门不同于一般的社会组织，承担着依法对国家和社会公共事务进行管理的职责，具有法定性、公共性和强制性，其产生的信息反映着政府的各项活动，势必具有强烈的权威性和严肃性，这要求政府信息必须有效、可靠。

② 规模性。政府是国家信息资源的最大拥有者，也是最大的信息生产者、消费者。政府信息的规模巨大，据统计，目前政府部门大约集聚了全社会信息总量的80％。

③ 综合性。政府管理着全社会众多事务，各级政府构成一个巨大的、不停运转的大系统。政府的多头职能也决定了政府信息的多样性和多维性，内容涉及政治、经济、科技、军事、文化等众多领域，导致政府信息资源必然具有综合性。

④ 时效性。政府信息具有强烈的时效性，主要表现在高度的政治敏锐性、决策的超前性和发布的及时性。政府信息每天层出不穷、不断更新，过了时效就会失去意义。在政府上网工程实施后，各级政府部门都建立了政府网站，有些政府部门还开设了微博、微信等，使得政府信息的发布更为及时，时效性更强。如对一些突发事件，政府部门必须迅速决策、果断处理、实时发布相关信息，否则必然会错失良机，造成损失，产生不良影响。

⑤ 共享性。政府信息资源非政府部门所独有，而是为国家所有、全民所有，在不危害国家利益和社会公众利益的前提下，都要对社会公开，由社会和全民共享，这既是政府的义务，也是实现公民知情权、监督政府行为的重要依据。当然，政府信息的这种共享性需要法律法规加以明确声明。2007年4月国务院公布《中华人民共和国政府信息公开条例》规定，行政机关应当及时、准确地公开政府信息。行政机关公开政府信息，不得危及国家安全、公共安全、经济安全和社会稳定。

⑥ 机密性。政府信息有相当一部分涉及国家重大的方针政策、政府活动、工作部署和社会动态等机密性信息。其机密程度高，关系重大。稍有不慎，势必给国家和社会造成重大损失。一部分政府信息只能在一定范围内或特定的信息体系中传递，具有机密性。

1.3 政府信息的类型

政府信息类型很多，根据不同的标准可以进行不同的分类，如根据信息内容公开级别可分为内部信息和外部信息；根据信息内容可分为政治信息、军事信息、科技信息、社会信息、经济信息、文化信息等；按信息表现形式可分为文字信息、语音信息、数据信息、图形图像信息等。我们根据政府信息的利用目的以及信息的具体内容，把政府信息划分为以下几种：

（1）新闻宣传类信息

新闻宣传类政府信息主要包括政府部门的会议，政府领导人的出访、考察、调研等活动，政府首脑和部门首脑的人事更动、任命和免职，政府公告，各级政府部门的活动和新闻，外事信息，外宾的访问、接待信息，体育新闻，经济新闻等。

（2）政府决策类信息

政府决策类信息是指党政机关发出的各种文件、决策、执行信息以及接受的各种信息的反馈总和，如中央的路线、方针、政策，中央国家机关的法律法令、规定指示，上级党政机关发出的政策性指令，上级领导机关的文件，党政机关研究和解决的全局性、战略性问题，对一些重大时期、重大事件作出的决策，政策调研部门为领导决策提供的背景信息、理论信息等。

（3）办公服务类信息

办公服务类信息是政府部门为社会各界服务的信息，如政府日常工作信息，办事指南，政府咨询信息，政府指导企业的税务信息、证照事务处理信息（申请、受理、变更、核销等）、政府采购信息，政府的教育培训信息，政府服务信息，以及由政府公众服务制度产生的各种服务程序、文件等。

（4）调查反馈类信息

调查反馈信息主要是来自各行各业以及社会大众的信息，具体可以是对政府的批评、意见，可以是对社会事务的建议等，如来自各行各业、各基层群众和各学科专家学者的批评、意见、建议、要求、呼吁，新闻传媒的社会调查材料，人民群众来信来访，人大代表代表民众向政府提出的议案，政府部门关于社会情况的调查材料等。这些信息可能由公共信息机构借助于各种媒体提供，可能需要政府人员到基层作调查获得，也可能在政府网站上通过电子邮件、电子投票、民意调查，或者通过咨询与投诉等互动得到。

（5）统计分析类信息

统计分析类信息是对国民经济、社会和科技发展信息进行统计分析后所得到的分析报告、综述、统计表格等，如人口普查统计数据，国民经济一、二、三产产值信息、GDP以及反映经济水平的恩格尔系数等统计信息，经济走势分析信息，市场供求信息等。这类信息可以为政府决策提供有效的数据，也为公众综合了解社会发展提供信息。

1.4　政府信息的分级

根据政府信息的特性，可以将其进行分级。我们结合政府信息公开的要求，把政府信息分为三级：

（1）政府公开信息

这是指完全可以对社会公开的信息，如国家政策信息、法规信息等。"政府上网工程"主要是指将这类信息上传到面向公众的互联网上，使社会公众能够在网络环境下利用这些信息。

（2）政府共享信息

政府共享信息是在本系统或部门内部以及系统或部门之间共享的信息。前者如内部会议纪要等，一般可在某一系统或部门的内联网上流通。后者如财政部门与银行之间的外联网上流通的信息等。

（3）政府机密信息

政府机密信息是涉及国家重大的方针政策、工作部署、重大科技发展等方面的信息，如有关国防部署、尖端科学技术发展计划、党和国家领导人的秘密谈话或行动计划等绝密信息在解密之前都属于此类信息。这类信息往往有很高的密级规定，传播范围也极其有限，一般只在一定范围内对某一或某些特定的个体开放。

2 政府信息公开

2.1 政府信息公开的意义

政府信息是国家重要的资源，及时准确地公开政府信息，充分地开发和有效地利用政府信息，最大限度地实现政府信息资源共享，是社会信息化发展的需要，也是社会经济、政治、文化发展和依法行政的要求。从信息视角来看，政府信息公开具有重要意义：

（1）保障民众知情权

知情权实质上是一种"信息权"，是指对于国家的重要决策、政府的重要事务以及社会上当前发生的与普遍公民权利和利益密切相关的重大事件，有了解和知悉的权利。1946年联合国第一届大会通过的第 59 号决议，宣称信息自由权是一项基本人权。在互联网时代，由于传统媒体（报纸、广播、电视、杂志）的发展和新媒体（数字杂志、数字报纸、数字广播、手机短信、网络等）的兴起，民众可以获得大量所需的公共信息和生活资讯，但是这时的公民知情权是不完整的。因为政府信息占据了社会信息的绝大部分，知情权不仅要求政府及时公布国家行政的大政方针和公务活动内容，还要求政府及时公布与公民利益有关的信息，使民众能及时保护自身的安全和利益。所以政府信息公开在实现公民知情权的过程中起到至关重要的作用。

（2）实现民众监督权

政务信息公开要求将政务内容、权力运作过程、与民众利益相关的重要事项等向公众公开，使民众真正知晓并有效地利用政府掌握的信息资源，从而对政府行为进行监督和提出意见、参与行政管理，实现民众的监督权。

（3）稳定社会秩序

谣言止于公开。在遭遇突发事件时，及时准确的信息公开，并在传播事实的基础上进行正确的舆论引导，有利于消除谣言的传播，有利于事件的解决，有利于稳定社会秩序。

（4）促进社会信息资源共享

在信息时代，信息已经成为重要的资源。公开政府信息，有助于社会公众通过公开的、公平的、合法的渠道及时获取政府信息并加以利用，最大限度地减少信息阻塞、信息浪费的现象，促使实现社会信息资源共享，满足社会各界对信息资源的需求，使政府信息能够适时地转化为社会物质财富。

2.2 政府信息公开的方式

1967 年美国正式生效实施的《信息自由法》是世界上第一部关于信息公开的系统立法，也是迄今影响最大的信息公开立法。《信息自由法》及其三个修正案以及其他相关法律所共同形成的信息公开法律体系基本上囊括了现代各国政府信息公开的主流方式。政府信息公开的方式主要包括：第一，政府机关将应公开信息在《联邦登记》上登载，公众通过查阅《联邦登记》获得政府文件；第二，通过建立出售政府信息出版物制度等方式主动公开；第三，根据当事人申请而公开；第四，随着信息电子化和电子政府的兴起，网络信息公开方式应成为主要的公开方式，公众都可以在政府网站中看到并可以自主下载复制。

加拿大的《信息获取法》于 1982 年制定，它规定了三种政府信息公开方式：第一，政府出版物的主动公开方式；第二，依申请提供原件或影印件的公开方式；第三，与公共权益有关的特定事项的公开方式。这种公开方式实际上有点类似我国各政府机关推行的办事指南和政务公开栏的公开方式。

澳大利亚《信息自由法》规定了两种政府信息公开方式：一是自由裁量的公开方式，它对政府信息公开方式规定得比较灵活，未明确规定具体的公开方式，而是由主管信息公开的部长自由裁量公开的方式；二是信息阅览室的公开方式，即对社会公众有拘束力的规范性法律文件以及一般的行政执法程序等政府文件，应当由各机关的行政首长将其制成复本并置于"信息查阅室"，以供公众随时加以利用、查阅、取得。

日本 1999 年制定的《行政机关拥有信息公开法》，对不同信息采用不同的公开方式作出了初步规定：一是以文书和图画为载体的行政文件采取查阅或复印件的形式公开；二是电磁性记录的行政文件根据其种类、信息化的发展程度等状况以政令规定的方法公开；三是依申请而自由裁量公开，即对被请求公开的行政文件中记录有不公开信息的，由行政机关的首长裁量在公益上有无存在特别的必要性，而再决定是否公开。

我国台湾地区的《行政程序法》《行政资讯公开办法》对政府信息的公开做了规定，在公开方式上，规定了由行政机关主动公开和依当事人申请公开两种类型。关于行政机关应当主动公开资讯的公开方式，包括五种：一是刊载于政府机关公报或其他出版品；二是利用电信网络传送或其他方式供公众在线查询；三是提供公开阅览、抄录、影印、录音、录像或摄影；四是举行记者会、说明会；五是其他足以使公众获悉的方式。对于依当事人申请而公开资讯的公开方式，可以给申请人提供复制品或阅览的方式，如果申请的信息已经主动公开，可以对申请人告知查询处所或取得之方法。

我国大陆对政府信息公开的规定，首先以地方规章的形式做出了规定，如 1992 年 7 月 9 日，广州市就以政府规章的形式出台了《广州市人民政府公开政府信息活动试行办法》，且在第三章"政务活动公开的方式"中规定了"新闻报道""书面通报""挂牌、张贴、出书""联席决策""报告、汇报、述职""座谈、对口联系""专项咨询""接访"等 8 种方式。

我国 2019 年 4 月修改后的《政府信息公开条例》第二十三条规定："行政机关应当建立健全政府信息发布机制，将主动公开的政府信息通过政府公报、政府网站或者其他互联网政务媒体、新闻发布会以及报刊、广播、电视等途径予以公开。"第二十四条规定："各级人民政府应当加强依托政府门户网站公开政府信息的工作，利用统一的政府信息公开平台集中发布主动公开的政府信息。政府信息公开平台应当具备信息检索、查阅、下载等功能。"第二十五条规定："各级人民政府应当在国家档案馆、公共图书馆、政务服务场所设置政府信息查阅场所，并配备相应的设施、设备，为公民、法人和其他组织获取政府信息提供便利。行政机关可以根据需要设立公共查阅室、资料索取点、信息公告栏、电子信息屏等场所、设施，公开政府信息。行政机关应当及时向国家档案馆、公共图书馆提供主动公开的政府信息。"

由此，我国政府信息公开方式可以分为：①政府公报、政府网站、新闻发布会以及报刊、广播、电视等主动公开；②通过档案馆、图书馆进行公开；③在行政机关设立公共查阅室、资料索取点、信息公告栏、电子信息屏等进行公开。

第二节　政府网站信息检索

《报告》显示，截至 2022 年 12 月，我国共有政府网站 13946 个，主要包括政府门户网站和部门网站。其中，中国政府网 1 个，国务院部门及其内设、垂直管理机构共有政府网站 539 个；省级及以下行政单位共有政府网站 13406 个，分布在我国 31 个省（区、市）和新疆生产建设兵团（不包含港澳台，后同）。

1　政府网站信息的检索方式

目前政府网站信息检索的主要方式有两种：第一种方式是直接浏览检索，大部分政府网站的首页都公布有要闻动态、政府信息公开、办事指南等信息，提供最新信息的链接。用户只需按照网站提示的路径点击相关链接即可进入第二级页面，直至查找到所需信息。第二种方式是通过网站所提供的搜索引擎检索，通过标题搜索、全文搜索、关键词或主题词搜索以及高级检索等方式获取。

标题检索是指输入检索对象标题中出现的词语从而检索到文章标题中出现该检索词的网页的方法；全文检索是指输入全文中出现的某个词语从而检索到在文章全文中出现该检索词的网页的方法；关键词或主题词检索是指输入某个关键词或主题词从而检索到包含该主题词或关键词的网页的方法；高级检索是指通过逻辑关系的组合快速准确查询的方式，逻辑关系包括"与""或"和"非"。也可将多种方式结合使用，如先按照主页的办事指南提示进入某类主题页面，再按照标题、关键词或主题词等进行第二次搜索。几类方式互相补充，适用于不同检索习惯的检索用户和不同特点的检索对象。

2　国外政府网站信息检索

2.1　美国政府网站（www.usa.gov）

美国政府网站是一个超大型门户网站，该网站囊括了美国全部政府机构的网站节点，利用该网站可以对全美 10000 多个政府网站实现跨层级、跨部门、跨栏目间信息与服务检索。美国政府网站的定位是为公众获得政府服务提供"导示牌"，它的首页不显示与政府有关的任何宣传信息，它只是单纯地为公众查找政府服务和政府信息资源提供"导向"服务，引导用户最快捷、最方便地获得想找的内容。作为"一站式"政府门户网站，人们可以在互联网上方便地得到政府信息，这些信息是按照搜索所需的服务或信息而不是按照部门来组织的。

（1）通过搜索引擎检索

用户可以在搜索框里输入关键词检索相关政府信息。在搜索功能上，既提供网页、图片、视频等常规搜索功能，也支持基于关键字组合、文档搜索等。在搜索范围上，既可以只搜索美国政府网站（usa.gov），也可以在全部的政府网站（All government）中搜索。

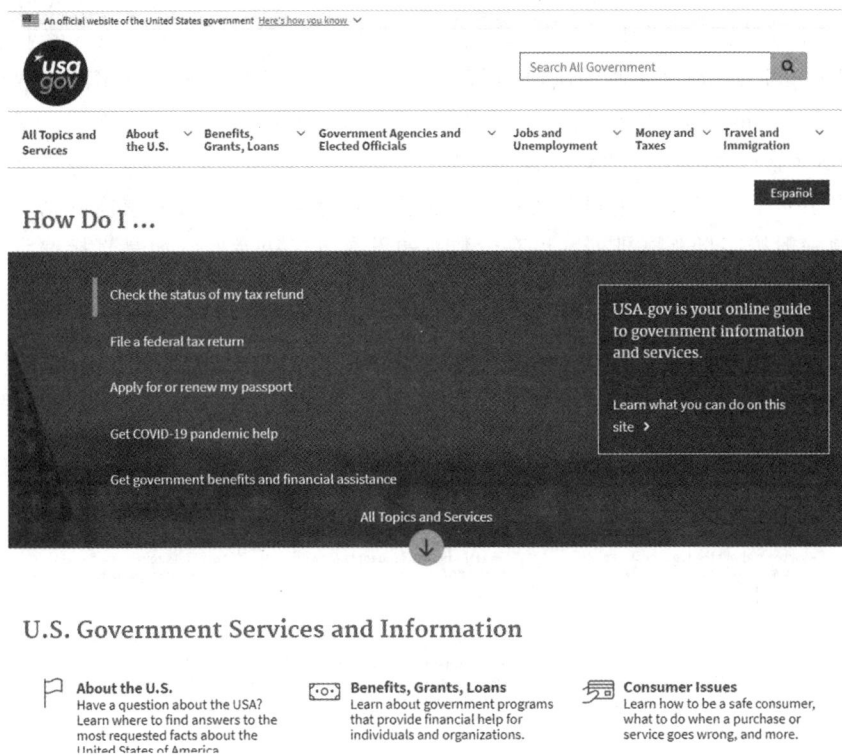

图 3-1　美国政府网站首页

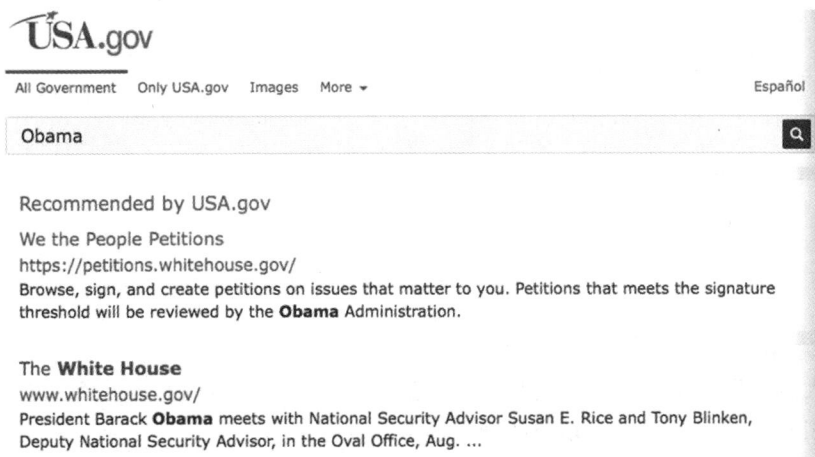

图 3-2　美国政府网站搜索

（2）按专题检索

美国政府网站主页的下半部分，列出了若干个大专题，如"Benefits，Grants，and Loans（福利、补助和贷款）""Consumer Issues（消费者问题）""COVID-19（新冠病毒疾病）""Disability Services（残障人士服务）""Disasters and Emergencies（灾害与应急）"

"Education（教育）""Government Agencies and Elected Officials（政府机构和民选官员）""Health（健康）""Housing（住房）""Jobs and Unemployment（就业和失业）""Laws and Legal Issues（法律和法律问题）""Military and Veterans（军队和退伍军人）""Money and Taxes（货币和税收）""Small Business（小微企业）""Travel and Immigration（旅行和移民）""Voting and Elections（投票和选举）"等。每一个大专题下一般又分出了若干个二级专题和三级专题，三级专题直接连接相应的政府网站。二级专题和三级专题一般按字母顺序排列，也有少数专题没有分二级专题，而是直接按字母顺序列出相应的政府网站链接。

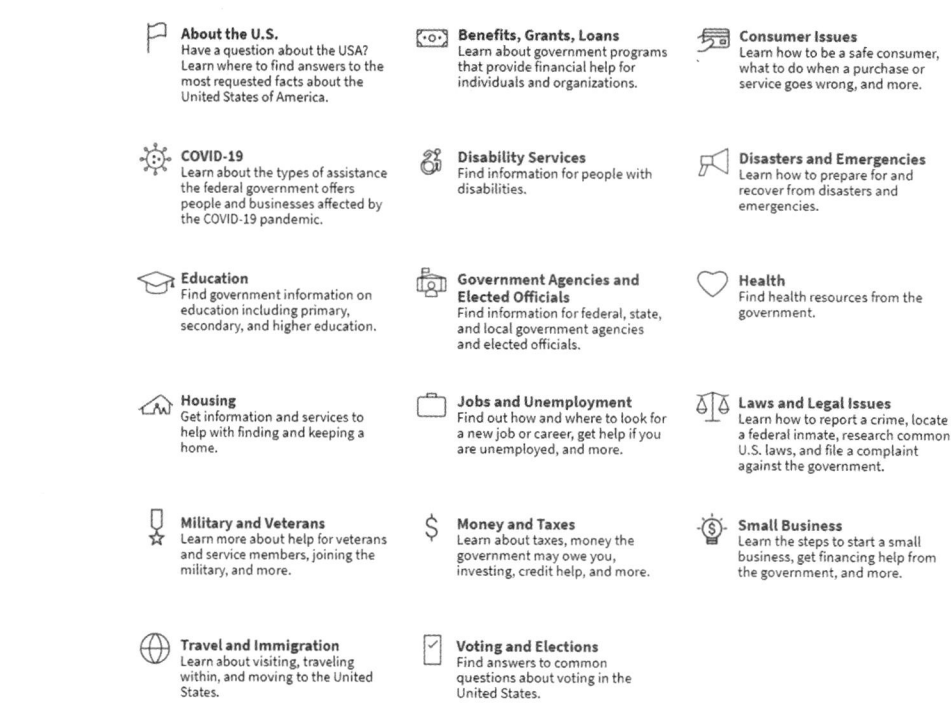

图 3-3　美国政府网站专题浏览

2.2　加拿大政府网站（www.canada.ca）

加拿大政府网站是一个巨大的政府信息集合，它对于政府信息不是简单按照某一种模式随意组织和整理，其对信息划分的细致周全以及多元化、立体化的展示信息的方式是很多国家政府网站所不能及的。它致力于为民众提供简便、快捷、人性化的信息服务，改善民众的信息获取体验。

加拿大政府网站检索有如下方式：

（1）通过搜索引擎检索

通过网站所提供的搜索引擎检索网站信息。在搜索框内输入检索词，点击搜索或者按回车键，即可获得检索结果。支持标题搜索、全文搜索、关键词或主题词搜索等。

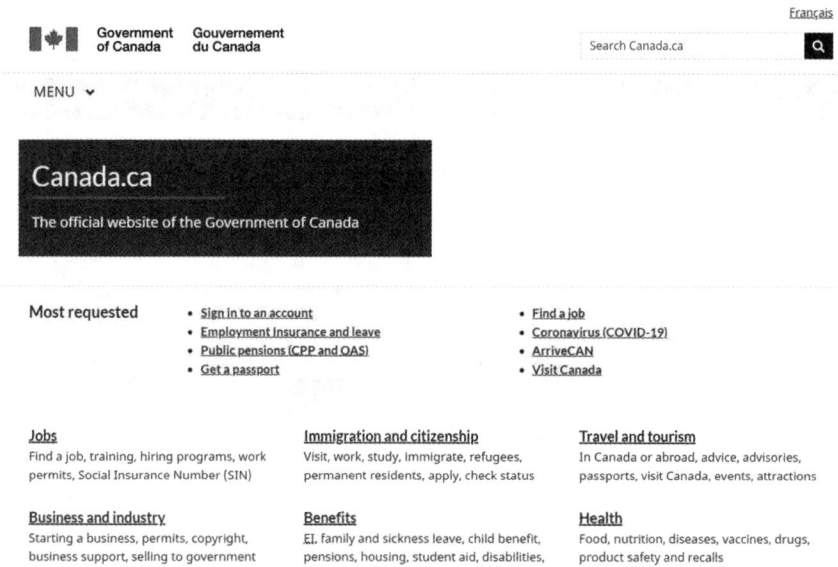

图 3-4　加拿大政府网站

（2）按专题检索

网站对政府信息按专题分成了若干专题，如"Jobs（工作）""Immigration and citizenship（移民和公民身份）""Travel and tourism（旅行和旅游）""Business and industry（工商业）""Benefits（福利）""Health（健康）""Taxes（税收）""Environment and natural resources（环境和自然资源）""National security and defence（国家安全与国防）""Culture，history and sport（文化、历史和体育）""Policing，justice and emergencies（警务、司法和应急）""Transport and infrastructure（交通运输和基础设施）""Money and finances（货币和金融）""Science and innovation（科学与创新）""Canada and the world（加拿大与世界）"，点击某一个专题，则进入二级专题，层层点击，即可以检索到所需信息。

（3）按政府机构检索

在加拿大政府网站的下方，设置有"Your government（你们的政府）"，包括"News（新闻）""Prime Minister（总理）""Departments & agencies（部门和机构）""Open government and data（开放政府和数据）""Working for the government（为政府工作）""Treaties，laws and regulations（条约、法律和法规）"等。以"Statistics Canada（加拿大统计局）"为例，点击"Departments & agencies（部门和机构）"进入到二级页面，找到"Statistics Canada（加拿大统计局）"点击进入，然后根据需要继续点击不同版块，可以获得相关信息。也可以在"Statistics Canada（加拿大统计局）"二级网站检索框输入关键词或主题，搜索所需信息。

2.3　澳大利亚政府网站（www.gov.au）

该网站是澳大利亚政府唯一官方网站，通过它可以链接到所有澳大利亚政府、国家、地区和地方政府网络入口点，网站提供澳大利亚所有各级政府的政府信息和服务。

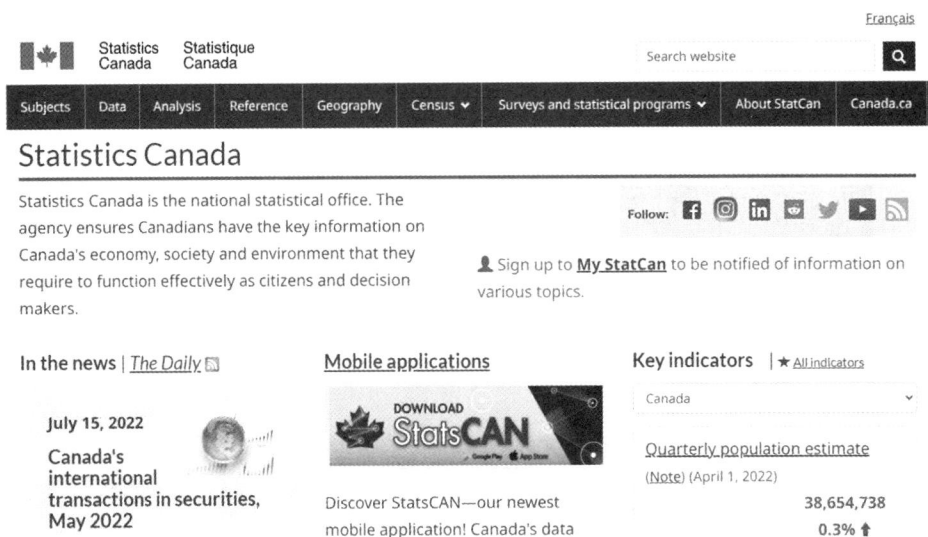

图 3-5　加拿大政府网站搜索

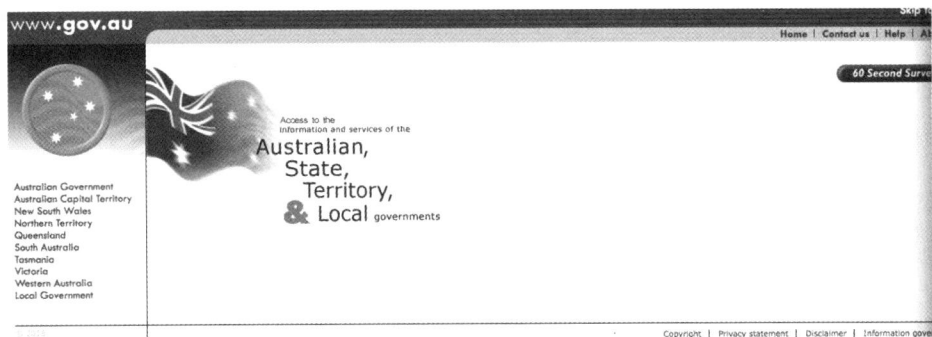

图 3-6　澳大利亚政府网站

网页左侧是澳大利亚各政府的链接，点击即可进入相应政府网站。澳大利亚政府网站检索方式为：

（1）搜索引擎检索

通过网站所提供的搜索引擎检索网站信息。在搜索框内输入检索词，点击搜索或者按回车键，即可获得检索结果。支持标题搜索、全文搜索、关键词或主题词搜索等。搜索范围可以选择澳大利亚政府网站或者澳大利亚所有各个政府网站。网站支持高级检索，点击"Advanced Search"即可进入高级检索页面。

（2）分类浏览

网站设置了若干栏目，如"SERVICES（服务）""PEOPLE（人）""TOPICS（主题）""ABOUT AUSTRALIA（关于澳大利亚）""DIRECTORIES（目录）""PUBLICATIONS（出版物）""NEWS AND MEDIA（新闻和媒体）"等，点击即可浏览检索相应政府信息。以"PUBLICATIONS（出版物）"为例，点击后进入二级页面：

图 3 - 7　澳大利亚政府网站搜索

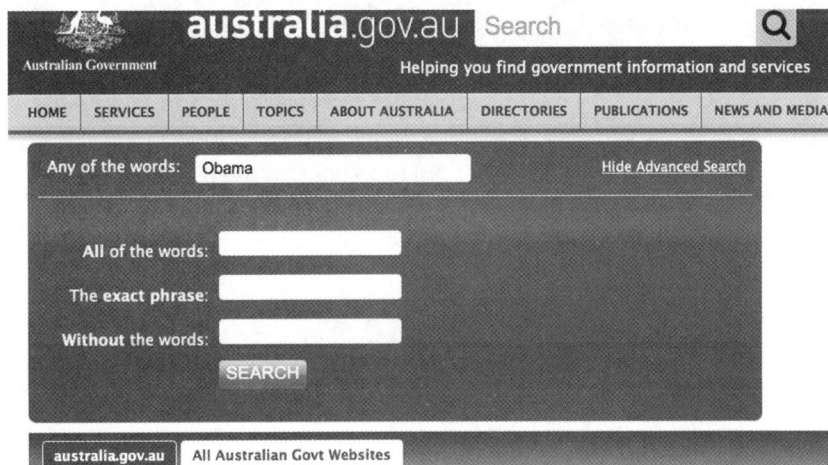

图 3 - 8　澳大利亚政府网站高级搜索

Locating publications（定位的出版物）分为"Current publications（当前的出版物）""AGPS publications（AGPS 出版物）""Older and out of print publications（旧的印刷出版物）"；Popular publications（受欢迎的出版物）分为"Australian Government gazettes（澳大利亚政府公报）""Parliamentary publications（议会的出版物）""Commonwealth legislation（联邦立

图 3 - 9　澳大利亚政府网站分类浏览

法）""Style Manual（风格手册）"等。继续点击，可以分类浏览相关内容。

2.4　英国政府网站（www.gov.uk）

GOV.UK 是英国政府网站，界面优雅与简洁，其理念是"Simpler，clearer，faster"，GOV.UK 的目标是取代过去英国数以百计的各政府部门网站，建立统一的信息中心，所有与政府相关的信息和服务都可以在这里找到。

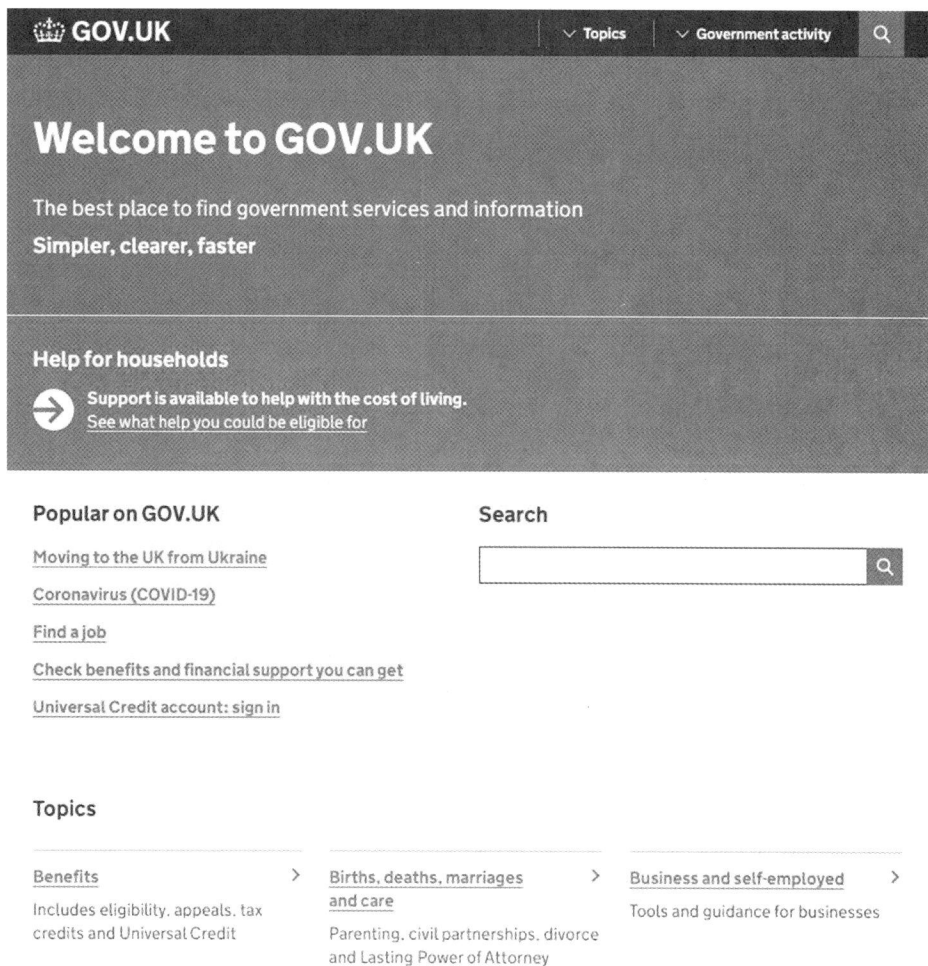

图 3-10　英国政府网站

（1）搜索引擎检索

通过网站所提供的搜索引擎检索网站信息。在搜索框内输入检索词，点击搜索或者按回车键，即可获得检索结果。支持标题搜索、全文搜索、关键词或主题词搜索等。检索结果可以通过"Topic（主题）""Content type（内容类型）""Updated（更新时间）"等进行过滤，以缩小范围，得到更为准确的检索结果。检索结果还可以根据"Relevance（相关度）""Most viewed（浏览次数最多）""Updated（newest）[更新（最新）]""Updated（oldest）[更新（最旧）]"等进行排序。

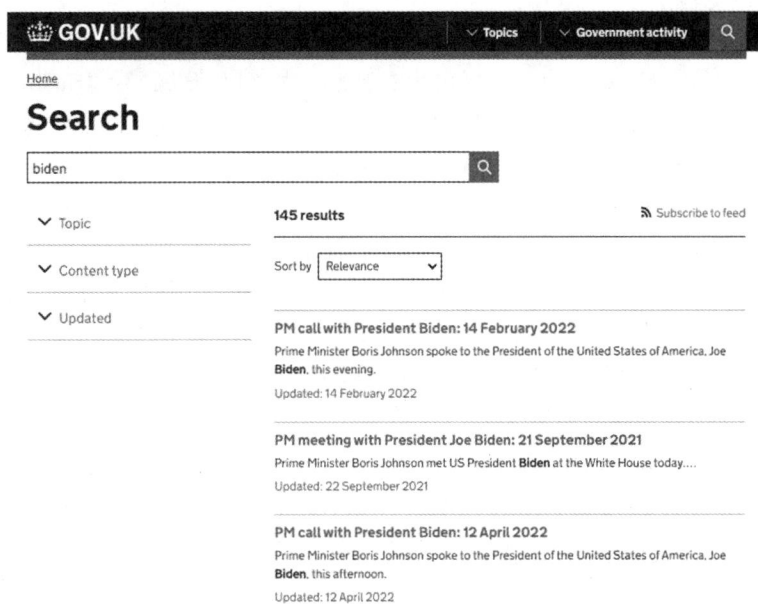

图 3-11 英国政府网站搜索

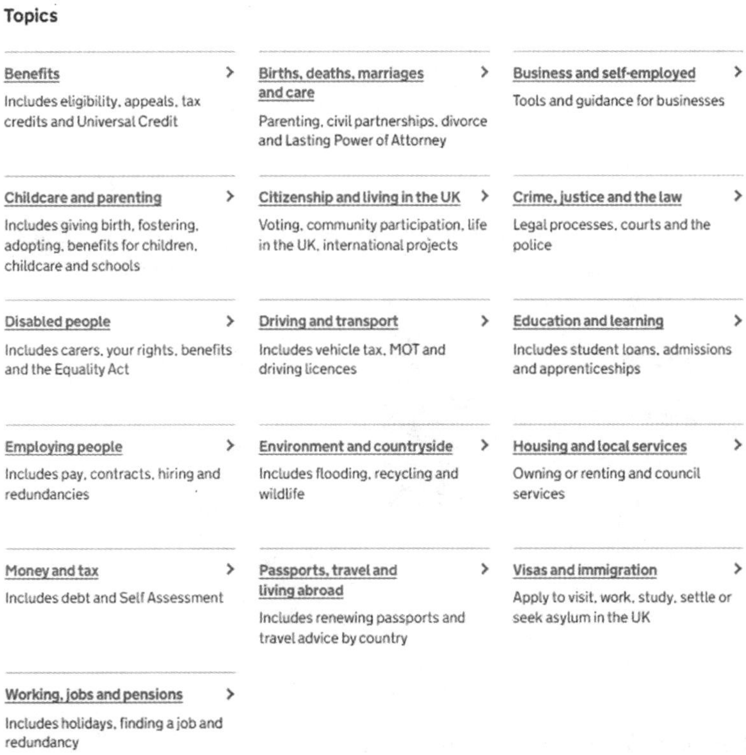

图 3-12 英国政府网站专题浏览

（2）专题浏览检索

英国政府网站主页的下半部分，列出了十六个大专题，如"Benefits（福利）""Births，deaths，marriages and care（出生、死亡、婚姻和照顾）""Business and self－employed（企业和个体经营者）""Childcare and parenting（儿童保育和养育）""Citizenship and living in the UK（英国公民身份和生活）""Crime，justice and the law（犯罪、司法和法律）""Disabled people（残疾人）""Driving and transport（驾驶和交通）""Education and learning（教育和学习）""Employing people（雇佣）""Environment and countryside（环境和农村）""Housing and local services（住房和本地服务）""Money and tax（金融和税收）""Passports，travel and living abroad（护照、旅行和国外生活）""Visas and immigration（签证和移民）""Working，jobs and pensions（工作，就业和养老金）"等。每一个大专题下一般又分出了若干个二级专题和三级专题，逐级点击即可浏览相应信息。

2.5　新加坡政府网站（www.gov.sg）

新加坡政府网站为跨越多部门的"一站式"综合网站，以服务受众为核心，为民众提供政府服务和信息。

在网站设置上，新加坡政府网站按照主题进行导航，如"Arts & culture（艺术与文化）""Defence and Security（国防与安全）"等，点击"more（更多）"可以获取更多其他主题。分别点击不同主题可以进一步浏览详细信息。

另外，网站也提供了搜索引擎搜索，搜索引擎可以用"Topic（主题）""Content type（内容类型）""All topic（所有主题）""Videos（视频）""Storis（故事）""Interviews（采访）""Factually（事实）"等进行限定，提高检索结果的准确性。

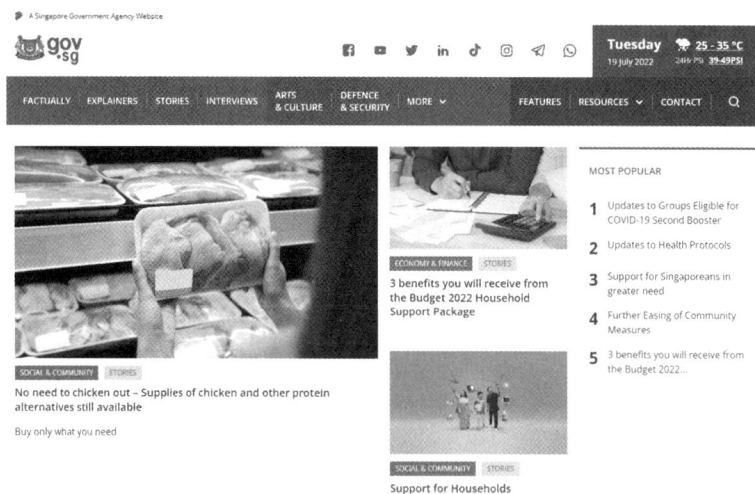

图 3－13　新加坡政府网站

2.6　日本政府网站（nettv.gov－online.go.jp）

日本政府网站和上述其他政府网站功能相类似，民众可以通过网站进行分类浏览相关政府信息，也可以通过网站提供的搜索引擎来搜索政府服务和信息。

图 3-14　日本政府网站

3　国内政府网站信息检索

截至 2022 年 12 月，我国共有政府网站 13946 个，主要包括政府门户网站和部门网站。其中，国务院部门及其内设、垂直管理机构共有政府网站 540 个，市级及以下行政单位共有政府网站 11761 个。各行政级别政府网站共开通栏目数量 30.9 万个，主要包括信息公开、网上办事和新闻动态三种类别。

3.1　中央人民政府门户网站（www.gov.cn）

中华人民共和国中央人民政府门户网站（简称"中国政府网"），于 2005 年 10 月 1 日试开通，2006 年 1 月 1 日正式开通。中国政府网作为我国电子政务建设的重要组成部分，是政府面向社会的窗口，是公众与政府互动的渠道。中国政府网是国务院和国务院各部门，以及各省、自治区、直辖市人民政府在国际互联网上发布政府信息和提供在线服务的综合平台。中国政府网现开通"国务院、新闻、专题、政策、服务、问政、数据、国情"等栏目，面向社会提供政务信息和与政府业务相关的服务，逐步实现政府与企业、公民的互动交流。

中国政府网可以通过网页直接浏览政府信息，在网页上端，设置了"国务院、总理、新闻、政策、互动、服务、数据、国情"等 8 个栏目，用户可以点击每个栏目名称，进入到第二级页面，然后选择自己需要的信息，点击浏览。在网页其他部分，中国政府网也分别设立了其他栏目，如"国务院""政策""政务联播""部长之声·发布会""督查""政务服务平台""便民服务"等，这些栏目内容更新及时，通过点击即可查看相关内容。中国政府网页底端设置了外部网页链接，可以方便快捷地链接到全国人大、全国政协、国家监察委员会、最高人民法院、最高人民检察院、国务院各组成部门网站、各地方政府网站、驻港澳机构网站、各驻外机构、媒体等。另外，网页底端还设置了国务院 App 客户端和国务院客户端微信小程序的二维码，以及中国政府网微博、微信的超链接。

中国政府网提供了站内搜索功能，在搜索框内输入检索词，点击搜索按钮或者点回车键，即可查询相关信息。在搜索框进行简单检索时，检索词之间支持空格，但不支持输入"＊""＋"等符号。

中国政府网还建立了独立的国务院政策文件库搜索系统，包括国务院文件搜索、国务院部门文件搜索等。其提供了全文搜索和标题搜索两种方式，搜索结果可以按相关度或时间进行排序，并可按日期进行筛选。

图 3-15　中央人民政府网站站内搜索

该搜索系统同时提供了目录导航功能，可以按发布机构分类导航、按主题分类导航、按公开年份分类导航、特色分类导航、政策解读导航。

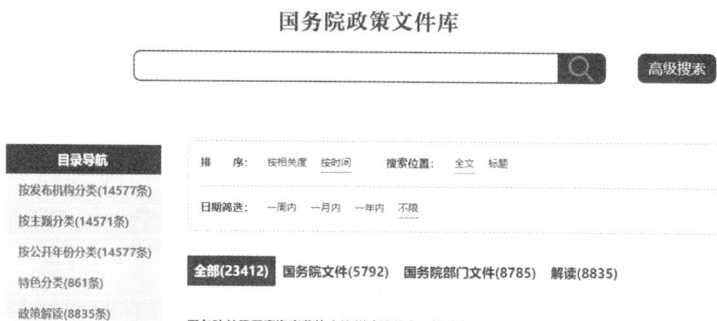

图 3-16　国务院政策文件库搜索系统

国务院政策文件库搜索系统还具有高级检索功能，可以通过逻辑关系的组合快速准确查询相关政府信息。

中国政府网还提供了政务服务搜索功能，下方列出了政策服务、就业创业、税收财务、户籍人口、社会保障、住房保障、医疗卫生、教育科研、婚姻生育、消费维权、交通运输、环境气象、旅游观光、出境入境、养老服务、疫情防控、其他等十七个主题服务项目，供用户筛选使用。

图 3-17　国务院政策文件库搜索系统高级检索

全国政务服务总门户

图 3-18　中国政府网政务服务搜索门户

3.2　中央人民政府各政府部门网站

（1）中华人民共和国外交部 . https：//www.fmprc.gov.cn

（2）中华人民共和国国防部 . http：//www.mod.gov.cn

（3）中华人民共和国国家发展和改革委员会 . https：//www.ndrc.gov.cn

（4）中华人民共和国教育部 . http：//www.moe.gov.cn

（5）中华人民共和国科学技术部 . https：//www.most.gov.cn

（6）中华人民共和国工业和信息化部 . https：//www.miit.gov.cn

（7）中华人民共和国公安部 . https：//www.mps.gov.cn

（8）中华人民共和国国家民族事务委员会 . http：//www.neac.gov.cn

（9）中华人民共和国民政部 . https：//www.mca.gov.cn

（10）中华人民共和国司法部 . http：//www.moj.gov.cn

（11）中华人民共和国财政部 . http：//www.mof.gov.cn

（12）中华人民共和国人力资源和社会保障部 . http：//www.mohrss.gov.cn

（13）中华人民共和国自然资源部 . https：//www.mnr.gov.cn

（14）中华人民共和国生态环境部 . https：//www.mee.gov.cn

（15）中华人民共和国住房和城乡建设部 . https：//www.mohurd.gov.cn

（16）中华人民共和国交通运输部 . https：//www.mot.gov.cn

（17）中华人民共和国水利部 . http：//www.mwr.gov.cn

（18）中华人民共和国农业农村部 . http：//www.moa.gov.cn

（19）中华人民共和国商务部 . http：//www.mofcom.gov.cn

（20）中华人民共和国文化和旅游部 . https：//www.mct.gov.cn

（21）中华人民共和国退役军人事务部 . http：//www.mva.gov.cn

（22）中华人民共和国应急管理部 . https：//www.mem.gov.cn

（23）中华人民共和国国家卫生健康委员会 . http：//www.nhc.gov.cn

（24）中华人民共和国审计署 . https：//www.audit.gov.cn

（25）中国人民银行 . https：//www.pbc.gov.cn/

（26）国务院国有资产监督管理委员会 . http：//www.sasac.gov.cn

（27）中华人民共和国海关总署．http：//www.customs.gov.cn

（28）国家税务总局．http：//www.chinatax.gov.cn

（29）国家市场监督管理总局．https：//www.samr.gov.cn

（30）国家广播电视总局．http：//www.nrta.gov.cn

（31）国家体育总局．https：//www.sport.gov.cn

（32）国家统计局．http：//www.stats.gov.cn

（33）国家国际发展合作署．http：//www.cidca.gov.cn

（34）国家医疗保障局．http：//www.nhsa.gov.cn

（35）国务院参事室．http：//www.counsellor.gov.cn

（36）国家机关事务管理局．http：//www.ggj.gov.cn

（37）国家信访局．https：//www.gjxfj.gov.cn

（38）国家能源局．http：//www.nea.gov.cn

（39）国家烟草专卖局．http：//www.tobacco.gov.cn

（40）国家林业和草原局．http：//www.forestry.gov.cn

（41）中国民用航空局．http：//www.caac.gov.cn

（42）国家文物局．http：//www.ncha.gov.cn

（43）国家矿山安全监察局．https：//www.chinamine－safety.gov.cn

（44）国家药品监督管理局．https：//www.nmpa.gov.cn

（45）国家粮食和物资储备局．http：//www.lswz.gov.cn

（46）国家国防科技工业局．http：//www.sastind.gov.cn

（47）国家移民管理局．https：//www.nia.gov.cn

（48）国家铁路局．http：//www.nra.gov.cn

（49）国家邮政局．https：//www.spb.gov.cn

（50）国家中医药管理局．http：//www.satcm.gov.cn

（51）国家外汇管理局．https：//www.safe.gov.cn

（52）国家知识产权局．https：//www.cnipa.gov.cn

3.3 地方政府门户网站检索

（1）北京市政府门户网站——首都之窗．http：//www.beijing.gov.cn

（2）天津市政府门户网站——天津政务网．http：//www.tj.gov.cn

（3）上海市政府门户网站．https：//www.shanghai.gov.cn

（4）重庆市政府网．http：//www.cq.gov.cn

（5）河北省政府门户网站．http：//www.hebei.gov.cn

（6）山西省政府门户网站．http：//www.shanxigov.cn

（7）内蒙古政府门户网站．https：//www.nmg.gov.cn

（8）辽宁省政府门户网站．http：//www.ln.gov.cn

（9）吉林省政府门户网站．http：//www.jl.gov.cn

（10）黑龙江省政府门户网站．https：//www.hlj.gov.cn

（11）江苏省政府门户网站．http：//www.jiangsu.gov.cn

（12）浙江省政府门户网站．https：//www.zj.gov.cn

（13）安徽省政府门户网站．https：//www.ah.gov.cn

（14）福建省政府门户网站．http：//www.fujian.gov.cn

（15）江西省政府门户网站．http：//www.jiangxi.gov.cn

（16）山东省政府门户网站．http：//www.shandong.gov.cn

（17）河南省政府门户网站．http：//www.henan.gov.cn

（18）湖北省政府门户网站．http：//www.hubei.gov.cn

（19）湖南省政府门户网站．http：//www.hunan.gov.cn

（20）广东省政府门户网站．http：//www.gd.gov.cn

（21）广西壮族自治区政府门户网站．http：//www.gxzf.gov.cn

（22）海南省政府门户网站．http：//www.hainan.gov.cn

（23）四川省政府门户网站．https：//www.sc.gov.cn

（24）贵州省政府门户网站．http：//www.guizhou.gov.cn

（25）云南省政府门户网站．http：//www.yn.gov.cn

（26）西藏自治区政府门户网站．http：//www.xizang.gov.cn

（27）陕西省政府门户网站．http：//www.shaanxi.gov.cn

（28）甘肃省政府门户网站．http：//www.gansu.gov.cn

（29）青海省政府门户网站．http：//www.qinghai.gov.cn

（30）宁夏回族自治区政府门户网站．http：//www.nx.gov.cn

（31）新疆维吾尔自治区政府门户网站．http：//www.xinjiang.gov.cn

第三节　其他政府信息检索方式及途径

1　政务微博

1.1　政务微博概况

政务微博，是指中国政府部门推出的官方微博账户，力行"织博为民"。政务微博在政府信息公开、新闻舆论引导、倾听民众呼声、树立政府形象、群众政治参与、优化政务服务、创新社会治理等方面起到了积极的作用。

《报告》显示，截至 2022 年 12 月，经过新浪平台认证的政务机构微博为 14.5 万个。截至 12 月，我国 31 个省（区、市）均已开通政务微博。其中，河南省各级政府共开通政务机构微博 10017 个，居全国首位；其次为广东省，共开通政务机构微博 9853 个。运营良好的政务微博能起到政府信息公开的表率作用。党政部门通过政务微博第一时间通报权威信息，往往成为新闻信源和事态演变的重要变量，发挥巨大的舆论影响力，政务微博已经越来越成为正能量传播的主要阵地。

微博已成政府信息公开的重要媒体。2013 年 10 月 15 日，《国务院办公厅关于进一步加强政府信息公开回应社会关切提升政府公信力的意见》发布，《意见》明确提出，

我国部分省份政务机构微博数量

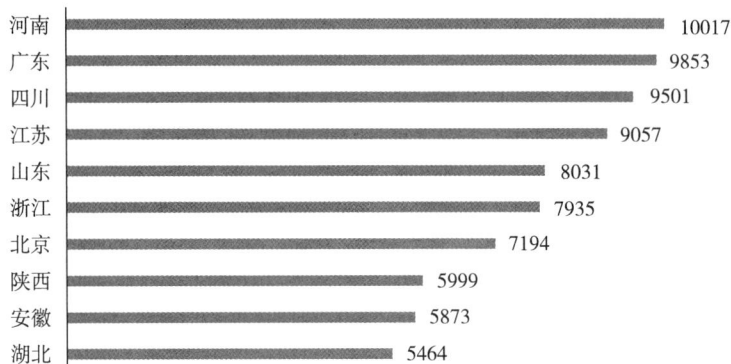

来源：微博　　　　　　　　　　　　　　　　　　　　　　　　2022.12

图 3-19　我国部分省份政务机构微博数量

各地区、各部门应积极探索利用政务微博、微信等新媒体，及时发布各类权威政务信息。

1.2　著名政务微博

2022 年是进入全面建设社会主义现代化国家、向第二个百年奋斗目标进军的重要一年，也是党的二十大召开之年。作为权威信息传播者和主流舆论放大器，政务微博在政策解读、信息公开等方面发挥了重要作用。根据 2023 年 1 月新浪微博发布的《2022 年度政务微博影响力报告》显示，政务微博在政务信息公开中的作用日益凸显，影响力较大的政务微博如下。

（1）全国二十大中央机构微博

表 3-1　全国二十大中央机构微博

排名	微博	认证信息	传播力	服务力	互动力	认同度	总分
1	中国警方在线	公安部新闻中心，公安部治安管理局官方微博	96.98	86.25	83.33	93.07	91.32
2	共青团中央	共青团中央官方微博	98.40	77.32	86.35	91.20	90.33
3	中国消防	应急管理部消防救援局官方微博	97.70	80.32	84.06	91.05	90.16
4	中国长安网	中央政法委新闻网站官方微博	89.50	84.59	78.23	82.33	84.83
5	中国反邪教	中国反邪教官方微博	95.16	75.09	75.39	81.12	84.38
6	应急管理部	中华人民共和国应急管理部官方微博	87.20	76.29	80.56	83.97	83.04
7	最高人民检察院	最高人民检察院微博	84.96	64.55	83.36	81.27	79.82
8	中国气象局	中国气象局官方微博	82.51	81.01	77.46	70.51	79.55

（续表）

排名	微博	认证信息	传播力	服务力	互动力	认同度	总分
9	中国禁毒在线	公安部禁毒局、公安部新闻宣传局官方微博	83.22	81.25	75.26	71.88	78.96
10	公安部交通管理局	公安部交通管理局官方微博	85.27	69.05	74.50	73.31	77.48
11	中国交通	交通运输部官方微博	73.06	72.09	84.81	80.73	76.75
12	中国大学生在线	教育部中国大学生在线官方微博、教育官微联盟成员	81.29	82.25	66.20	71.37	76.48
13	战略安全与军控在线	外交部军控司官方微博	78.40	81.43	69.40	73.56	76.24
14	中国地震台网速报	国家地震台网官方微博	87.28	56.53	76.06	69.89	75.41
15	最高人民法院	最高人民法院微博	80.83	58.54	79.89	75.77	75.17
16	国资小新	国务院国资委新闻中心	79.59	76.18	70.55	69.45	75.07
17	健康中国	国家卫生健康委员会官方微博	78.40	70.46	72.12	66.72	73.22
18	外交部发言人办公室	外交部发言人办公室官方微博	84.83	44.24	73.36	75.23	72.50
19	警民携手同行	公安部新闻宣传局官方微博	76.44	71.56	69.71	67.11	72.25
20	文旅之声	文化和旅游部	79.68	63.99	69.15	67.85	72.07

（2）全国十大党政新闻发布微博

表3-2　全国十大党政新闻发布微博

排名	微博	认证信息	传播力	服务力	互动力	认同度	总分
1	成都发布	成都市人民政府新闻办公室	88.63	85.80	75.46	76.60	83.02
2	南京发布	南京市委宣传部新闻发布官方微博	85.29	81.32	72.30	78.12	80.46
3	北京发布	北京市政府新闻办公室官方微博	83.17	76.48	74.43	70.00	77.45
4	苏州发布	苏州市人民政府新闻办公室官方微博	82.16	79.57	66.94	75.50	77.27

（续表）

排名	微博	认证信息	传播力	服务力	互动力	认同度	总分
5	浦东发布	上海市浦东新区人民政府新闻办公室官方微博	84.87	63.89	73.46	75.73	76.56
6	重庆发布	重庆市人民政府新闻办公室官方微博	80.59	70.22	79.20	71.97	76.51
7	郑州发布	郑州市委宣传部官方微博	79.87	78.01	71.32	71.07	76.03
8	上海发布	上海市政府新闻办公室官方微博	84.22	65.68	76.02	67.55	75.54
9	武汉发布	武汉市互联网信息办公室	85.52	66.97	66.15	70.24	74.88
10	长春发布	中共长春市委网络安全和信息化委员会办公室	78.96	82.53	64.32	67.89	74.53

（3）全国十大教育微博

表3-3　全国十大教育微博

排名	微博	认证信息	传播力	服务力	互动力	认同度	总分
1	中国大学生在线	教育部中国大学生在线官方微博、教育官微联盟成员	81.29	82.25	66.20	71.37	76.48
2	河南教育	河南省教育厅官方微博、教育官微联盟成员	78.79	74.71	67.39	68.11	73.40
3	安阳市教育局	河南省安阳市教育局官方微博，教育官微联盟成员	64.18	80.75	57.58	65.17	71.24
4	郑州市教育局	郑州市教育局官方微博，教育官微联盟成员	69.42	79.67	60.05	55.08	71.24
5	四川教育发布	四川省教育厅官方微博、教育官微联盟成员	72.36	76.35	55.26	55.77	69.28
6	陕西省教育厅	陕西省教育厅官方微博、教育官微联盟成员	71.55	71.20	65.80	58.35	68.90
7	微言教育	教育部新闻办公室官方微博	73.04	67.66	66.05	56.43	67.25
8	埇桥教育	安徽省宿州市埇桥区教育体育局官方微博	60.46	66.04	50.28	60.97	61.26
9	山东省教育厅	山东省教育厅官方微博、教育官微联盟成员	70.37	55.74	66.78	57.16	61.01
10	上海教育	上海市教育委员会官方微博、教育官微联盟成员	62.21	67.38	47.72	39.57	59.63

（4）全国十大文旅微博

表 3 - 4　全国十大文旅微博

排名	微博	认证信息	传播力	服务力	互动力	认同度	总分
1	文旅山东	山东省文化和旅游厅官方微博	78.47	89.61	74.41	69.24	82.30
2	遇见福州	福州市文化和旅游局官方微博	80.55	86.84	73.31	66.23	80.81
3	福建省文化和旅游厅	福建省文化和旅游厅官方微博	78.26	87.69	73.09	65.54	80.67
4	武汉市文化和旅游局	武汉市文化和旅游局官方微博	75.75	84.79	72.98	67.16	78.86
5	济南市文化和旅游局	济南市文化和旅游局官方微博	77.45	82.75	71.78	73.74	78.60
6	青岛市文化和旅游局	青岛市文化和旅游局	74.17	80.59	70.39	71.85	76.39
7	深圳图书馆	深圳图书馆官方微博	64.32	80.74	78.86	72.93	76.30
8	诗意宣城	宣城市文化和旅游局官方微博	59.57	91.97	61.02	59.14	76.02
9	中国历史研究院	中国历史研究院官方微博	83.82	61.02	72.90	78.25	75.96
10	故宫博物院	故宫博物院官方微博	82.89	52.87	84.76	74.41	75.56

2　政务微信

如果说 2011 年是"政务微博元年"，那么，2013 年则是"政务微信元年"。据《报告》显示，2022 年政务微信小程序数量达 9.5 万个，超 85％用户在日常生活、出行办事中使用政务微信小程序办理政务服务。全国已有 30 个省（区、市）政务平台小程序提供各种政务便民服务，2022 年有浙江"浙里办"、北京"京通｜健康宝"、上海"随申办"相继上线并转型，办事场景越来越丰富，"一码通办""智慧社区""零工超市"等服务场景更贴近人们日常生活。2022 年，全国已有 31 个省市和地区支持通过微信支付缴纳社保，年缴费超过 8.8 亿笔。27 个省（区、市）社保办理提供便捷高效的微信小程序渠道。在所有使用微信支付缴纳社保的用户中，通过微信小程序的占比达 62％。除社保缴费服务以外，用户还可通过微信城市服务申领电子社保卡、使用医保凭证、挂号看病、打印社保凭证全流程服务。

官方微博和政务微信是一种共融互补的关系。微信平台优点突出，表现在：①覆盖精准、点对点传播。②一对一的对话、良好的用户体验。③保密性强、对话具有隐蔽性。④"富媒体"内容、便于分享。⑤零资费、跨平台、图文结合、移动即时通信。所以对于政府来讲，微信的前景更加广阔。许多党政机构已经尝试将微博、微信打通运营，实现"双微合璧"，让政府部门的信息发布与政务服务更好地结合起来。

政务微信作为政府信息发布平台，是政务公开的重要平台。政务微信作为新媒体使用的典范正逐渐撬动"社会舆论新格局"，这个撬动的"支点"正是基于微信平台的互动性和精准性。

不少政府部门通过政务微信实现公众问答、网上调查、信息推送等功能，做到"听"民声、"答"民疑、"解"民忧，建立起新媒体环境下的政府信息公开集中互动机制。

微信可以精确表达，实时反馈。网民通过使用以移动互联网为基础的微信，可以方便实现与政务微信的"一对一""一对多"以及"多对多"的实时互动。政府信息公开之后具体效果如何，就可以通过政务微信互动来了解。

此外，微信可以实现精准推送。微信的应用基础多为手机、平板等移动终端，具有天然的私密性，推送信息的价值量大增。微信针对信息的精准推送，具有大众媒体无可比拟的优势。而政务微信即可借此推送政策信息，成为政府信息公开的权威信源。

3 图书馆或档案馆

图书馆特别是公共图书馆和档案馆保存有大量的政府信息资源，具备提供政府信息服务的能力。图书馆或档案馆设置的政府信息查询业务，既是方便民众了解政府行为和国家方针、政策的重要窗口，也是增加政府透明度和提高政府信息利用率的重要保证。《中华人民共和国政府信息公开条例》第二十五条规定，"各级人民政府应当在国家档案馆、公共图书馆、政务服务场所设置政府信息查阅场所，并配备相应的设施、设备，为公民、法人和其他组织获取政府信息提供便利"，"行政机关应当及时向国家档案馆、公共图书馆提供主动公开的政府信息。"很多公共图书馆或档案馆在网站中建立政府信息公开查询平台并链接了政府信息公开网，方便用户查询政府信息。同时许多图书馆也自建政府信息类数据库或者购买时政类数据库，为用户提供信息服务。图书馆或档案馆是民众获取政府信息的又一个重要渠道。

国外特别是发达国家的公共图书馆和档案馆大都通过多种方式开展政府信息服务。美国公共图书馆通常负有一项重要职责——确保全世界知识的免费和开放获取，包括民主方面的信息文件及各级政府机构的资源，像美国的旧金山公共图书馆设有政府信息中心，免费提供联邦、加州、旧金山和海湾区政府的政府文件等。日本《图书馆法》规定公共图书馆应履行的业务包括"提供公众需要的地方行政信息"，日本国立国会图书馆设有"议会资料室"，专门从事日本和世界各国政府出版物的收集、整理、研究以及提供服务。发达国家的国家档案馆利用自身强大的信息资源组织与管理能力，与各级政府信息管理机构合作，在政府信息公开中发挥了重要作用。美国《联邦登记法案》授权国家档案馆负责出版《联邦登记》日报，集中公布所有联邦机构的法规、规章和总统文件，并明确规定应予公开的政府信息必须及时从制发机关汇总到联邦登记办公室备案，以法律形式保障了美国联邦政府的法律信息在国家档案馆得以公开。《联邦登记》日报的数字版同时在联邦政府的几个信息门户上，即政府出版局联邦数字系统、联邦登记网站和政府数据的新门户网站，提供在线使用，提高了公众获取和处理政府信息的能力。英国国家档案馆建立了非常完备的档案信息资源服务体系，包括联机目录、国家数字档案库、"获取档案"项目、国家档案登记系统等，可为公众提供全面的档案信息服务。英国政府网络档案馆采集并保存的网站信息都可以在万维网上公开、免费获取。加拿大图书档案馆是由国家档案馆和图书馆于2004年合并而成的，是国际上图书馆、档案馆合并较为成功的案例，它通过信息管理中心和政府网络档案馆两种方式参与政府信息公开服务。

自 2008 年《政府信息公开条例》实施以来，我国国家图书馆、档案馆（局）以及各省公共图书馆、档案馆（局）利用各自优势开展的政府信息公开服务业务迅速发展。如2009 年 4 月国家图书馆推出国内首个政府公开信息整合服务门户——中国政府信息整合服务平台（govinfo. nlc. cn），通过该平台，公众可以便捷地查询到中央政府及其组成机构、各省及省会城市的上百家人民政府的政府公开信息。2008 年中央档案馆设置了中央国家机关政府公开信息查阅中心，而各省级档案馆的现行文件服务中心也正积极向政府信息公开查询中心转型。

图 3-20 中国政府公开信息整合服务平台

目前国家图书馆、国家档案局（馆）和 31 个省（区、市）公共图书馆、档案馆大都开通了政府信息公开服务。

表 3-5 国内各省（区、市）公共图书馆政府信息公开服务

省别	机构	政府信息公开服务
北京	国家图书馆	中国政府公开信息整合服务平台
北京	首都图书馆	链接北京市政府信息公开网页
天津	天津图书馆	链接天津市政府信息公开网
重庆	重庆图书馆	链接重庆市政府信息公开网
河北	河北省图书馆	中国政府公开信息整合服务平台分站

（续表）

省别	机构	政府信息公开服务
山西	山西省图书馆	中国政府公开信息整合服务平台分站
内蒙古	内蒙古图书馆	中国政府公开信息整合服务平台分站
辽宁	辽宁省图书馆	中国政府公开信息整合服务平台分站
吉林	吉林省图书馆	中国政府公开信息整合服务平台分站
黑龙江	黑龙江省图书馆	中国政府公开信息整合服务平台分站
江苏	南京图书馆	中国政府公开信息整合服务平台分站
安徽	安徽省图书馆	链接安徽省政务公开网
福建	福建省图书馆	中国政府公开信息整合服务平台分站
江西	江西省图书馆	中国政府公开信息整合服务平台分站
山东	山东省图书馆	中国政府公开信息整合服务平台分站
河南	河南省图书馆	中国政府公开信息整合服务平台分站
湖北	湖北省图书馆	中国政府公开信息整合服务平台分站
湖南	湖南图书馆	中国政府公开信息整合服务平台分站
广东	广东省立中山图书馆	中国政府公开信息整合服务平台分站
广西	广西壮族自治区图书馆	政府信息公开查询平台
四川	四川省图书馆	中国政府公开信息整合服务平台分站，链接四川省政府信息公开网
贵州	贵州省图书馆	中国政府公开信息整合服务平台分站
云南	云南省图书馆	中国政府公开信息整合服务平台分站
西藏	西藏自治区图书馆	（网站暂不能打开）
陕西	陕西省图书馆	中国政府公开信息整合服务平台分站
甘肃	甘肃省图书馆	中国政府公开信息整合服务平台分站
宁夏	宁夏图书馆	链接宁夏回族自治区政务公开网

表 3-6　国内各省（区、市）档案馆政府信息公开服务

省市	机构	政府信息公开服务
北京	国家档案局	中国政府信息公开查阅，链接中央机构政府信息公开网页
北京	北京市档案信息网	行政规范性文件查询，链接北京市政府信息公开网
上海	上海档案信息网	现行文件查阅，链接上海市政府信息公开网
天津	天津档案方志网	政府信息公开查阅
重庆	重庆档案信息网	现行文件查阅，链接重庆市政府信息公开网
河北	河北档案网	链接河北省政府信息公开网
山西	山西档案局（馆）	链接山西省政府信息公开网

（续表）

省市	机构	政府信息公开服务
内蒙古	内蒙古档案信息网	现行文件查阅，链接内蒙古自治区政府信息公开网
辽宁	辽宁省档案信息网	政府公开信息查阅，链接辽宁省政府信息公开网
吉林	吉林省档案信息网	现行文件查阅，链接吉林省政府信息公开网
黑龙江	黑龙江档案信息网	现行文件查阅，链接黑龙江省政府信息公开网
江苏	江苏档案信息网	现行文件查询，链接江苏省政务服务网
浙江	浙江档案网	现行文件查阅，链接浙江省政府信息公开网
安徽	安徽档案信息网	现行文件查询，政府公开信息查询
福建	福建档案信息网	政府信息公开查询平台，链接福建省政府信息公开网
江西	江西档案信息网	政府公开信息查阅，链接江西省政务服务网
山东	山东档案信息网	政府公开信息查询，链接山东省政府信息公开网
河南	河南档案信息网	政府公开信息查询，现行文件中心
湖北	湖北档案信息网	政务公开，链接湖北省政务服务网
湖南	湖南档案信息网	省政府公开信息查阅中心，链接湖南省政府信息公开网
广东	广东档案信息网	政府文件查询，广东省政府信息依申请公开系统， 手机上网查询政府文件
广西	广西档案信息网	政府信息公开查阅系统，查看现行政府文件， 链接广西壮族自治区政府信息公开网
海南	海南省档案信息网	现行文件利用中心
四川	四川档案	四川省现行文件中心在线管理系统，链接四川省政府信息公开网
贵州	贵州档案方志信息网	现行文件查询，政府公开信息查询
云南	云南档案信息网	政府公开信息查询，链接云南省政务服务网
陕西	陕西档案信息网	现行文件查询，链接陕西省政府信息公开网
甘肃	甘肃档案信息网	现行文件查询，链接甘肃省政府信息公开网
青海	青海档案网	现行文件查询
宁夏	宁夏档案信息网	政府公开信息查询
新疆	新疆档案信息网	链接新疆维吾尔自治区政务公开网

另一方面也表现出，目前各馆政府信息公开服务的内容不够全面，政府信息公开服务的标准不够统一，查询条件也不够便捷，与公众的利用需求还存在一定的距离。各馆开展政府信息服务的现状和水平反映了各馆对政府信息公开服务的重视程度和各馆对公众获取政府公开信息的服务能力。

实现政府信息公开服务不但拓展了图书馆、档案馆的信息传播功能和社会服务功能，还对缩小"数字鸿沟"、消除"信息孤岛"以及促进政府信息资源增值服务起到一定的作用。图书馆、档案馆与政府信息管理机构需要进一步加强合作、创新业务形态，发挥政府信息网络传播作用，从而实现互联互通、资源共享，提高政府信息资源的利用率。

参考文献

1. 李绪蓉，徐焕良 . 政府信息资源开发与管理 ［M］. 北京：北京大学出版社，2005.

2. 陈丽 . 档案信息检索 ［M］. 成都：四川人民出版社，2010.

3. 冯惠玲 . 政府信息资源管理 ［M］. 北京：中国人民大学出版社，2006.

4. 王新才等 . 政府信息资源管理 ［M］. 北京：科学出版社，2011.

5. 吴光伟等 . 信息产业研究 ［M］. 上海：上海科学技术文献出版社，1995.

6. 甘利人，朱宪辰 . 电子政务信息资源开发与管理 ［M］. 北京：北京大学出版社，2003.

7. 吴柏林 . 管理信息系统——理论、方法、技术与案例分析 ［M］. 北京：清华大学出版社，2011.

8. 查先进 . 信息政策与法规 ［M］. 北京：科学出版社，2004.

9. 马费成，赖茂生 . 信息资源管理 ［M］. 北京：高等教育出版社，2006.

10. 周晓红 . 公共管理学概论 ［M］. 北京：中央广播电视大学出版社，2003.

11. 中华人民共和国政府信息公开条例 ［EB/OL］. ［2023－06－12］. https：//www. most. gov. cn/yw/200704/t20070424 _ 43317. htm.

12. 第 51 次中国互联网络发展状况统计报告 ［EB/OL］. ［2023－06－12］. https：//cnnic. cn/NMediaFile/2023/0322/MAIN16794576367190GBA2HA1KQ. pdf.

第四章 教育信息检索

第一节 高校信息公开与教育信息获取

1 高校信息公开

1.1 概述

高校信息是指高校在开展办学活动和提供社会公共服务过程中产生、制作、获取的，以一定形式记录、保存的信息。高校信息公开，是指高校依照法律、法规和规章以及各校的有关规定，遵循一定的程序，将可以公开的信息及时、准确地向师生员工和社会公众公布。高校信息公开是政府信息公开制度在高等教育领域中的延伸，对于公民知情权的实现、高校治理的效率和透明度的提升均有促进作用。

高校信息公开是随着信息公开整体制度的推进而发展起来的。国内外高校信息公开的水平、范围和方式均有所差别。比如，美国高校运行过程中产生的行政、管理、业务、财务和政策制定信息等均主动向社会公开。公开的方式多种多样，包括对地方、州和联邦机构定期作公共报告，广泛散发大学独立审计财政声明，对信息公开的具体请求进行适当回应等等。学生信息（即教育记录，是指教育机构制作、持有的直接与该学生身份相关的信息，包括档案、文件和各种媒介中的资料，比如对学生的学术评价、成绩单、纪律处分记录、接受资助记录等）的管理主要遵循《家庭教育权利和隐私权法》。学生有权依法查看和审查有关教育记录、适时对教育记录予以修正，并对记录中信息是否公开拥有决定权。

我国高校信息公开起步较晚，2008年5月《中华人民共和国政府信息公开条例》（以下简称《条例》）开始施行，为我国政府机关信息公开的推进提供了较为明确的法律依据，其中第55条明确提出教育公共企事业单位在提供社会公共服务过程中制作、获取的信息均要参照《条例》执行。2010年教育部通过了《高等学校信息公开办法》（以下简称《办法》），明确规定了12项高等学校应主动公开的信息，将高校招生、学位评定、物资采购、财务情况等重要事项纳入主动公开的信息范围。为进一步推进高校信息公开工作，2014年7月教育部根据《条例》和《办法》制定了《高等学校信息公开事项清单》（以下简称《清单》），推动高校信息公开工作日趋完善并走向规范化。

1.2 我国高校信息公开范围

2010年4月教育部办公厅发布的《关于施行"高等学校信息公开办法"的通知》要求：高校要按照"以公开为原则，以不公开为例外"的原则和由近及远的要求，重点对《条例》实施以后的信息进行全面清理。要依据《保密法》及其实施办法、《条例》等法律法规，科学界定公开和不公开的信息。凡符合《条例》第九条和《办法》第七条要求的信息，均应编入本校信息公开目录，并在此基础上进一步扩展公开范围，细化公开内容。

具体来说，2010年9月1日正式实施的《办法》规定了高等学校应当主动公开以下12类信息：①学校名称、办学地点、办学性质、办学宗旨、办学层次、办学规模、内部管理体制、机构设置、学校领导等基本情况；②学校章程以及学校制定的各项规章制度；③学校发展规划和年度工作计划；④各层次、类型学历教育招生、考试与录取规定，学籍管理、学位评定办法，学生申诉途径与处理程序，毕业生就业指导与服务情况等；⑤学科与专业设置，重点学科建设情况，课程与教学计划，实验室、仪器设备配置与图书藏量，教学与科研成果评选，国家组织的教学评估结果等；⑥学生奖学金、助学金、学费减免、助学贷款与勤工俭学的申请与管理规定等；⑦教师和其他专业技术人员数量、专业技术职务等级，岗位设置管理与聘用办法，教师争议解决办法等；⑧收费的项目、依据、标准与投诉方式；⑨财务、资产与财务管理制度，学校经费来源、年度经费预算决算方案，财政性资金、受捐赠财产的使用与管理情况，仪器设备、图书、药品等物资设备采购和重大基建工程的招投标；⑩自然灾害等突发事件的应急处理预案、处置情况，涉及学校的重大事件的调查和处理情况；⑪对外交流与中外合作办学情况，外籍教师与留学生的管理制度；⑫法律、法规和规章规定需要公开的其他事项。

《办法》同时规定："高等学校公开信息，不得危及国家安全、公共安全、经济安全、社会稳定和学校安全稳定。""高等学校对下列信息不予公开：涉及国家秘密的；涉及商业秘密的；涉及个人隐私的；法律、法规和规章以及学校规定的不予公开的其他信息。"

2014年发布的《清单》详细列出了包括基本信息、招生考试信息、财务资产及收费信息、人事师资信息、教学质量信息、学生管理服务信息、学风建设信息、学位学科信息、对外交流与合作信息和其他信息等10个大类50条具体公开事项及相关文件。教育部在公布《清单》的通知中提出各高校应确保信息真实及时、建立即时公开制度、完善年度报告制度、构建统一公开平台、加强公开监督检查等要求。

1.3 我国高校信息公开形式

各高校在具体实施时，一般将信息依其属性不同划分为主动公开的信息、依申请公开的信息和不予公开的信息。除已公开的信息外，学校师生员工和社会公众均可以根据自身学习、科研、工作等特殊需要，向学校申请获取相关信息。申请人可以采用信函、电报、传真、电子邮件等形式向信息公开机构提交信息公开申请书。教育部建议各高校设置资料查阅室、索取点、公告栏、电子屏幕等设施，方便公民、法人和其他组织检索、查询和复制高校信息，同时应充分利用新闻发布会及微博、微信等新媒体方式，及时公开信息，加强信息解读，回应社会关切。

（1）网站

各高校网站是信息公开的第一平台。学校主页（即门户网站）、学校信息公开网、学校各机构网站，都是信息主动公开的主要途径。

（2）传统媒体

高校综合利用报刊、广播、电视等校内外媒体以及新闻发布会、年鉴、年报、会议纪要、会议简报等方式或档案馆（室）、图书馆等场所，及时公开信息。

（3）重要会议

有的高校会定期在校务委员会、教职工代表大会、学生代表大会等会议上通报学校重要改革、发展与决策信息。

（4）新媒体

随着信息技术的高速发展，各高校积极拓展信息公开方式，利用官方微博、微信公众号、视频号等新媒体方式，让信息的发布和获取更贴近用户使用环境。

相比较而言，发布在高校网站上的信息更便于检索和获取，而以微博、微信等形式发布的信息具有碎片化、易扩散、时效性强、便于互动、对移动终端用户友好等特点，更易为公众接受。

1.4　高校信息公开网站

自《办法》施行后，全国各高校陆续开始建立信息公开网站或专栏，设立专门的信息公开工作机构。因起步较晚、各高校实际情况千差万别，我国高校信息公开发展状况参差不齐，各高校信息公开网站的建设情况也面貌不一。教育部在公布《清单》的通知中要求2014年10月底前，部属高校应当在学校门户网站开设信息公开专栏，统一公布清单各项内容。目前75所教育部直属高校均创办了专题信息公开网站，在信息公开方面较为规范、细致、透明。大部分网站的设计美观大方、布局合理，交互响应快速，导航清晰，用户体验较好。其余高校的信息公开网站或专栏建设也在稳步推进中。

一般情况下，高校信息公开网站的内容主要包括信息公开办法、信息公开指南、信息公开目录（事项）和信息公开工作年度报告、相关规章制度、信息公开申请途径、信息公开受理机构联系方式、信息公开监督投诉途径、其他主动公开信息等。信息公开指南一般规定了公开范围、形式、时限、申请受理程序、收费标准等内容。信息公开目录（事项）一般按照《清单》的类别和事项次序组织信息，基本覆盖规定的信息公开范围。具体包括学校概况、规章制度、信息公开年度报告、学校发展规划及年度工作计划等基本信息；招生章程及招生计划、考生个人录取信息查询渠道和办法、招生咨询及考生申诉渠道等招生考试信息；财务、资产管理制度，物资设备采购和重大基建工程的招投标信息，收支预算、决算表，以及收费项目、收费依据、收费标准及投诉方式等财务信息；人事师资信息；教学质量信息；学生管理和服务信息；学风建设信息；学科、学位信息；对外交流与合作信息等内容。

例如"北京大学信息公开网"，设计较为简洁明了，从上到下依次列出信息公开制度、信息公开年度报告、各类公开事项、联系方式、监督投诉方式及各官方新媒体账号二维码。

再如"复旦大学信息公开网"则相对更丰富，除了《清单》规定的内容，还集成了学校要闻、通知公告，提供信息搜索入口、网站地图方便用户精确查找所需信息，信息公开受理途径中推出在线受理表单，还提供了网上信访（校长信箱）、网上咨询、便民服务（办事指南）等平台，用户体验十分友好。

图 4-1　北京大学信息公开网

图 4-2　复旦大学信息公开网

　　大部分高校信息公开网站的架构搭建合理，公开信息在网站主页一目了然，易于查找，便于使用，用户体验良好。但是，也有部分高校的信息公开网站建设存在问题：或是网站开发存在技术缺陷，导致服务器执行效率低，影响用户响应速度；或是信息公开目录的编排散乱无序，难以查找；或是信息的呈现形式缺乏统一设计，有些甚至需要下载专门的阅览器查看；或是个别子栏目没有实质内容，存在无效链接。不同网站提供的信息质量不一，这就需要信息搜索者在碰到时认真鉴别了。

1.5　高校公开信息获取

（1）"主动公开信息"获取

由于高校公开信息的发布并不局限于"信息公开网站"，还可能广泛分布于学校网站各主页及次级页面，在检索具体信息时可充分利用"站内搜索"或搜索引擎的"限定网站或域名"搜索，以提高检索范围广度，避免遗漏。如搜索苏州大学网站公布的"研究生考试"方面的信息，可利用百度等搜索引擎，输入检索式"site：（suda. edu. cn）（研究生考试｜考研）"进行检索（也可利用高级搜索界面分别限定）。

图 4-3　百度搜索

利用网站提供的站内搜索入口。如搜索复旦大学信息公开网发布过的校友相关信息。

图 4-4　复旦大学信息公开网搜索页面

利用互动平台。通过学校信息公开网站提供的"留言板"、"网上咨询"、"校长信箱"等入口进行个性化咨询。

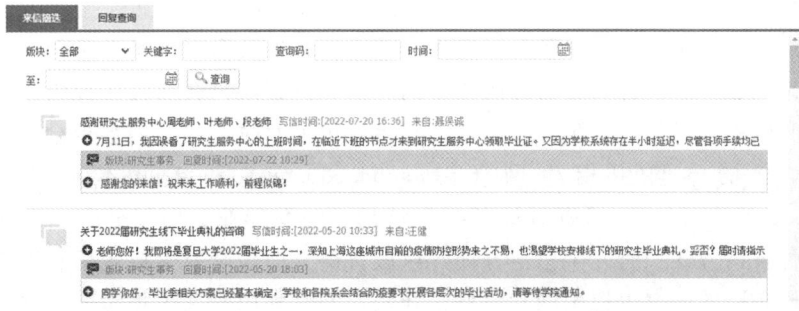

图 4-5　网上咨询实例

利用新媒体平台。在微博平台上@相关高校的官方微博，在微信平台关注相关高校官方微信账号，在其公众号下方留言，或在具体微信文章下面通过评论提出有针对性的问题，都是获取信息的可选途径。

利用教育部政府信息公开平台。教育部政府信息公开网站可查询历年各部属高校信息公开年度报告，并支持关键词搜索。

图 4-6　教育部政府信息公开网站

高校公开信息中，招生信息是关键内容之一，受到社会公众的广泛关注。2013 年教育部出台《进一步推进高校招生信息公开工作的通知》，要求高校做到招生信息"十公开"，包括招生政策公开、高校招生资格公开、高校招生章程公开、高校招生计划公开、考生资格公开、录取程序公开、录取结果公开、咨询及申诉渠道公开、重大违规事件及处理结果公开、录取新生复查结果公开。本科生招生方面，各学校招生简章、招生计划等信息均会发布在"阳光高考信息平台"（教育部招生阳光工程指定平台）上，同时每年预录取的自主试点生、自主试验生、各类保送生、艺术特长生及高水平运动员等在正式录取前也都在该网站实名公示。各高校自己的招生网和信息公开网也会通过多种媒体平台公布相应信息，在时效性上可能比"阳光高考信息平台"更为及时，相关内容也会更为详尽。例如，苏州大学的本科生招生网（zsb. suda. edu. cn）和年度本科招生专题网（zsb. suda. edu. cn/2022/），可查看最新招生计划、院系专业、历年分数、动态信息、录取结果及各种咨询方式。研究生招生方面，以教育部"中国研究生招生信息网"为主要平台，结合各校自己的研究生招生网和信息公开网，同时利用研究生报考服务系统、研究生招生咨询平台等多种途径，向考生提供准确可靠的招生信息。各种新媒体平台在招生信息发布和考生信息咨询方面提供了更为便捷的渠道。例如苏州大学本科招生微信公众号除了推送最新资讯，也提供录取查询、最新招生信息、历年分数查询的快捷入口，其关联的视频号也会及时发布各院系的招生宣传、校园风光导览等内容。

高校本科招生、研究生招生相关信息各自都有权威发布门户，我们放到后面的"教育信息获取"一节进行详细介绍。

（2）"依申请公开信息"获取

如果所需信息不在学校主动公开信息范围内，可通过各种形式向相关高校信息公开受理机构提交申请。申请途径包括：①申请人可以在学校信息公开网站上填写电子版《申请表》然后网上提交；②通过信函、电报、传真方式提出申请；③到信息公开受理机构现场填写《申请表》，当场提出申请。申请人一般需要提供有效的身份证明。一般在 15 个工作日内可得到答复。信息提供方式中，以传真和电子邮件形式答复一般不产生费用，若需复印资料等按情况不同会产生一定费用，收费标准一般可在各高校"信息公开指南"中查阅。一般学校依申请公开学校信息，除收取检索、复制、邮寄等成本费用外，不收取其他费用。

图 4 - 7　苏州大学本科招生微信公众号

需要注意的是，高校网站对于公众通过网络提出的问题，重视程度不一。有些高校的虽然设立了校长信箱，但其回复效率极低，而在线咨询等其他沟通手段的效果也不尽如人意。遇到类似情况可考虑通过其他平台（如新媒体）进行联系，或查找相关具体机构的联系方式。

1.6　国外高校信息公开

英国是世界上高校信息公开工作比较成功的国家，具有完善的规范体系，对于公开的范围与界限也有很明确的规定，各个学校设有专门机构负责信息公开工作，政府有专门机构对公共机构信息公开工作进行监督。英国高校信息公开工作的法律规范主要有《信息自由法》（2000 年）、《高等教育白皮书》（2011 年）以及英国信息委员会制定的《高等教育信息公开指导》。英国高等教育财政委员会制作了模拟"重要信息组"以指导高校信息公开，其数据必须包括学生满意程度、毕业半年后的就业率、月薪、平均学费、住宿费、教学时间、作业及测试评分比例、教学设施等。所有公开信息由高校招生部门、高等教育统计局、英格兰高等教育拨款委员会、英国大学组织以及英国大学生联合会等机构共同开发并实现共享，使学生能够通过网络有效查询。几乎每个大学的网站上都专门设有信息公开指南，包括信息公开的方式、种类、申请以及费用四方面内容。

以剑桥大学为例：剑桥大学遵循《信息自由法》进行信息公开，网页上提供了法律依据、信息公开指南、个人申请方法。

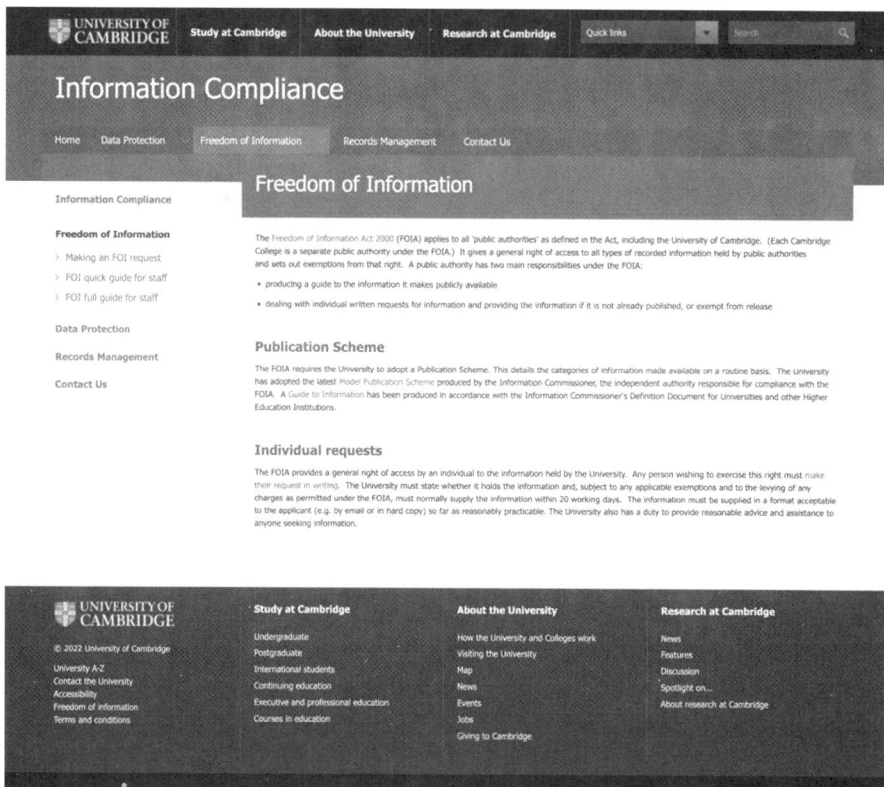

图 4-8　剑桥大学信息公开页面

剑桥大学的信息公开指南以 PDF 格式发布，对大学各类公开信息做了简洁明确、系统详尽的列举和指引。比如，按照信息公开指南的指引，在 Cambridge Data 页面，我们可以找到剑桥大学本科生、研究生的就读资料，以及曾经开设和正在开设的各种课程的规范存档。而在"留学生"（International Students）页面，我们可以找到留学生如何申请、抵校、在校学习生活等一系列信息。

美国高校的情况比较复杂。绝大多数美国高校是根据州法建立起来的，在机构层面上并不受联邦信息自由法制约，而是遵循各州的信息自由法或记录开示法构建公立高校信息公开的基本原则。大学在美国历史上一直被赋予较高的学术自治权，各校在保护自己学术自由和运行效率、保护教职工和学生的隐私权的前提下尽可能满足公众的知情权，其具体实施情况千差万别。仅就教育信息而言，无论公立还是私立高校的信息透明度都比较高。各高校的门户网站是查询、获取该校各类信息的首选入口。以麻省理工学院（MIT）为例，除了网站上公开的各类信息，还提供了一份简明扼要的"MIT FACTS"，列出的信息包括学校概况、招生助学、教学教辅、校园生活、科研等方面的基本情况，所有信息都保持更新。

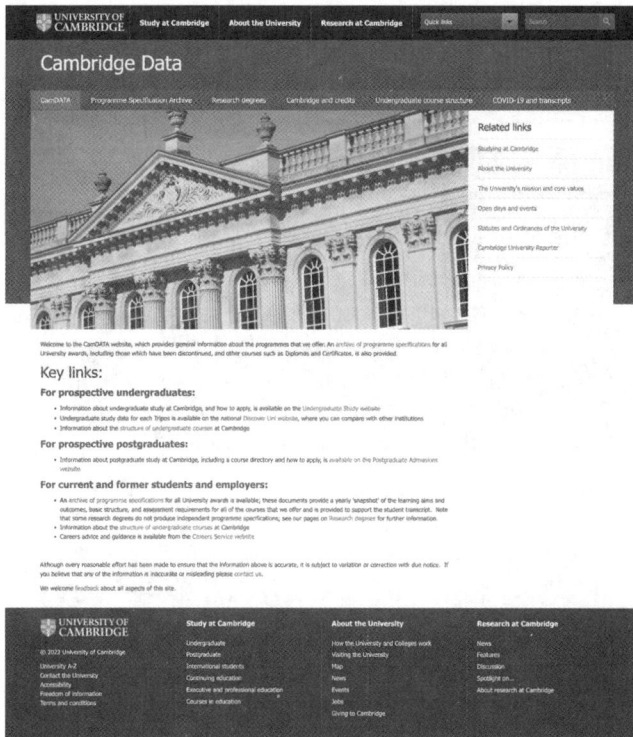

图 4-9 剑桥大学 Cambridge Data 页面

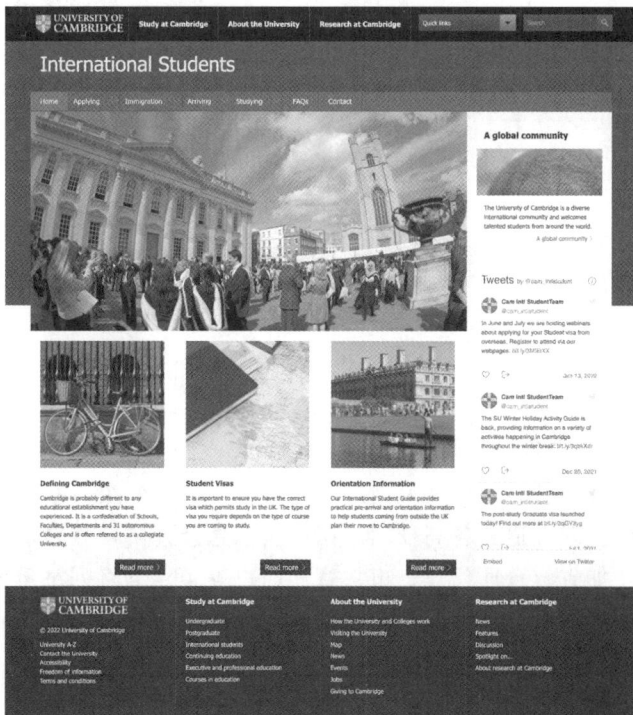

图 4-10 剑桥大学留学生页面

图 4-11　麻省理工学院 MIT FACTS

2　教育信息获取

2.1　国内教育信息获取

与教育相关的高校信息是关注度最高的。通过上一节的介绍，我们可以总结出获取高校信息和教育信息的主要渠道：各高校门户网站及信息公开网；教育部各门户网站；各级教育机构门户网站，如省教育厅门户、市教育局门户等。以下将列举重要、权威的教育信息发布网站分别进行介绍。

（1）中国高等教育学生信息网（学信网）（www.chsi.com.cn）

中国高等教育学生信息网（简称"学信网"）由教育部学生服务与素质发展中心（原全国高等学校学生信息咨询与就业指导中心）主办。经过多年努力，学生服务与素质发展中心建成了学信网、研招网、国家大学生就业服务平台、大学生创业网和征兵网等多个信息化技术支持平台。学信网依托中心建立了集高校招生、学籍学历、毕业生就业信息于一体的大型数据仓库，开通"阳光高考"信息平台、学籍学历信息管理平台、中国研究生招生信息网、内地高校面向港澳台招生信息网等平台，开通学历查询系统、在线验证系统、硕士研究生网上报名和录取检查系统、硕士研究生招生调剂服务系统、学历认证网上办公系统等 20 余个信息系统。

图 4-12　学信网首页

学信网是教育部指定的学历查询唯一网站、教育部高校招生阳光工程指定网站、全国硕士研究生招生报名和调剂指定网站。学信网提供的服务包括：学籍学历信息查询与认证服务、高校招生信息服务、出国教育背景服务、征兵报名、就业服务等。

学籍学历信息查询与认证服务：中国高等教育学生信息网学历查询系统可查询 2001年以来国家承认的各类高等教育学历证书电子注册信息（含学历证明书），包括研究生、普通本专科、成人本专科、网络教育、开放教育、高等教育自学考试以及高等教育学历文凭考试等。学籍查询系统可查询国家承认的各类高等教育在籍学生的学籍注册信息（不含自考），以及 2001 年以来的学籍档案（已离校学生在籍期间的学籍注册信息）。注册学信网账号，登录学信档案，即可免费查询本人学历。为满足求职招聘、派遣接收、升学（考研、专升本）、出国留学、干部任免、职称评定、信用评估等领域的需要，学信网依托全国高等教育学生信息数据库，对学生的学籍、学历、招生录取等相关信息提供在线验证报告。点击顶部菜单中的"在线验证报告"栏目，可申请《教育部学籍在线验证报告》或《教育部学历证书电子注册备案表》中文版。点击顶部菜单中的"国际合作申请"栏目，可申请《教育部学籍在线验证报告》或《教育部学历证书电子注册备案表》翻译件（英文）。验证报告申请成功后，可进行打印、下载、发送到个人邮箱、查看"二维验证码"和"在线验证码"等操作。验证报告由学信网提供在线验证功能，报告持有人登录网站在线验证页面（www.chsi.com.cn/xlcx/bgcx.jsp），输入在线验证码即可免费验证报告内容。报告中的信息也可通过扫描二维验证码进行验证或手机上网再验证。报告可在验证有效期内多次打印、多次验证。

学信就业服务（国家大学生就业服务平台）：www.ncss.cn。国家大学生就业服务平台是由教育部主管、教育部学生服务与素质发展中心（原全国高等学校学生信息咨询与就业指导中心）运营的服务于高校毕业生及用人单位的公共就业服务平台，汇集各类就业动态、相关政策、职位信息、招聘信息等资讯，定期举办全国、各省市联合招聘会、重点领域招聘会（包括网上招聘会），支持移动互联网模式，线上线下服务相结合。学信网账号与国家大学生就业服务平台通用。

图 4-13　学信网学历证书查询

图 4-14　教育部学历证书电子注册备案表示例

图 4-15　国家大学生就业服务平台

（2）"阳光高考"信息平台（gaokao.chsi.com.cn）

教育部于 2005 年 5 月 10 日正式开通"阳光高考"信息平台。该平台集成招生公示、院校信息、在线咨询、招生计划、高考动态、志愿参考等内容，为考生和家长提供全方位

图 4-16　"阳光高考"信息平台

的网上招生信息咨询服务。"阳光高考"信息平台是教育部招生"阳光工程"指定的信息发布平台，代表教育部向社会发布全国各高校分省分专业的招生计划，发布具有学历教育招生资格的高校名单以及各类考生的资格名单，发布各高校招生章程。2008年1月，教育部在"阳光高考"信息平台中正式启用政务功能，各省级教育行政部门、省级招办和各高等学校通过平台进行高考政策发布、招生计划发布、公示名单管理、招生章程报送审核及发布、公告管理及公文收发等，与"阳光高考"信息平台原有服务功能实现了一体化整合。平台还开通了"高考填报志愿综合参考系统"，依托历年高校招生录取数据库，从往年录取分数和位次角度为考生填报志愿选择报考院校提供参考。

（3）中国研究生招生信息网（yz.chsi.com.cn）

中国研究生招生信息网（简称"研招网"）最早由教育部高校学生司创立于1999年，2004年9月起进行全国硕士研究生招生入学考试网上报名；2005年9月首次举办全国硕士研究生招生网上咨询周活动，并为全国所有招生单位实行网上报名；2006年4月开通了生源调剂系统；2006年7月与学信网合并。2008年4月生源调剂系统升级为全国硕士生招生调剂服务系统，成为硕士生招生调剂志愿填报和录取的指定平台。研招网的服务贯穿研究生招生宣传、招生咨询、报名管理、生源调剂、录取检查整个工作流程，实现了研究生招生信息管理一体化。研招网每年举办全国硕士研究生招生网上咨询周活动，让广大考生与全国的招生单位进行在线交流。网站还提供招生远程面试系统为高校考生远程在线面试提供服务（bm.chsi.com.cn/ycms/kssysm/）。

图4-17　中国研究生招生信息网

该网站可查询全国各类考研资讯、相关国家政策和院校政策、各高等院校信息、研究生招生计划、硕博士目录、各院校招生公告、历年考研分数线、招生单位调剂信息、研究生报考指南、复试指南等几乎所有考研相关讯息。

例1：硕士招生目录查询。如查询江苏省教育心理学专业全日制硕士招生目录。

方法：在硕士专业目录（yz. chsi. com. cn/zsml/zyfx_search. jsp）检索页面按下拉列表提示选择信息查询。

图 4-18 硕士招生目录查询

图 4-19 硕士招生目录查询结果

例 2：查询清华大学近年考研复试分数线。

方法：从首页进入"近五年考研分数线及趋势图"页面 yz. chsi. com. cn/kyzx/zt/lnfsx2022. shtml。

图 4-20 近五年考研分数线及趋势图

点击所查询院校的相应年份即可分别下载 34 所自主划线院校复试要求，或直接点击年份可查看近年国家分数线。

例 3：院校信息查询。

方法：从首页进入院校库查询页面 yz.chsi.com.cn/sch/。可按招生单位名称、院校所在地、院校隶属（如隶属于教育部）、是否 985 高校、是否 211 院校、是否具有研究生院等条件进行检索。

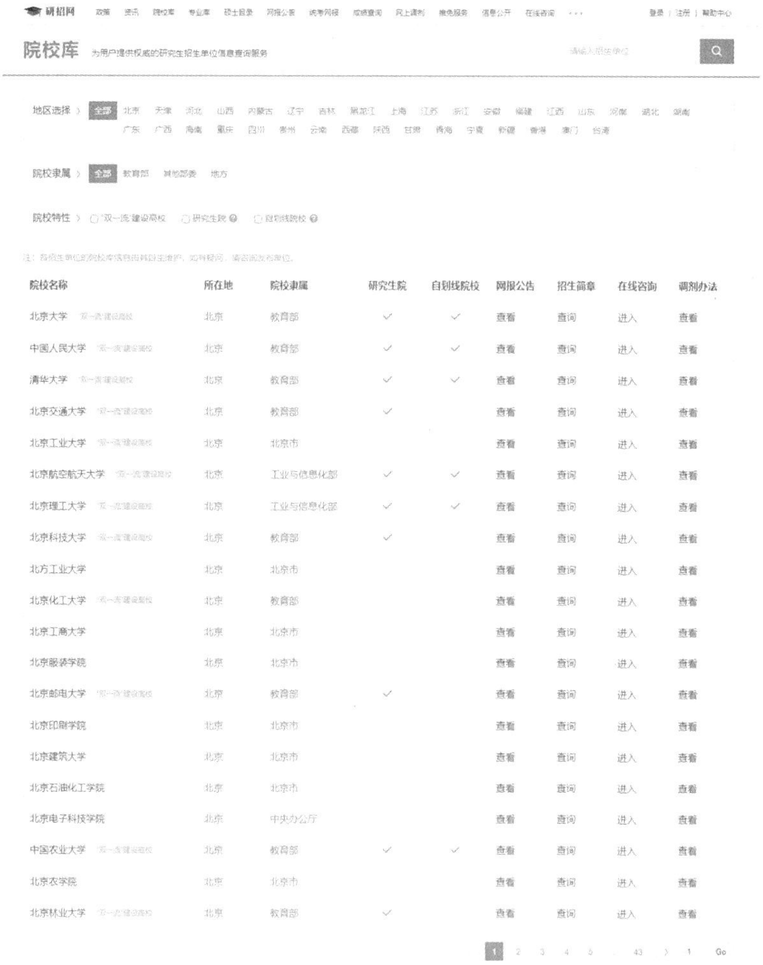

图 4-21　院校信息查询

例 4：研究生网上调剂信息查询。

方法：点击进入"网上调剂"页面 yz.chsi.com.cn/yztj/。

考生凭网报时注册的用户名和密码登录"中国研究生招生信息网"的网上调剂系统，通过调剂系统选择已发布缺额的招生单位和专业，填报调剂志愿提交调剂志愿后，招生单位将反馈是否参加复试的通知。

（4）中国教育考试网（www.neea.edu.cn）

该网站由教育部教育考试院主办，可以查询各类考试信息，包括普通高考、研究生考试、自学考试等国家教育考试；全国大学英语四、六级考试、全国计算机等级考试等社会证书考试；托福、雅思等海外考试；国家外语能力水平测试等。

图 4 - 22　研究生网上调剂信息查询

图 4 - 23　中国教育考试网

针对每一个考试项目均提供项目简介、最新考试动态、考试大纲和内容、分数解释、在线报名、成绩查询、成绩证明、证书补办等服务。例如"全国大学英语四、六级考试"，注册中国教育考试网账号，可查询 2005 年 6 月及以后考试成绩，下载 2021 年 6 月及以后考试电子成绩报告单（证书）。

图 4 - 24 中国教育考试网全国大学英语四、六级考试页面

2.2 国际教育信息获取

国际高校信息和教育信息可通过以下渠道获取：利用综合搜索引擎进行搜索；利用高校官方网站进行站内搜索；利用世界大学排名网站进行搜索或对比；利用政府或新闻机构的教育门户网站获取信息。本节重点介绍世界四大最具影响力的全球性大学排名：软科世界大学学术排名、泰晤士高等教育世界大学排名、QS 世界大学排名、U. S. News 世界大学排名。

（1）软科世界大学学术排名（www. shanghairanking. cn）

软科世界大学学术排名（ShanghaiRanking's Academic Ranking of World Universities，简称 ARWU）于 2003 年由上海交通大学世界一流大学研究中心首次发布，又称上海交大排名，是由上海交通大学高等教育研究院的大学研究中心所发表的世界大学排名，于 2003 年通过网络首次公布，是世界范围内首个综合性的全球大学排名。2009 年开始由上海软科教育信息咨询有限公司（简称软科）发布并保留所有权利。在几大排名中，ARWU 排名学术性是最强的，其依据包括科研规模、科研质量、国际合作、高水平科研成果、国际奖项等。具体依据全部采用国际可比的客观指标和第三方数据，比如获诺贝尔奖和菲尔兹奖的校友和教师数、科睿唯安高被引科学家数、在 Nature 和 Science 上发表的论文数、被 Web of Science 科学引文索引（SCIE）和社会科学引文索引（SSCI）收录的论文数、师均学术表现等。软科世界大学学术排名每年排名的全球大学超过 2500 所，发布最为领先的前 1000 所大学。软科世界大学学术排名与泰晤士高等教育世界大学排名及 QS 世界大学排名被公认为世界三大最具影响力的全球性大学排名。此外，软科每年定期发布"中国大学排名""中国大学专业排名""中国最好学科排名""世界一流学科排名"等榜单。

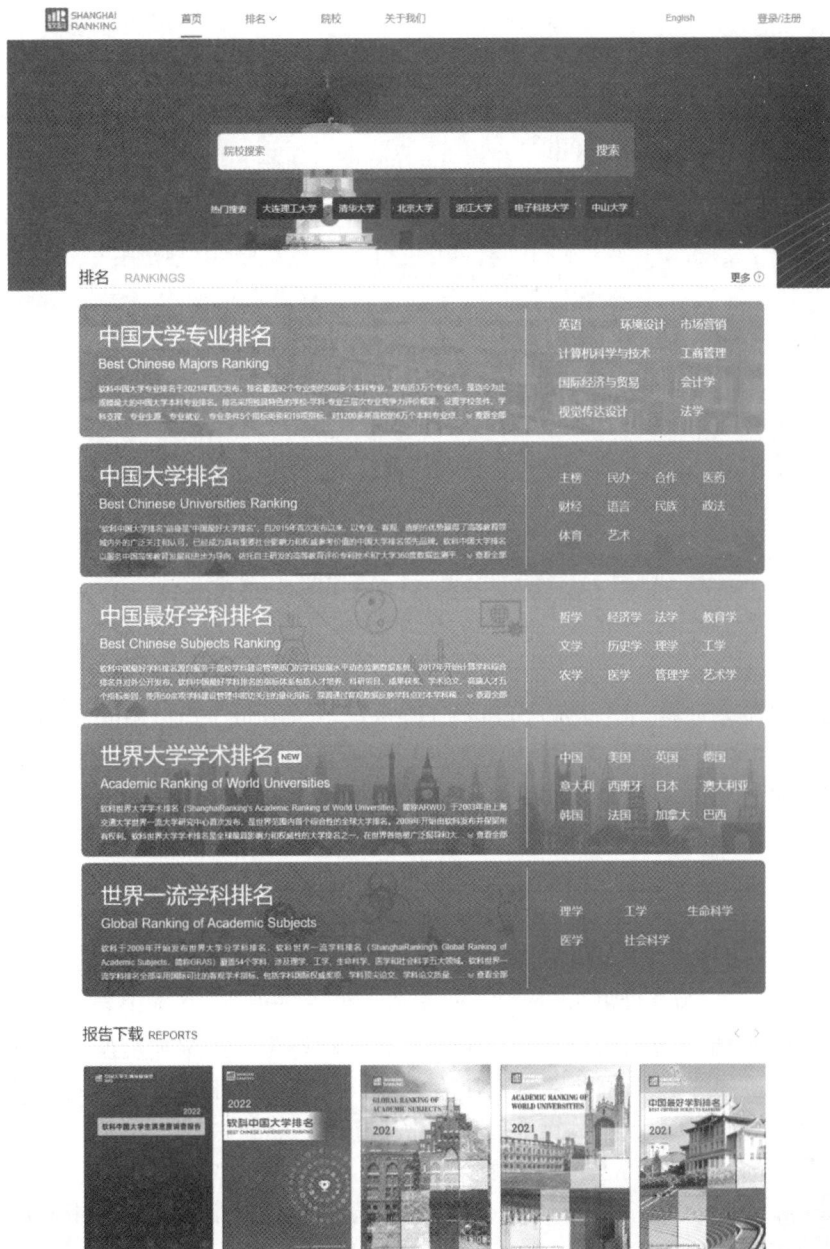

图 4-25　软科世界大学学术排名主页

高校页面会详细列出学校简介、排名、报考理由、硬件设施、校园环境、学生满意度、院校满意度、推荐度等等信息，给打算报考的学子比较全面的参考。

图 4-26 软科世界大学学术排名苏州大学页面

（2）泰晤士高等教育世界大学排名（www. timeshighereducation. com/world－university－rankings）

泰晤士高等教育世界大学排名（Times Higher Education World University Rankings，简称 THE 世界大学排名）为泰晤士高等教育组织所发表的年度世界大学排名，有综合排名也有学科排名。2011 年新增了附属的世界声誉排名，2013 年推出泰晤士高等教育亚洲大学排名，2015 年推出教学排名，2019 年增加影响力排名。泰晤士原本和 QS（Quacquarelli Symonds）组织合作，从 2004 年起发表"泰晤士高等教育－QS 世界大学排名"，后与其解散并从 2010 年起与路透社合作发布自己的排名。泰晤士高等教育世界大学排名主要依据 5 个范畴（教学环境、科研成果、学术引用和影响力、国际化、产业化和创新）共计 13 个指标，为全世界最好的 1000 余所大学（涉及近 90 个国家和地区）排列名次。THE 世界大学排名非常看重教学体验，其评估指标中，教学环境所占权重与学术成就、学术影响力等同。THE 总排名列表附有 11 个特定学科的排名。所有排名表都可以按国家/地区过滤，并且针对五个关键性能领域中的任何一个创建个性化排名。

为了帮助求学者充分利用排名信息，该网站有一个专门的学生版（www. timeshighereducation. com/student），提供以留学生的信息需求为中心的资讯和指南，并提供范围广泛的学生博客，其中包含很多宝贵的亲身经验和技巧。

（3）QS 世界大学排名（www. topuniversities. com/university－rankings/world－university－rankings）

QS 世界大学排名（QS World University Rankings），为英国 QS（Quacquarelli Symonds）机构发布的年度大学排名。QS 最初和《泰晤士高等教育》杂志合作，于 2004—

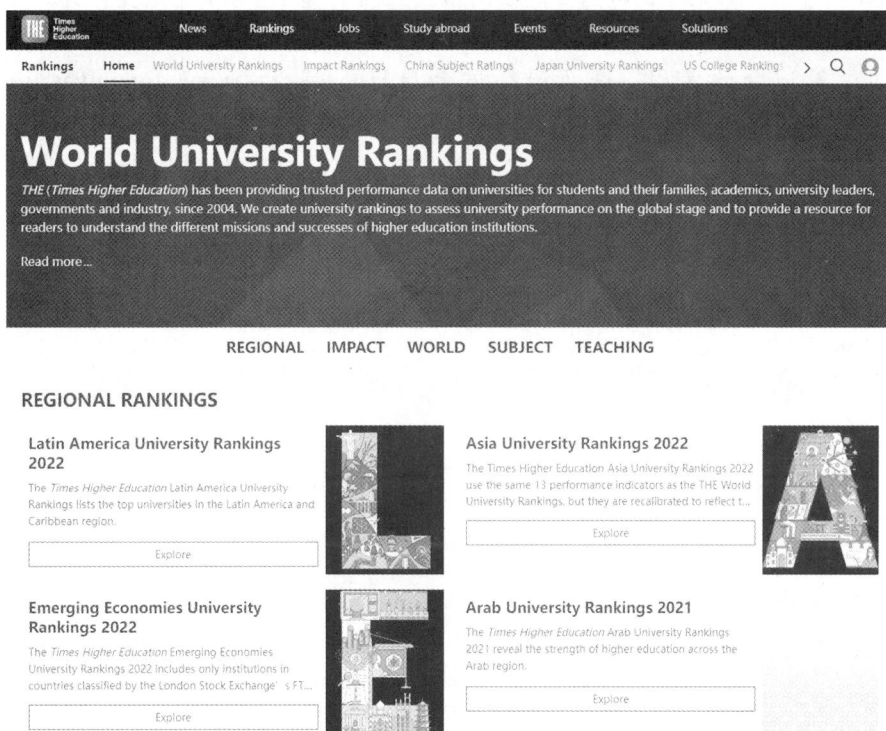

图 4-27　泰晤士高等教育世界大学排名主页

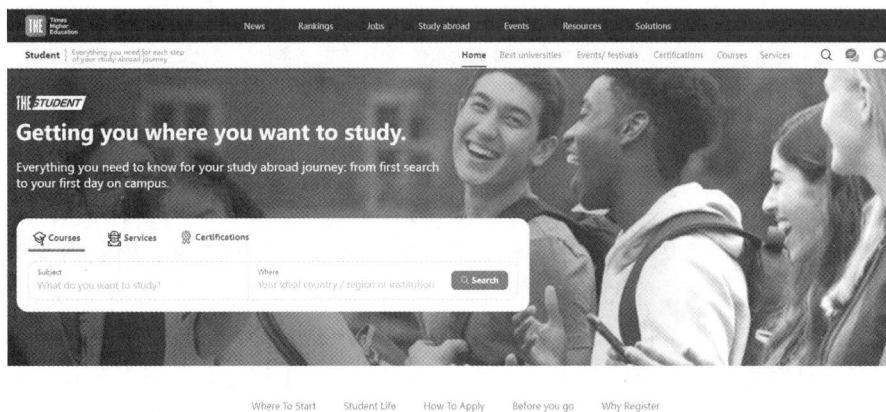

图 4-28　泰晤士高等教育世界大学排名学生版页面

2009 年期间联合发布"泰晤士高等教育－QS 世界大学排名", 2010 年起, QS 以固有的排名准则继续公布其排行榜, 而泰晤士则改与路透社合作, 推出新的"泰晤士高等教育世界大学排名"。QS 排名基于 8 个关键指标, 涵盖世界各地的近 1500 所院校, 发布的榜单包括综合排名、学科排名、地区性排名及其他专题排名。对比其他榜单, QS 排名非常注重学术声望, 除了学术成就, 还会着重参考学校的学生声誉、雇主声誉、论文引用数量、师生比、国际学生和教师的比例等指标。该网站还编制了 QS 国际学生调查，并每年组织面向各地留学生的系列活动。该网站的"课程匹配工具"和推荐引擎可帮助全球的本科生和研究生选择最适合的课程，进而选择适合自己的院校：www. topuniversities. com/university－finder/student/match? qs _ qp＝topnav。

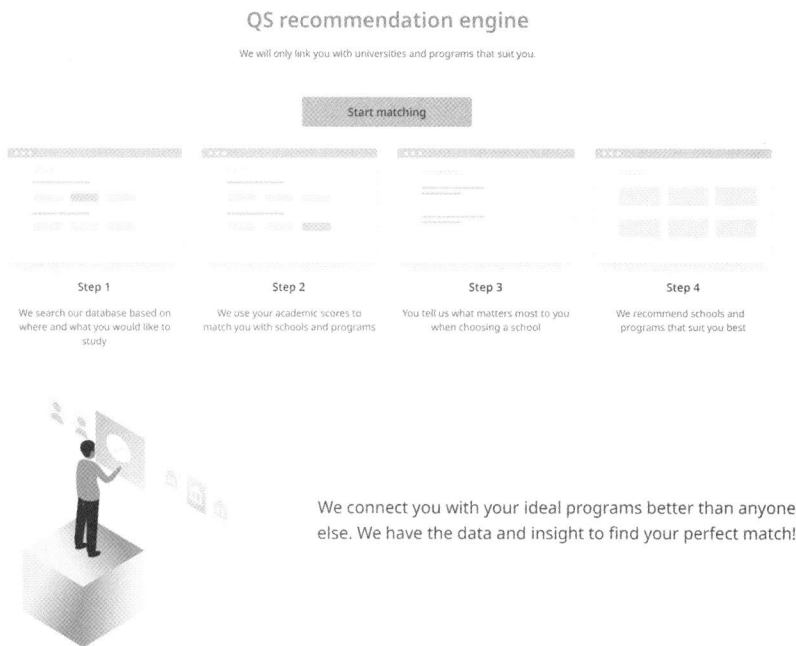

图 4 - 29　QS 世界大学排名网站推荐引擎

（4）U. S. News 世界大学排名（www. usnews. com/education? int＝top _ nav _ Education）

U. S. News 世界大学排名由《美国新闻与世界报道》（*U. S. News＆World Report*）于 2014 年首次发布，旨在为全世界的学生在全球范围选择理想大学提供科学的参考依据。该榜单综合考虑了包括录取率、师生比例、学生标化成绩、研究成果、就业情况等在内的多种因素，是最受学生家长重视与借鉴的排名榜单。该榜单涵盖本科教育和研究生教育，有综合大学排名和文理学院排名。院校排名可按学科分类浏览，学科之下还可以细分不同专业。其特点是对理工科专业的排名划分比较细致，很多细分的专业都有单独排名，这在其他榜单上是不多见的。

例如，查询法律学科之下国际法专业的研究生院排名，会列出学费参考、招生人数等信息。

上述四大世界大学排名之外，还有很多其他的榜单，其指标各有侧重。值得注意的是，所有这些榜单，其排名指标的有效性、指标定义的合理性、排名方法和范围的公正性等，都有一定的局限，很多榜单也在学术界饱受争议，甚至有高校宣布主动退出某些排名。在选择就读学校时，最好综合参考不同排名信息，了解这些榜单依据的指标，尤其要注意各学科和专业领域之内的排名。

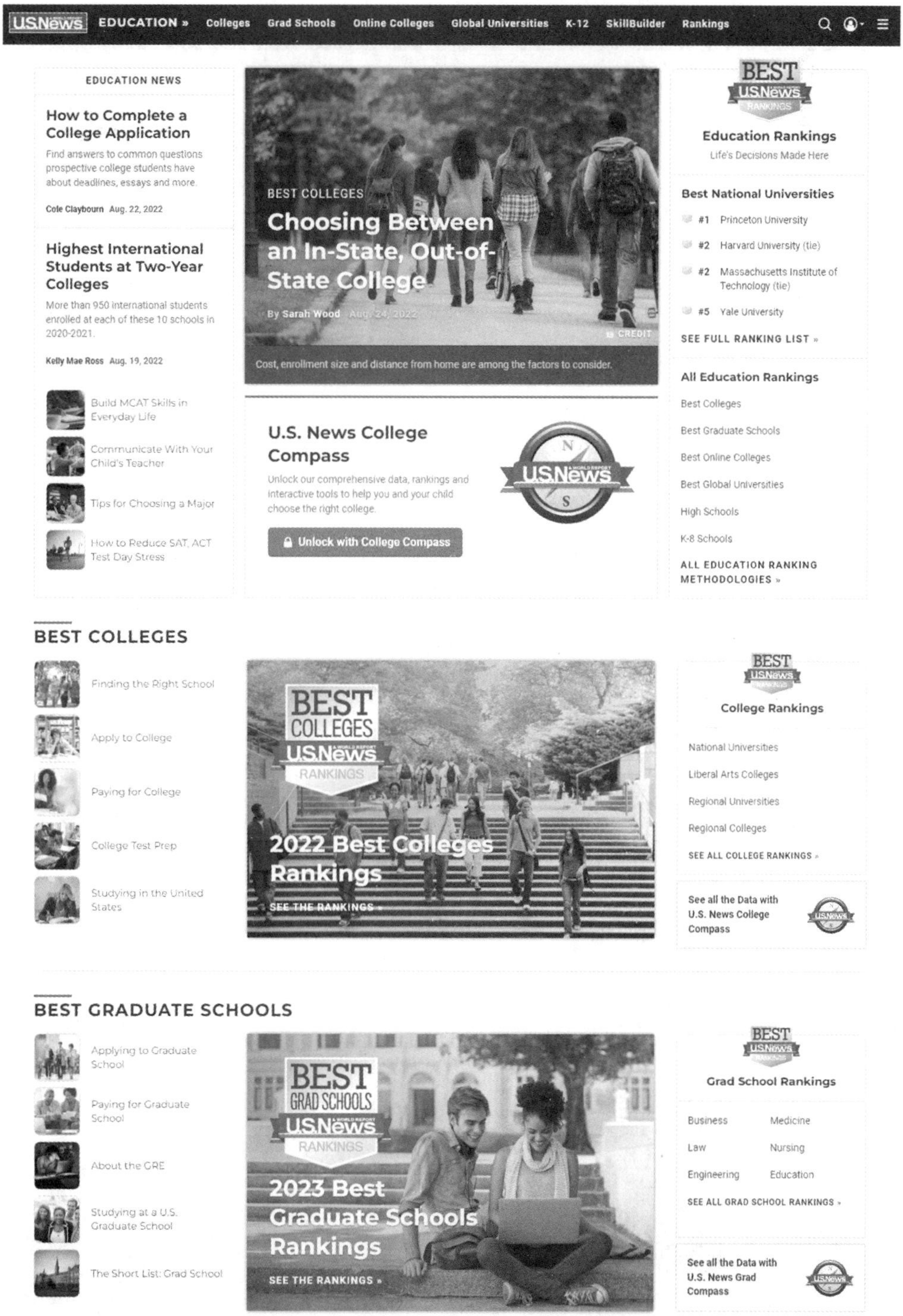

图 4－30　U. S. News 世界大学排名页面

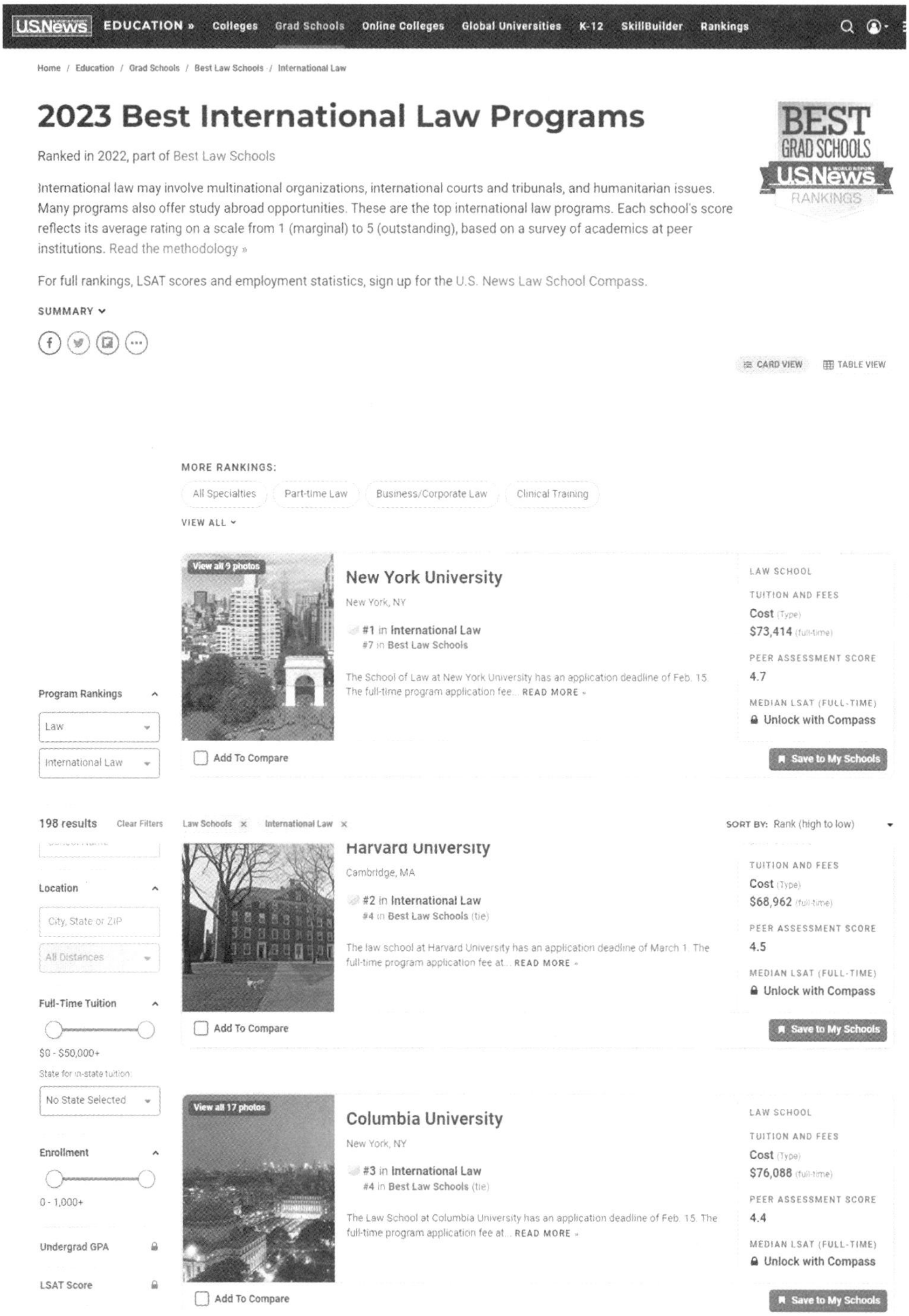

图 4 - 31　U. S. News 世界大学排名国际法专业的研究生院排名页面
＊注：2014 年之后院校详情部分内容仅向订阅用户开放，可能产生一定费用。

第二节　开放教育资源检索

1　开放教育资源

1.1　概述

根据联合国教科文组织（UNESCO）2019 年 11 月通过的《开放教育资源建议书》[Recommendation on Open Educational Resources（OER）]，开放教育资源（Open Educational Resources）简称 OER，是"以各种媒介为载体的任何形式的学习、教学和研究资料，这些资料在公有领域提供，或以开放许可授权的形式提供，允许他人免费获取、再利用、转用、改编和重新发布"。OER 的涵盖范围非常广泛，除了教学材料如 MOOC、开放教科书、教学课件、讲义、课程视频、教学笔记等，也包含各种能够促进协作、灵活学习和教学实践的工具和基础设施，比如相关技术、平台、系统、数据库、元数据、标准、搜索引擎等。知名项目有 edX、Coursera、Udacity、开放教科书计划（OTP）等。开放教育资源是软件领域开放源代码运动在高等教育领域的延伸，代表了互联网和教育结合的又一范例。

开放教育资源运动最初起源于 1999 年美国麻省理工学院（Massachusetts Institute of Technology，MIT）教育技术委员会提出的知识共享计划。2001 年麻省理工学院率先启动了"开放课件"项目（OpenCourseWare，简称 OCW），旨在依托互联网为学习者、研究人员和非商业性机构免费提供麻省理工学院全部的电子课程资源。在 William and Flora Hewlett 基金会与 Andrew W. Mellon 基金会的赞助下，MIT OCW 课程网站随后上线。

MIT OCW 计划将知识公开且免费分享的精神，很快促成了全球开放教育资源运动的兴起。2002 年，联合国教科文组织在巴黎召开"开放课程对于发展中国家高等教育发展的影响"专题论坛，首次提出"开放教育资源"概念。之后几年中，开放教育资源的概念和内涵随着实践不断得以完善。主要包括：①开放获取的教育内容，包括课程模块、课程资料、教材、流媒体视频、多媒体应用、博客以及任何其他为教学和学习使用而设计的公开的材料；②开放的标准与协议，包括知识版权保护协议、软件的使用协议、资源的开发与存储标准等；③开放的工具和平台，即开发、发布、应用 OER 的工具。无论是内容资源还是技术资源，都已有效运用到具体实践之中。

2003 年 9 月，MIT OCW 项目正式发布 500 门课程资源，引起世界范围内的高度关注。同年，我国成立了由以部分中国大学及全国省级广播电视大学为成员的中国开放教育资源联合体（China Open Resources for Education，简称 CORE），同时启动实施精品课程建设项目，首批规划建设 1500 门国家级精品课程，以量大面广的基础课程和专业基础课程为重点，建设包括各学科、各专业的校、省、国家三级精品课程体系，促进全国范围内优质教学资源的整合与共享。

2005 年，开放课件联盟（OCW Consortium）成立，开放教育资源实践项目有了统一的组织机构。2006 年，知识共享协议（Creative Commons）开始较大规模地应用到开放教育资源项目的资源发布中，提供署名－非商业使用－禁止演绎、署名－非商业性使用－相同方式共享、署名－非商业使用、署名－禁止演绎、署名－相同方式共享、署名等六种授权许可方式，既保护资源版权所有者的权利，也便于资源使用者了解如何合法利用这些共享资源。

2006 年，由休利特基金会资助的欧洲开放教育资源三大计划掀起了开放教育资源运动的新浪潮。英国开放大学启动实施 OpenLearn 项目，成为英国乃至欧洲远程教育领域第一个参与开放教育资源的实践者。另外两个分别为荷兰开放大学"开放教育资源"项目（OpenER）和欧洲远程教育大学协会的"服务于自主学习的多语言开放教育资源"计划（MORIL）。

2007 年底，MIT OCW 项目完成了预定的发布 1800 门课程的建设目标。同期，我国首批国家级精品课程通过验收，"国家－省－校"三级精品课程体系形成，并启动了第二期精品课程建设，规划建设国家级精品课程 3000 门。

到 2008 年，开放课件联盟的机构会员已遍布世界各大洲，超过 250 所大学或机构，运行 100 余个项目网站，共享超过 6200 门课程资源（含部分精品课程）及素材类教育资源，并有 400 门课程被翻译为 10 种以上不同语言的本土化课程，这些网站每月的点击访问量平均达 250 万次。

开放式课程引发学习方式的全面革新，也激发了新的教学思维。大连 2008 年开放教育国际会议提出了开放教育资源的实践新框架，在开放教科书、开放游戏教学和参与式学习三个方面推动教学模式和学习模式的革新，重点是在优质免费资源的支持下，根据学生的背景、需求和能力的差异设计不同的教学方式，鼓励小组交流和分享协作，鼓励学生参与、自我建构和不断尝试。

联合国教科文组织（UNESCO）主办的 2012 年世界开放教育资源大会发布了"2012 OER 巴黎宣言"，呼吁各国政府支持 OER 的发展并推动 OER 的广泛使用。

2017 年召开的"第二届世界开放教育资源大会"发布了《卢布尔雅那开放教育资源行动计划》（The Ljubljana OER Action Plan），建议采取 41 项行动，将开放许可资源主流化。2019 年 11 月，联合国教科文组织通过了《开放教育资源建议书》，敦促各国制定支持性政策，鼓励包容和公平的优质开放教育资源，培育开放教育资源可持续性模型的创建，促进国际合作，让全民终身享有学习机会。

层出不穷的新技术促使开放教育资源的性质和形式不断发生变化，同时也导致了学习形式的不断变化。移动互联网、云计算、开放数据、人工智能等技术的发展无不对开放教育资源形态产生着影响。开放教育资源的创建和使用正在融为一体。课程自动生成、更深度的个性化学习、智

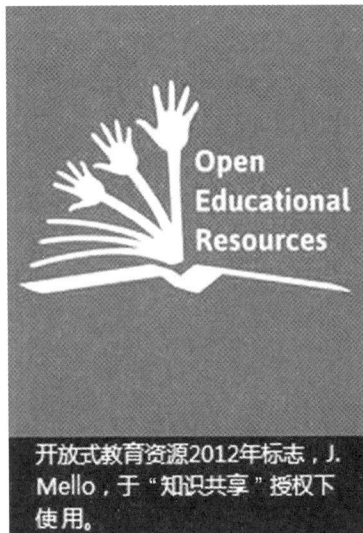

图 4-32　开放教育资源 2012 年标志

能辅导、智慧教学等逐渐成为可能。基于静态内容的学习正在转向基于资源（数据和工具）利用的能力和技能学习。新一代学习资源将是动态和自适应的，将是由人工智能辅助的设计系统按需创建的，并将根据不断变化的要求进行调整，同时利用实时变化的数据源。

2020 年上半年，新冠疫情在全球范围内暴发导致 156 个国家的 12 亿学生停课，约占全球在校生总数的 69.1％。疫情防控期间，开放教育资源（OER）和开放教育实践（OEP）逐渐成为维持教育连续性的得力工具，受到全球教育者的广泛关注。2020 年 5 月《联合国教科文组织开放教育资源建议书指导下的疫情期间开放教育实践指南》（以下简称《指南》）发布，为世界教育者有效应用 OEP 提供了实践指南。OEP 可以以多种方式为学习者提供高质量教育内容，包括 OER、开放式教学、开放式协作、开放式评估和技术应用等互相关联的五个因素。为实现 OER 在全球的推广和普及，《指南》提倡全球教育者：开发普适课程，凸显 OER 应用价值；集成多种平台，拓展 OER 资源形态；利用智能技术，创新 OER 发展机制；加大研究力度，保障 OER 使用安全；创新培训模式，助力 OER 推广普及。

开放课程和由此发展而来的开放教育资源运动和开放教育实践在全球方兴未艾。OER 建设由高校最先发起，基础教育和继续教育等机构陆续加入其中，有力推动了平民教育普及和终身教育的开展，促进了全球教育公平。OER 已从最初的一种理念，丰富发展成为今天可以惠及全世界人民的教育实践。

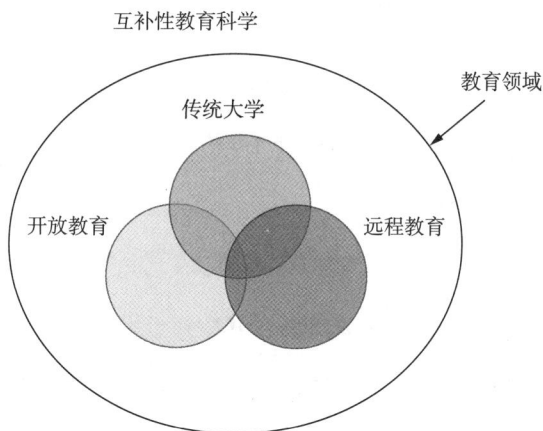

图 4-33　开放教育、远程教育、传统大学形成的互补体系

1.2　知识共享（CC）协议

在利用丰富的网上数字资源时，版权问题越来越被人们所重视。按照 UNESCO 的定义，OER 内容的授权方式要么是公共领域，即无任何版权限制，要么是遵循开放许可协议。开放许可是指在尊重版权所有者的知识产权的同时提供许可，授权公众获取、再利用、转用、改编和重新发布教育材料的许可。

知识共享许可协议（Creative Commons Licenses）简称 CC 协议，是目前 OER 领域使用最广泛的开放许可协议。此外，目前国际上已有的、比较成熟的开放共享许可协议还有 GNU GPL（GNU General Public License）、BSD（Berkeley Software Distribution license）等。

知识共享组织（Creative Commons，简称 CC 组织）是一家 2001 年成立于美国的非营利性组织（creativecommons. org）。CC 组织向文学创作者、艺术家、作曲家以及其他创作者免费提供一系列工具，包括 CC 协议和软件，帮助他们标识自己作品的权利状态及其赋予使用者的自由和限制。CC 组织致力于在著作权法领域默认的限制性规则日益严苛的今天，构建一个合理、灵活的著作权体系，倡导、鼓励对知识创造成果合法地分享与演绎。第一版 CC 协议（即 CC1.0）发布于 2002 年 12 月 16 日，最新版本的 CC 协议（即 CC4.0）发布于 2013 年。2020 年 CC 协议 4.0 官方简体中文版本正式发布。知识共享中国大陆项目（Creative Commons China Mainland，简称 CC 中国大陆）是 CC 组织在中国大陆的官方项目，该项目负责 CC 协议的本地化工作以及推广中国大陆版 CC 协议。

据 CC 组织发布的《2016 年共享领域情况报告》（*State of the Commons*），2016 年运用 CC 许可协议的作品总量达到了 12 亿以上。至 2022 年，CC 组织官网公布的运用 CC 许可协议的作品总量已达 20 亿，我们可以使用 Openverse 搜索引擎（即原来的 CCSearch）来搜索其中的 6 亿作品。全球大量的开放课件资源都采用 CC 协议发布。

CC 组织还提供了 CC0 工具 ![PUBLIC DOMAIN] 允许许可人放弃所有权利并将作品置于公有领域。CC 协议最新版本不同许可形式的详细说明可在其官网查阅：creativecommons. org/about/cclicenses/。除 CC0 外，CC BY 授权的内容仅要求保留署名权，是 CC 家族最为开放的协议，也是 OER 资源发布时最常采用的协议。

图标	说明	缩写
![0 公有领域]	不受限制地在全球范围内发布内容	CC0
![CC BY]	署名（**BY**）	BY
![CC BY SA]	署名（**BY**）-相同方式共享（**SA**）	BY-SA
![CC BY NC]	署名（**BY**）-非商业性使用（**NC**）	BY-NC
![CC BY NC SA]	署名（**BY**）-非商业性使用（**NC**）-相同方式共享（**SA**）	BY-NC-SA
![CC BY ND]	署名（**BY**）-禁止演绎（**ND**）	BY-ND
![CC BY NC ND]	署名（**BY**）-非商业性使用（**NC**）-禁止演绎（**ND**）	BY-NC-ND

图 4 - 34　常见 CC 许可协议

1.3　OER 的 "5Rs"

在 CC 协议许可范围内使用 OER 的五种关键授权，由于对应的英文单词都是以 "R" 开头的，简称 "5Rs"：

① 重用（Reuse）：以多种方式使用内容的权利（例如，在课堂上、在学习小组中、在网站上、在视频中）。

图 4-35　OER 的 "5Rs"，来自 BCOER Librarians, CC 4.0

②保留（Retain）：复制、拥有和控制内容副本的权利（例如，下载、拷贝、存储和管理）。

③改编（Revise）：调整、编辑、更改、修订原始内容的权利（例如，将内容翻译成另一种语言）。

④重组（Remix）：又称混用，将原始或修订内容与其他材料组合以创建新内容的权利。

⑤重新发布（Redistribute）：与他人共享原始内容副本或修订本的权利（例如，将内容的副本提供给朋友）。

在使用 OER 时一定要注意其许可方式。虽然 OER 发布平台大多要求免费和永久授予 5R 许可，但许多资源的开放许可对演绎作品或用途提出了某些限制条件，常见的有禁止商用、相同方式共享等。例如，维基百科是最重要的开放资源集合之一，它要求所有演绎作品都采用 CC BY-SA 3.0 许可（保留署名，以相同方式共享）。MIT OpenCourseWare 要求所有演绎作品都采用 CC BY-NC-SA 许可（保留署名，禁止商用，以相同方式共享）。

1.4　OER 资源发现与检索

OER 的质量并不低于传统教育资源，有调查显示，使用 OER 的学生可以在花费更少时间的情况下取得比采用传统教科书的学生更高的成绩。影响教师和学生使用 OER 的主要障碍往往是无法轻松便捷地发现和获取 OER 资源。相关机构也在努力通过制定元数据标准、建立 OER 导航和开发检索工具等方式提升 OER 的可发现性。

（1）OER 导航

资源聚合与导航是发现资源的重要途径。在这方面，很多高校图书馆进行了大量工作，他们收集互联网上的 OER 网站、工具及平台，聚合分散的 OER，提供有序导航，方便用户浏览、搜索与选择。以下举几个例子。

①伊利诺伊州学术和研究图书馆联盟网站，聚合了该联盟各成员馆的 OER 平台，并提供学科分类导航。网址：www. carli. illinois. edu/products-services/collections-management/open-ed-resource-member-sites。

②波士顿大学图书馆的 OER 导航。除 OER 存储库平台外，还列出了 OER 学习管理软件 Moodle、Google Classroom，OER 内容开发工具 EDpuzzle、OER 许可协议等资源。网址：libguides. bc. edu/oerk12/oerk12sites。

③西佛罗里达大学图书馆的 OER 导航。根据 24 个一级学科分类整序，再根据 OER 存储库、开放式课程、开放式教科书、视频音频、数据库等进行二次分类。网址：libguides. uwf. edu/oer/。

④ 内华达大学拉斯维加斯分校图书馆提供的 OER 导航，按教科书、课件、期刊、图片分类。网址：www. library. unlv. edu/OER。

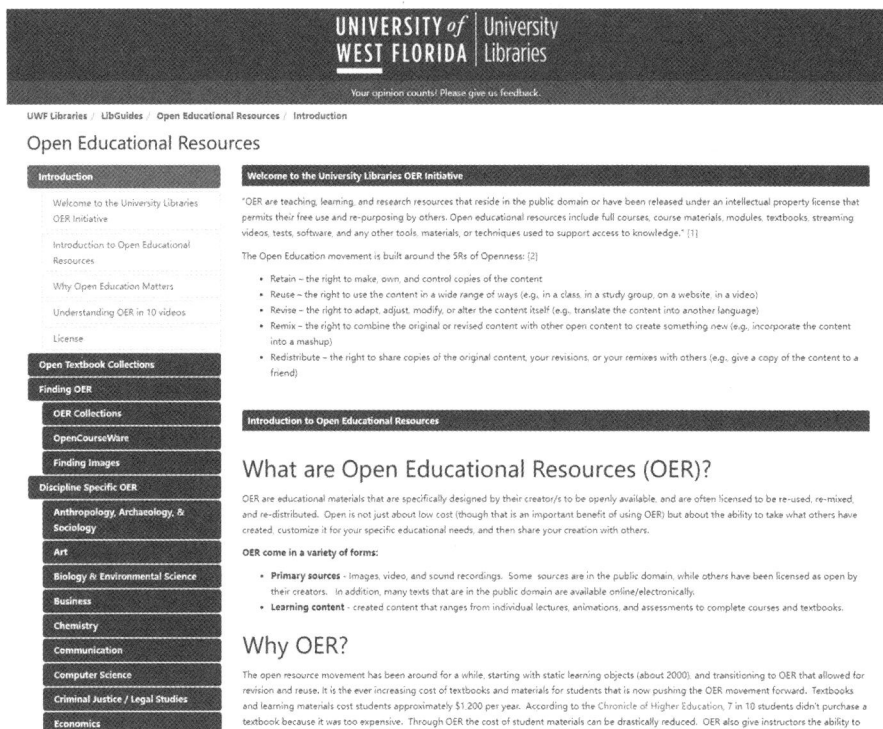

图 4-36　西佛罗里达大学图书馆的 OER 导航

（2）OER 检索

OER 导航可以帮助我们找到合适的资源库，不能检索具体内容。深入具体内容层面的检索，可以利用各种 OER 存储库、OER 搜索引擎和 OER 聚合平台。一些较为大型的 OER 平台不仅提供资源检索，还提供创建 OER 的工具和指南，鼓励用户利用已有材料创建适合个性化需求的衍生资源。下面简要介绍一些主要网站。

① OER Commons（www. oercommons. org）。OER Commons 是一个 OER 公共数字图书馆，2007 年由美国教育领域知识管理研究协会（ISKME）推出，旨在为各级教育专家和教师提供全面的基础设施，聚合高质量的 OER 数字资源，为资源创建者提供资料、工具和沟通分享平台。通过 OER Commons 的统一检索入口，可以在不断增长的 5 万多个高质量 OER 集合中搜索、浏览和评估资源。内容包括完整的大学课程、交互式迷你课程、开放教科书、K-12 课程等。

② The Mason OER Metafinder（MOM，oer. deepwebaccess. com/oer/desktop/en/search. html）。Mason OER Metafinder 是乔治梅森大学开发的 OER 元搜索引擎，与其他平台的静态搜索不同，该引擎可在 23 个不同的 OER 网站实时同步搜索。搜索范围包括 OpenStax、OER Commons、MERLOT 等知名 OER 存储库，以及 HathiTrust、DPLA、Internet Archive 和 NYPL Digital Collections 等网站。

图 4 - 37　　OER Commons 主页

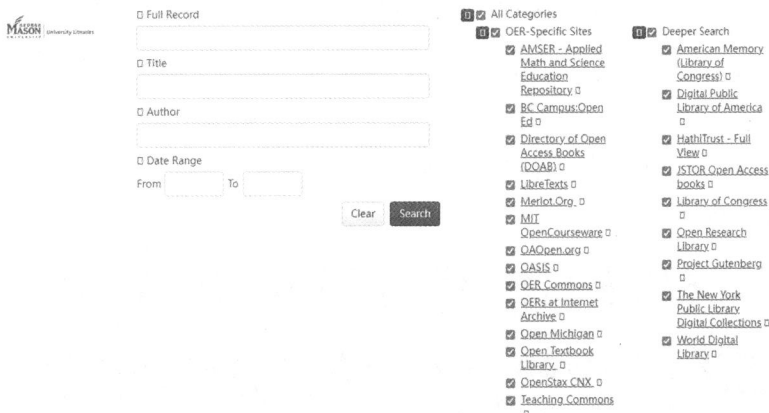

图 4 - 38　　Mason OER Metafinder 主页

例如，在标题（Title）中搜索关于"open data"（开放数据）的资源，几秒钟内从 23 个来源检索到 800 多条记录以及 300 多条附加记录，每条资源都有星级评价。可以通过侧栏提供的多种过滤条件对结果进行精炼。

③ MERLOT（www. merlot. org/merlot）。MERLOT 项目始于 1997 年，由美国加州州立大学分布式学习中心开发，主要为高等教育的教师和学生服务。该网站收集了数以万计的特定学科的教材、习题和学习工具，以及相关的评论和书签集，所有内容都是由 MERLOT 成员社区提供的。这是一个非常有价值的 OER 网站，其资源经过了广泛的"同行评审"。免费开放的 MERLOT 图书馆现有超过 99000 条学习资源，包括 8000 多种电子教科书和 8000 多种在线课件。网站会每月核查资源链接，以确保其有效性。

MERLOT 中的学习资源分为 22 种不同类型：动画，评估工具，作业，案例研究，数据集，开发工具，实践项目，电子档案袋（由用户收集和管理的电子材料的集合，这些材料可能包括文本、电子文件、图像、多媒体、博客条目和链接），混合/混编课程，学习对

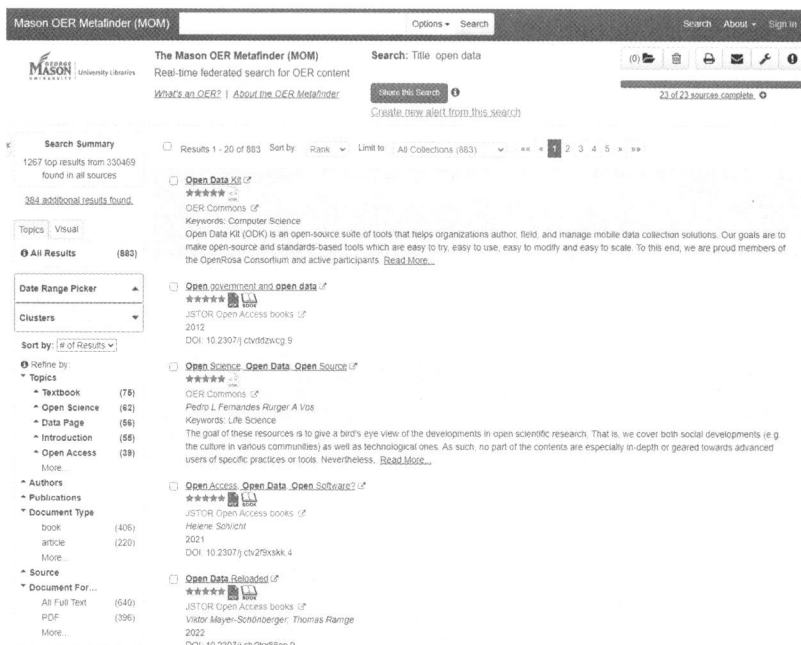

图 4 - 39　Mason OER Metafinder 检索结果页面

象库，在线课程，在线课程模块，开放期刊或文章，开放教科书，演示文稿，测验/测试，参考材料，仿真软件，社交网络工具，大纲，教程，研讨会和培训材料等。

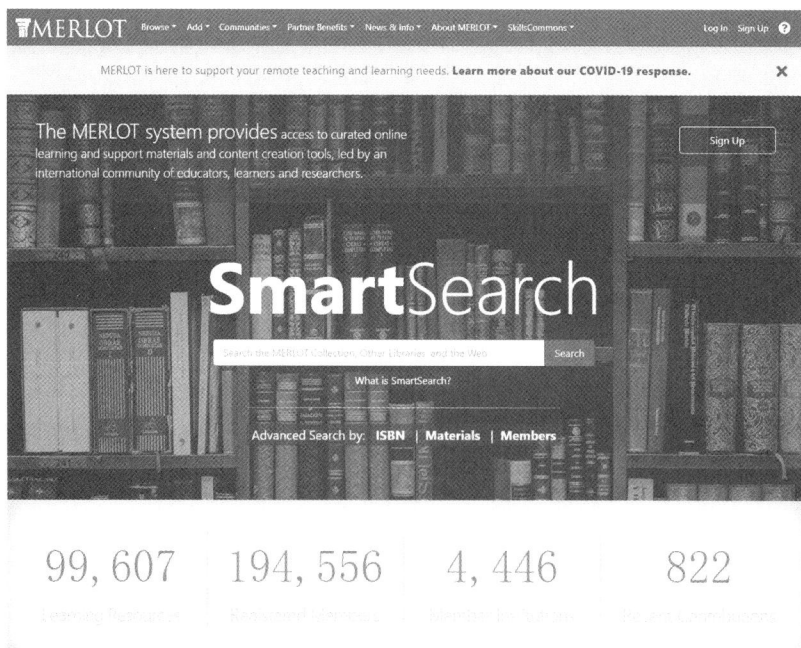

图 4 - 40　MERLOT 主页

MERLOT 的搜索功能允许使用简单的关键字搜索或更高级的布尔逻辑搜索。其首页的智能搜索入口可以搜索整个 MERLOT 资源库及 MERLOT 以外的其他馆藏和更广泛的网络资源。

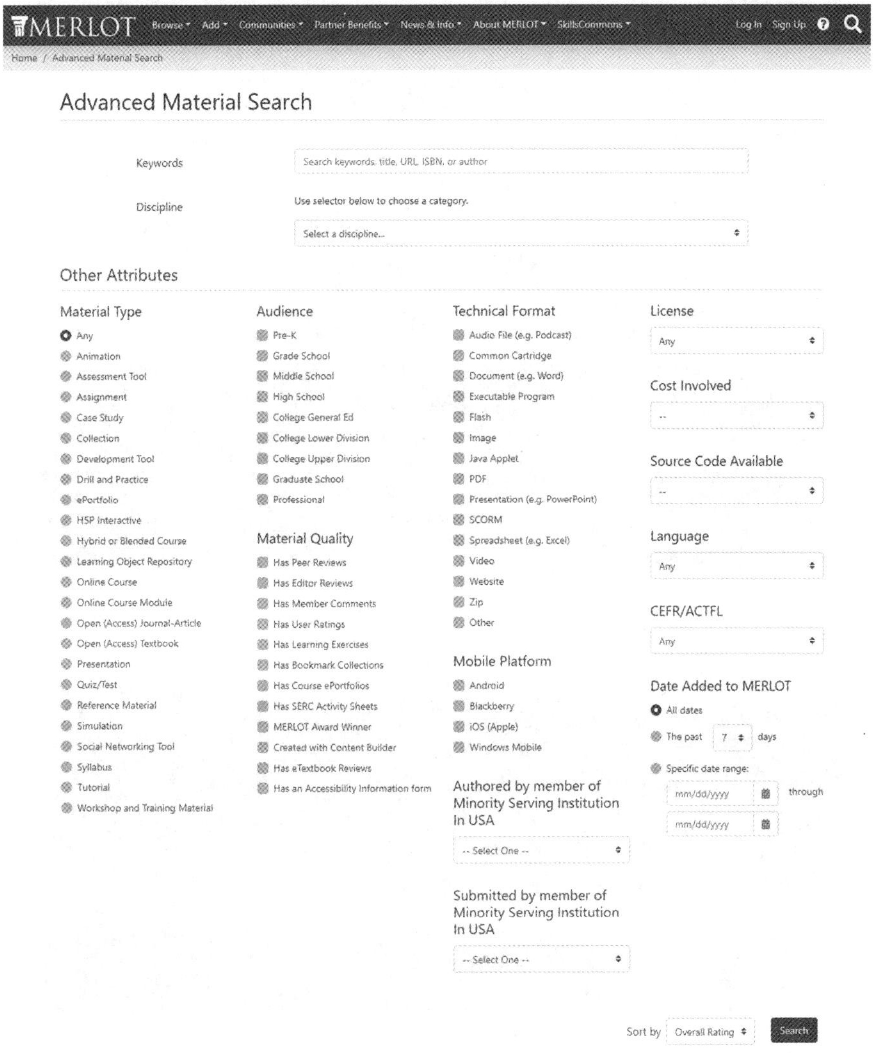

图 4-41　MERLOT 高级检索页面

④ OASIS（oasis. geneseo. edu）。OASIS 是纽约州立大学 Milne 图书馆开发的开放资源集成搜索工具，整合了 114 个不同来源的开放内容，现有 440452 条记录，包括开放课程、开放课件、开放教科书、有声书、模型、开放获取电子书、视频等资源。其页面和检索工具都力求简洁，可以按主题、来源网站进行浏览，也可以用关键词进行搜索。

⑤ OhioLINK 开放课程图书馆（OhioLINK Open Course Content Library）（ohiolink. oercommons. org）。俄亥俄图书馆和信息网络（OhioLINK）成立于 1992 年，是俄亥俄州的全州学术图书馆联盟，为 118 家图书馆、89 所高等教育机构、俄亥俄州立图书馆和超过 570000 名最终用户提供服务。OhioLINK 开放课程图书馆是 OhioLINK 创建

的 OER 资源库，提供关键词和分组检索，用户可以根据学科领域、教育阶段、资源类型、许可类型、来源、适用对象、语言等条件对搜索结果进行筛选。

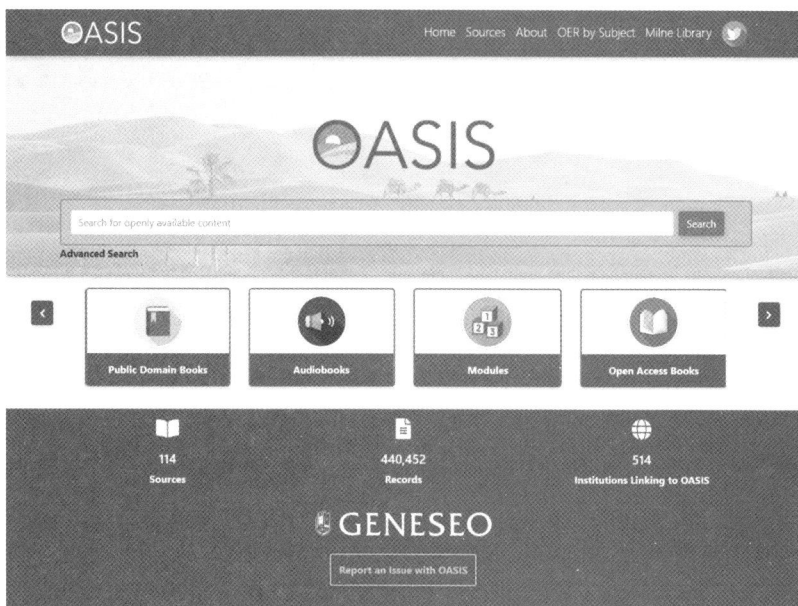

图 4 - 42　OASIS 主页

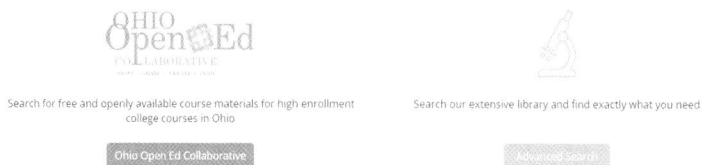

图 4 - 43　OhioLINK 主页

⑥ 开放教育全球（Open Education Global）（www. oeglobal. org）。Open Education Global（简称 OE Global）是一个以会员为基础的全球性非营利组织，旨在在全球推广、

支持和推进开放教育。OE Global 及其成员关注的领域包括：开放教育资源（OER）、大规模开放在线课程（MOOC）、开放获取（OA）、开放数据、开放科学、开放教育技术、开放实践。

OE Global 的前身是 2008 年成立的国际开放课件联盟（Open Course Ware Consortium，简称 OCWC），其愿景是任何人在世界任何地方都能够获得任何他们想要的教育及文化上的知识或培训。2014 年，OCWC 更名为开放教育联盟（Open Education Consortium，简称 OEC），愿景扩大到在全球范围内推动开放教育实践，创建可持续的开放教育模式，并实现国际合作和创新。2019 年再次更名为 Open Education Global，以突出该联盟的全球视野。旗下的项目包括每年一度的"开放教育全球大会"和"开放教育周"宣传活动等。

2 开放教科书

OER 是一个不断发展变化的概念，它所涵盖的资源类型随着信息技术和开放教育运动的进展不断扩增。最典型的 OER 范例要数开放教科书和开放课程。开放教科书（Open Textbook）是具有开放许可授权的教科书，任何人都可以免费使用。与昂贵的专有教科书相比，这些书可以免费下载数字版本，或以低成本打印纸本副本，从而节省大量成本。大多数开放教科书都采用知识共享许可，允许编辑、改编和制作演绎作品。一些开放教科书库的收录标准比较严格，包括开放教育网在内的许多开放教育社区认为，最适合开放教科书的授权方式是 CC BY 许可，也就是要符合 OER 的 5R 要求。

开放教科书运动的初衷是为了应对高等教育教材价格居高不下的现状，尤其是欧美高校的教材往往十分昂贵，对学生来说形成了不小的经济负担。据一项 2016 年的统计数据，10 年间美国高等教育的各项费用不断上涨，其中大学教科书价格增加了 88%。越来越多的教育者将目光投向了开放教育资源。有研究发现，使用开放教科书不仅能减轻学生的经济压力，而且也有利于教师及时更新最新研究成果、定制课程内容、创新教学形式。

下面列举一些比较重要的开放教科书资源。

① BCcampus Open Collection（collection. bccampus. ca）。该项目创建于 2012 年，由加拿大不列颠哥伦比亚省的 BCcampus 管理，旨在通过使用开放许可的教科书降低学生成本，从而使高等教育更容易获得。该项目维护的 BC Open Textbook Collection（BC 开放教科书库）包含数百种为加拿大的高等教育课程选择的优质资源。最初发布的教科书集中于该省入学率最高的前 40 个学科领域，后来又陆续增加了针对行业、技术和技能培训的教科书。目前收录超过 380 本的高质量教科书，提供网页、PDF、EPUB、语音等多种阅读格式。授权方式：CC BY 4.0。教师和学生可以根据学科领域、课程级别、主题、机构课程代码或关键字查找和下载匹配的教材。

② Open Textbook Library（开放教科书库）（open. umn. edu/opentextbooks）。Open Textbook Library 属于美国开放教育网的一项服务，由明尼苏达大学教育与人类发展学院的开放教育中心支持，现提供 1071 种由作者和出版商授权的开放教科书。授权方式：CC BY 4.0。这些教材均为经大专院校教师审核的高质量教科书，分为 14 大学科主题，提供 PDF 或 EPUB 格式。

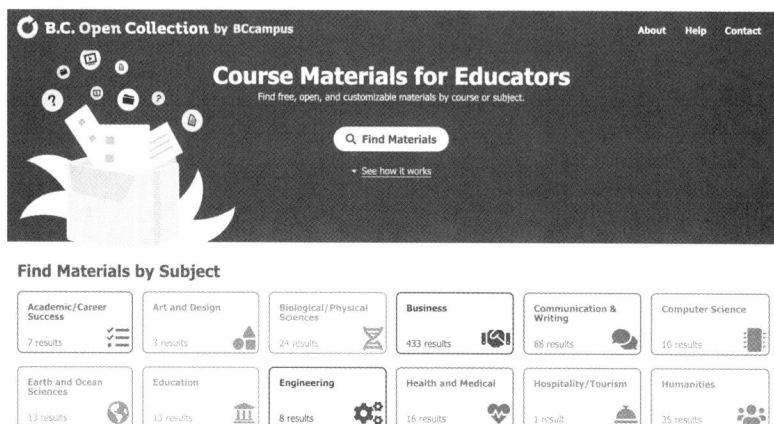

图 4 - 44　BCcampus Open Collection 主页

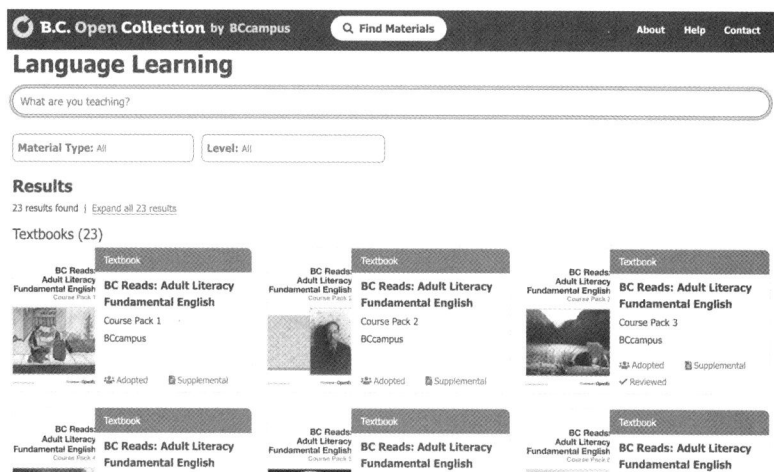

图 4 - 45　BCcampus Open Collection 检索结果页面

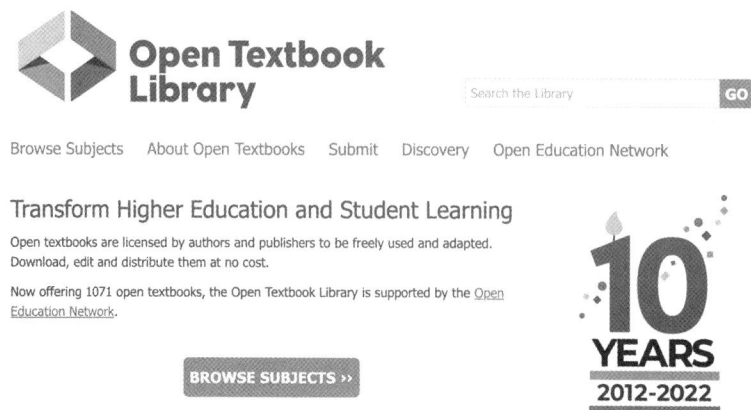

图 4 - 46　Open Textbook Library 主页

③ OpenStax（openstax. org）。OpenStax 是由莱斯大学于 2012 年开始构建的高质量大学教科书库。OpenStax 聘请学科专家来创建大学级教科书，经过同行评审之后，以 CC BY 许可免费在线提供，包括英语和西班牙语书籍。读者可在线浏览全文、下载 PDF 版本，也可以低廉的价格订购印刷型副本。2020 年 OpenStax 开始提供可定制的 Google Docs 版本的教科书，更加方便教师编辑和改编。2022 年开始，OpenStax 网站所有用户创建内容均存放于 Internet Archive（www. archive. org）上，以多种格式开放给所全世界用户访问。

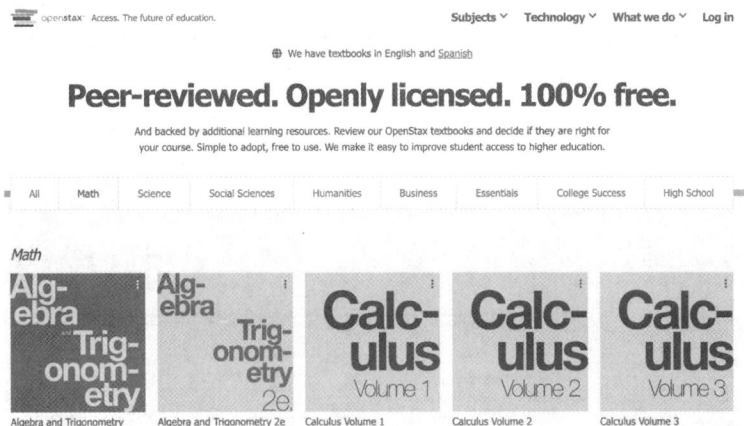

图 4 - 47　OpenStax 按学科浏览页面

④ LibreText（libretexts. org）。LibreText 是由加州大学戴维斯分校发起的非营利性开放教科书项目，旨在联合学生、教师和学者，共同努力开发一个易于使用的在线平台，用来构建、定制和传播开放教育资源，以减轻不合理的教科书成本带给学生和社会的负担。该项目获得了美国教育部颁发的 500 万美元的开放教科书试点项目奖。该平台现有 398 种教材，服务于 154 门课程，确保 OER 的"5Rs"授权，已有超过 2 亿学生从中受益。

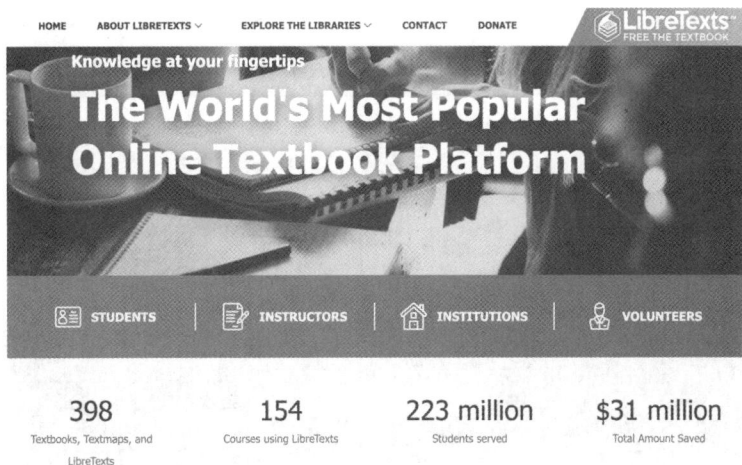

图 4 - 48　LibreText 主页

⑤ 美国数学学会的开放教科书计划（aimath.org/textbooks）。该网站收录经美国数学学会（AIM）审核批准的开放获取和开源数学教科书，包含从初级微积分到高阶代数等主题，适合在传统大学课程中使用。每本书都提供简要说明和评价以及获取途径。

⑥ NOBA 心理学开放教科书（nobaproject.com/browse—content）。NOBA 是由弗吉尼亚大学和犹他州立大学的埃德·迪纳（Ed Diener）教授以及伊利诺伊大学的卡罗尔·迪纳（Carol Diener）教授共同成立的教育基金会，旨在提供免费高教资源，以降低学生负担，并为教师提供一个交流平台。网站搜集了逾 50 种由心理学领域的专家及权威人士编写的高质量教材。

⑦ Milne Open Textbooks（milneopentextbooks.org）。由纽约州立大学图书馆于 2012 年创建的开放教科书网站，借由同行评议等机制，提供高质量的开放获取资源。内容涵盖范围多元，目前已发布近 200 本教科书，使用率非常高。

⑧ Wikibooks（en.wikibooks.org/wiki/Main _ Page）。Wikibooks 由 Wikimedia Foundation 管理，自 2003 年开始运营，至今已经积累了近 3500 本教科书，用户可以依主题、完成状态以及阅读分级查找所需资源后以 PDF 文件格式下载。

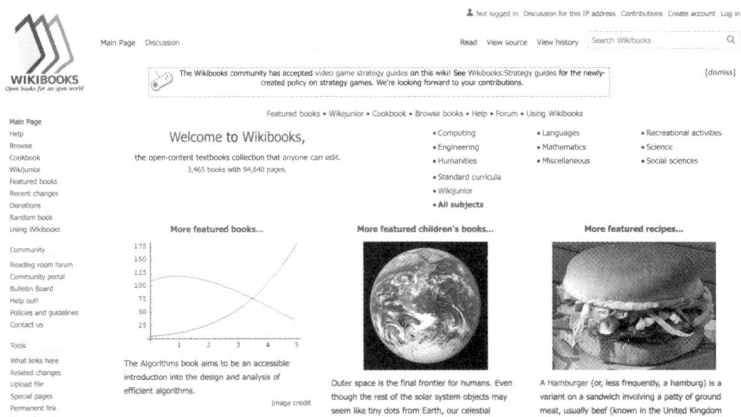

图 4 - 49　Wikibooks 主页

此外，在各大综合性的 OER 网站都可以浏览和搜索教科书资源，比如 OER Commons 的开放教科书：www.oercommons.org/hubs/open—textbooks。

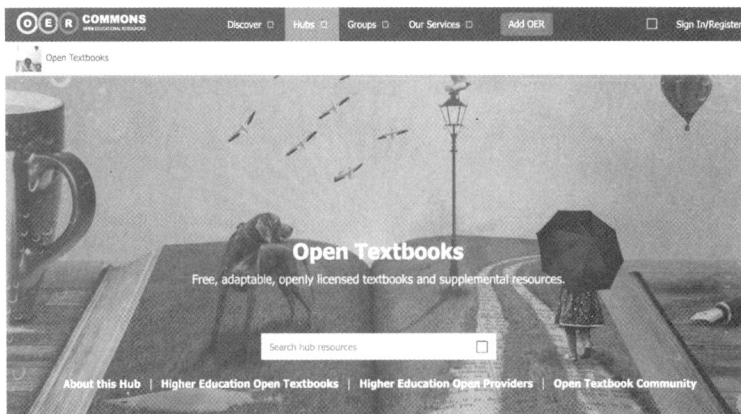

图 4 - 50　OER Commons 网站开放教科书搜索

除了专门的 OER 网站，在 DOAB（www. doabooks. org）、INTECH（www. intechopen. com/books）、Project Gutenberg（www. gutenberg. org）等开放获取电子书平台都可以找到免费教科书资源。

3　开放课程

3.1　MIT OCW（麻省理工学院开放课件）（ocw. mit. edu）

MIT OpenCourseWare（简称 MIT OCW）源于麻省理工学院（MIT）的一项倡议，旨在在线发布其本科和研究生课程的所有教育材料，让任何人从任何地方都可以免费、公开地使用。该倡议激发了许多其他机构加入开放课程行列，形成全球 OER 运动的第一波浪潮。2002 年 9 月，MIT OCW 试点网站向公众开放，提供 50 门课程资源。到 2004 年 9 月，已有 900 门 MIT 课程上线，其中包括一些带有完整流媒体视频讲座的课程。2012 年，麻省理工学院与哈佛大学共同推出了 MOOC 平台 edX，并在该平台上运行 MITx 系列课程。2019 年新的 MIT 开放式学习图书馆（ocw. mit. edu/collections/mit － open － learning－library/）上线，提供交互式学习体验和及时反馈，并带有自动评分或评估习题，作为 OCW 和 MITx 的补充。2020 年 OCW 开设了自己的播客 Chalk Radio，让听者与麻省理工学院一些最有趣的课程背后的讲师云端相会。到 2022 年全球已布设了 440 个 OCW 镜像站点，OCW 成为 YouTube 上订阅最多的 .edu 频道。

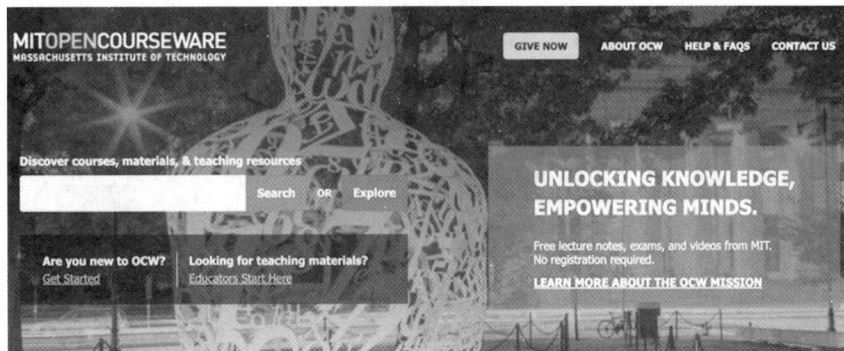

图 4 - 51　MIT OCW 主页

目前该网站共发布了 2600 多门 MIT 课程的免费开放资料集合，涵盖了整个 MIT 课程表。任何人无需注册，即可访问全部资源。课程没有开始或结束日期，学习者可以按照自己的节奏自由浏览和使用 OCW 资料。OCW 不仅仅是 MIT 课程的教学大纲、讲座视频、讲义、考试习题和作业，还包括越来越多的免费开放教科书。所有这些内容都可以下载、重组、转用。OCW 不提供教师和学习者互动，没有论坛，也不提供结业证书。这也是大多数开放课件/开放课程资源的特点，也是 OCW 区别于 MOOC 的一个地方。MIT OCW 官网上提供的有中文翻译的课程，是由中国开放教育资源联合体（CORE）组织翻译的。

在 MIT OCW 官网首页，可以利用关键词检索课程资源。在"Search"页面，可以通过主题、学科、资源类型、教育程度等条件限制搜索结果。搜索结果包含"课程"和"资源"两个分页。课程分页呈现的是完整课程包的列表。资源分页可以在超过 10 万条记录中分别检索课程讲义、视频、小测验、教科书、阅读材料等等不同类型的教材。

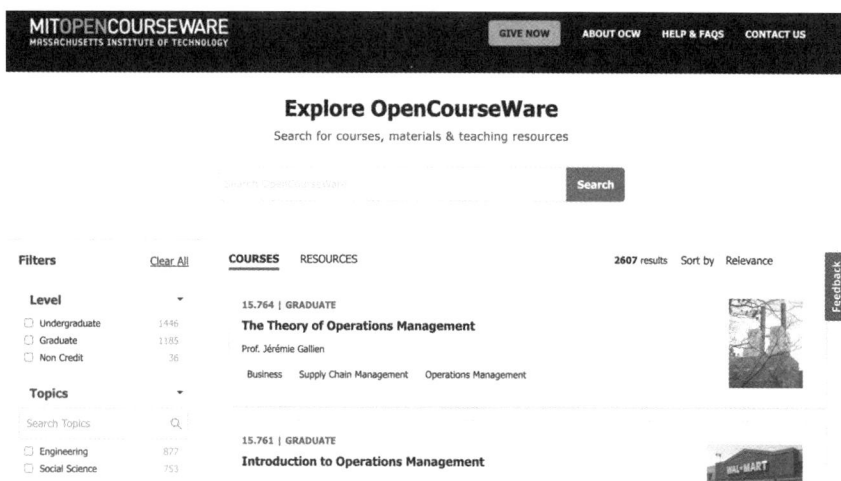

图 4 - 52   MIT OCW 搜索页面

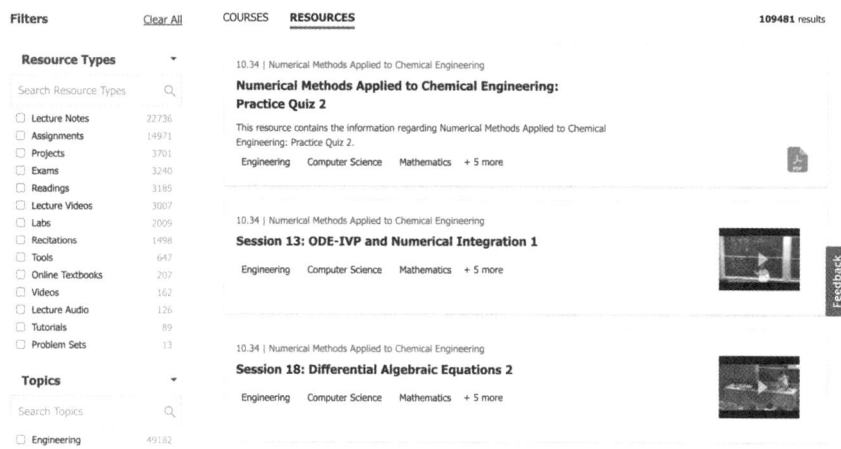

图 4 - 53   MIT OCW 搜索页面资源分页

3.2   Open Yale Courses 耶鲁公开课（oyc. yale. edu）

Open Yale Courses（简称 OYC）是耶鲁大学的公开课网站，通过互联网免费向公众提供耶鲁大学选定课程的讲座和其他材料，创始人是戴安娜·EE·克莱纳（Diana EE Kleiner）教授。这些课程大多是耶鲁大学杰出教师和学者教授的一系列入门课程，涵盖人文学科、社会科学、物理和生物科学等门类。每门课程都包括一整套以高质量视频制作的课堂讲座，并附有其他课程材料，如教学大纲、建议阅读材料和习题集。这些讲座视频可下载，并且还提供纯音频版本。访问者无需注册。该网站不提供任何课程学分、学位或证书（不过其中两门课程可以通过 Yale Summer Online 获得耶鲁大学学分）。与 MIT OCW 一样，该网站的资源采用 CC BY－NC－SA 许可协议。

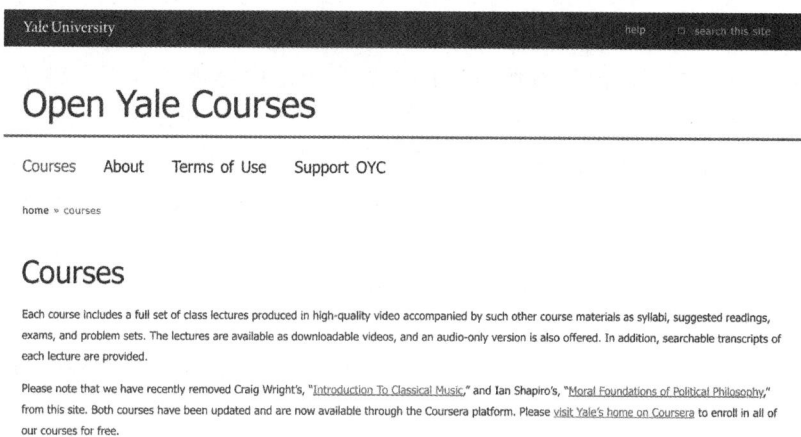

图 4-54　Open Yale Courses 课程浏览页面

在"courses"页面（oyc. yale. edu/courses）可以浏览所有公开课。每一门课程的详情页面包括课程简介、教学大纲和一系列视频讲座。有两门课程［克雷格·赖特（Craig Wright）教授的"Introduction To Classical Music"和伊恩·夏皮罗（Ian Shapiro）教授的"Moral Foundations of Political Philosophy"］已升级为 MOOC，在 Coursera 平台提供。

3.3　Khan Academy（可汗学院）（zh. khanacademy. org）

可汗学院是由孟加拉裔美国人、麻省理工学院及哈佛大学商学院毕业生萨尔曼·可汗

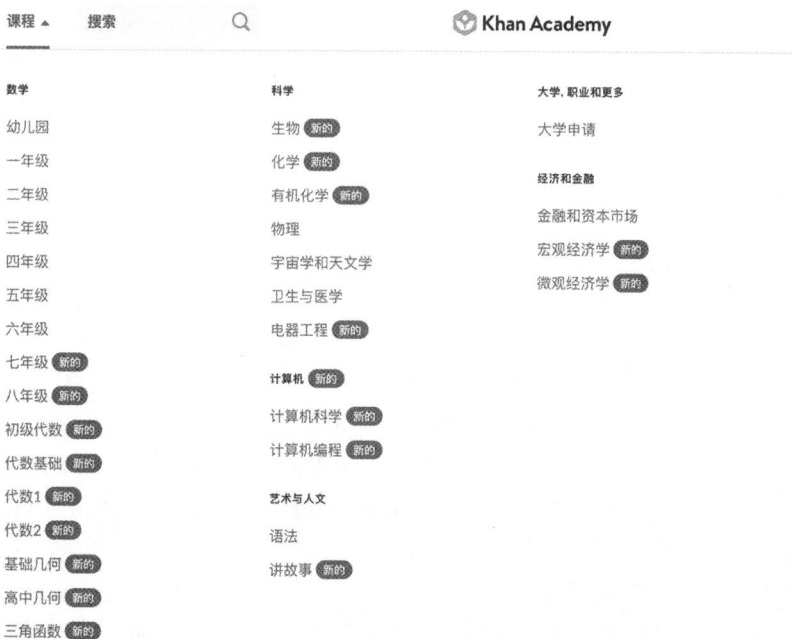

图 4-55　可汗学院课程搜索页面

(Salman Khan) 于 2006 年创立的一所非营利教育机构，通过网络提供一系列永久免费教材，旨在让所有人享有免费的世界一流教育。教材包括练习题、教学视频和个性化的学习界面，让学习者能够在课堂内外按照自己的进度学习。内容涉及数学、科学、计算机编程、历史、艺术史、经济学等等。其中数学方面的内容涵盖了从幼儿园的基础知识到大学的微积分，并采用了可识别学习强度和学习障碍的自适应技术。可汗学院还与 NASA、The Museum of Modern Art（纽约现代艺术博物馆）、The California Academy of Sciences（加州科学院）和 MIT 等机构合作，提供特定的专业内容。可汗学院的内容资源被翻译成超过 60 种语言（包括中文），这些都是来自世界各地的志愿者完成的，现已整合到网易公开课平台。

每一门课程包含若干单元，每一个单元又包含若干章节，每一章被分解为若干主题视频，内容的编排富有层次和趣味性。这些课程视频都存放在 YouTube 平台。

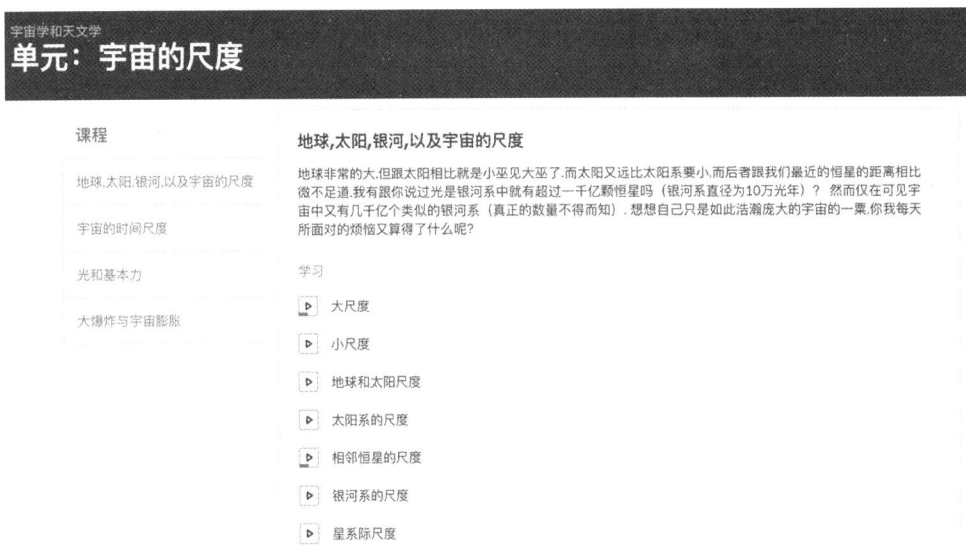

图 4-56　可汗学院课程页面

3.4　台湾地区开放课程资源举要

① 开放式课程计划（www.myoops.org）。开放式课程计划（Opensource Opencourseware Prototype System，简称 OOPS），是一个致力于将开放式课程汉化以及推广的项目。该计划希望借此打破英语语言障碍、贫富差距造成的知识鸿沟，让华人师生能够更便利、全免费接触到世界一流教育资源。OOPS 号召全球的志愿者将开放式课程翻译成中文，包括课程讲义、幻灯片、大纲等。网站汇集了各国际名校开放课件，以及 TED 演讲、名校毕业演讲等优质内容。不过随着开放课件逐步退出潮流，近年来网站维护乏力，很多资源下架，翻译进程也几乎停滞了。

② 台湾师范大学开放式课程（NTNU OCW）（ocw.lib.ntnu.edu.tw）。台湾师范大学开放式课程于 2007 年开始建置，效法美国 MIT OCW 的精神，将学校内精选之特色通识与专业课程拍摄制作成数字化影音课程，借此分享及推广教学成果。目前台师大开放式课程平台中的课程包含该校各学院之专业课程，以及各种不同主题之系列讲座；其中又以

台师大特有的教育类课程与讲座最具特色。网站上部分课程只授权予拥有开放式课程账号者使用观看。

图 4-57 开放式课程计划主页

图 4-58 台湾师范大学开放式课程主页

③ 阳明交通大学开放式课程（ocw. nctu. edu. tw/index. php）。阳明交通大学 2006 年起由光复校区理学院开始推动开放式课程（OCW），2008 年扩展至全校课程。每年开放分享约 12－16 门校内优质资源，包含各院系基础课程、专业课程、共同必修课程及通识教育课程，以及 15－20 场演讲。该网站于 2012 年从全球超过 250 个大学开放式课程网站中脱颖而出，获得全球开放式课程联盟年度"标杆网站奖"（Landmark Site Award）。

图 4-59　阳明交通大学开放式课程主页

3.5　其他国际开放课程资源

① Carnegie Mellon University Open Learning Initiative（oli. cmu. edu/independent－learner－courses/）。卡内基梅隆大学的开放学习计划（OLI）。该平台提供数十门开放免费的自主学习课程资料，包括艺术人文、语言、计算机科学和编程、商业、数据科学等领域，不授予完成任何课程的学分或证书，也没有教师指导。

② Lumen Learning（lumenlearning. com/courses/）。Lumen Learning 是一个学习工具平台，该网站的课件资源免费向公众开放。课件由专家创建，并由专家同行评审。每门课程提供一整套资源，包括带有嵌入式视频的可编辑电子教材、习题集、工作表、在线测试和 PowerPoint 幻灯片等。到 2021 年，全球有超过 1.58 亿人访问了这个静态内容集合。

③ Open Course Library（OCL）（opencourselibrary. org/course/）。一个共享课程材料集合，包括由大学教师、教学专家、图书馆员和其他专家团队设计的教学大纲、课程活动、阅读材料和测试资料。所有静态资源都存储在 Google Drive 上。

④ OpenLearn（www. open. edu/openlearn/）。OpenLearn 是一个免费学习平台，2006 年推出，是英国开放大学（The Open University）的一个组成部分。内容包括 1000

多个短期课程（从 1 到 100 小时的学习时间）；数以千计的文章、测验和互动游戏；数百个视频和音频。主题从希腊历史到可再生能源，涵盖范围广泛。所有课程都提供参与证书，有些提供免费的数字徽章，但是不提供任何正式的资格证书。

⑤ Wikiversity（维基学院）（en. wikiversity. org/wiki/Wikiversity：Main _ Page）。维基学院是一个多语言、内容自由、任何人都能参与的协作计划，始建于 2006 年 8 月，由非营利组织维基媒体基金会运作。其主要目的有两点：一是为全球所有年龄段的人群创建和存放免费的内容、多媒体学习材料、资源及课程；二是开发协作学习项目并围绕学习材料开展交流活动。学习者和教师被邀请作为维基网站的编辑者加入维基学院，在这里任何人都可以编辑网页。维基学院有多种语言版本，内容涵盖从学前班到大学的所有级别、类型和风格的教育，包括专业培训和非正式学习。其英文版内容最为丰富，现有 29508 项学习资源。其中文版目前包括 5840 个学习项目。

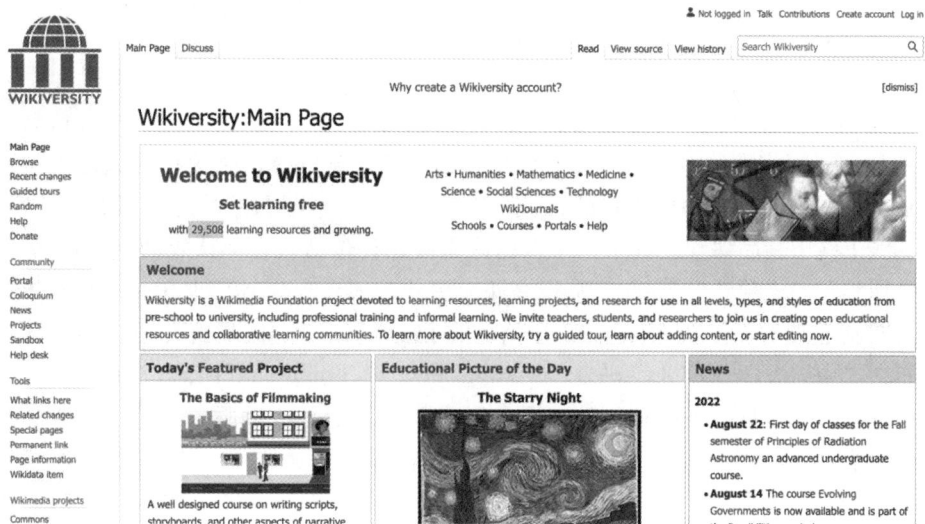

图 4 - 60　Wikiversity 主页

⑥ 互联网档案（Internet Archive）网站上的开放教育资源和大学讲座图书馆（archive. org/details/education）。该资源包含来自美国和中国大学的数百个免费课程、视频讲座和补充材料。

曾经开放课件资源在全球范围内遍地开花，后来渐渐让位于学习体验更为完整的 MOOC 和其他更新潮的教育资源。那些一度被大家争相访问的 OCW 网站日渐门庭冷落，有的就此湮灭于互联网的历史中，有的转型为泛用 OER 或 MOOC 网站，仅有很少的部分网站仍然保持更新和维护。虽然如此，这些现存的 OCW 资源仍然是值得注意的。

4　中国国家精品课程

4.1　概述

国家精品课程是具有一流教师队伍、一流教学内容、一流教学方法、一流教材、一流教学管理等特点的示范性课程。2003 年 4 月，教育部正式启动精品课程建设项目。该项目以量大面广的基础课程和专业课程为重点，建设包括各学科、各专业的校、省、国家三级精品课程体系，促进全国范围内优质教学资源的整合与共享。截至 2011 年 2 月，国家精品课程资源中心共拥有国家级精品课程 3835 门，省级精品课程 8279 门，校级精品课程 8169 门。2011 年，教育部启动第二轮本科教学工程——国家精品开放课程建设，包括精品视频公开课和精品资源共享课，到 2016 年，累计上线 992 门视频公开课和 2886 门资源共享课。从精品课程建设到视频公开课、资源共享课的推出，大大促进了优质教育资源的共享。精品视频公开课和精品资源共享课均通过统一平台"爱课程网"进行共享。

2013 年，大规模在线开放课程（MOOC，慕课）在我国开始兴起。2015 年教育部印发《关于加强高等学校在线开放课程建设应用与管理的意见》，明确提出认定一批国家精品在线开放课程，促进在线开放课程广泛应用。2017 年教育部认定 490 门"国家精品在线开放课程"并于次年初正式推出。这批课程以本科教育和高等职业教育公共课、专业基础课、专业核心课为重点，既有"微积分""刑法学总论""唐宋诗词鉴赏"等常规课程，也包含"生物演化""珠宝鉴赏""中国服装史"等特色内容。以北京大学、清华大学、武汉大学、哈尔滨工业大学等一流大学建设高校为主建设的 344 门课程入选。选课人数超过 10 万人次的有 78 门。2018 年底北京大学"慕课问道"等 801 门课程通过"国家精品在线开放课程"认定。国家在线精品课程须每学年动态更新教学资源，并提供入选后不少于 5 年的教学服务。同时教育部筹划实施精品课程"双万计划"，规划建设一万门国家级和一万门省级一流线上线下精品课程。其中，一万门国家级课程包括教育部认定 3000 门"国家精品在线开放课程"和立项建设 7000 门基于慕课应用并且体现现代教育理念和信息技术深度融合的多模式精品课程。2020 年底，首批 1875 门国家级线上一流本科课程公布，其中超过 70% 分布在"中国大学 MOOC"平台（www.icourse163.org/topics/yiliu202011_w/）。

2022 年 3 月 28 日，国家智慧教育平台正式开通。该平台以服务师生、服务学校、服务社会为主要目标，着力建设以基础教育、职业教育、高等教育为"三横"，以德育、智育、体美劳育为"三纵"，各类教育教学要素按照学段分别融入的资源架构，构建面向学生、教师、学校、社会成员的服务格局。国家智慧教育平台一期上线运行国家中小学智慧教育平台、国家高等教育智慧教育平台、国家职业教育智慧教育平台、国家 24365 大学生就业服务平台，提供大规模优质资源和服务应用。入选的国家在线精品课程统一接入国家智慧教育平台。

2022 年 7 月 8 日，国家智慧教育公共服务平台升级到 2.0 版。截至 2022 年 7 月，高等教育平台用户覆盖 6 大洲 143 个国家和地区，在首批上线 2.7 万门慕课课程基础上，新增课程资源 850 门，新增课件等其他资源 6.5 万余条。职业教育平台专业教学资源库累计上线 1189 个，在线精品课累计上线 6628 门，视频公开课累计上线 2222 门。国家 24365 大学生就业服务平台累计汇聚岗位资源达到 1124 万个。新版平台增设了"试点省份"专区，将 9 个试点省份的省级平台接入了国家门户。新增国培示范、院士讲堂、名师课程等在线培训等资源 6240 条，提供研究生课程 300 门、案例 8.5 万个、产学研需求信息 30 万条，汇聚各类语言学习资源 8000 余条。平台二期还增设"服务大厅"，在原有的国家大学生就业服务平台基础上，新增三大服务专区：考试服务专区公开高考招生政策，公示特殊类型考生名单，提供中小学教师资格考试、大学英语四六级考试、普通话水平测试等成绩查询和证书发放功能；学历学位专区为社会公众提供国内高等教育学籍查询、学历学位证书查询、认证等服务；留学服务专区提供国（境）外学历学位认证、公派留学人员派出、自费留学人员存档、留学人员回国安置等服务。

4.2　爱课程网（www.icourses.cn）

"爱课程"网是教育部、财政部"十二五"期间启动实施的"高等学校本科教学质量与教学改革工程"支持建设的高等教育课程资源共享平台。"爱课程"网同时承担着国家精品视频公开课和资源共享课的共享和建设任务。中国大学 MOOC 上线后实现中国大学视频公开课、中国大学资源共享课和中国大学 MOOC 等不同类型的优质课程在同一个平台上的集成与共享，实现各类课程的优势互补，便于学习者各取所需。

图 4-61　爱课程网主页

① 精品视频公开课。据 2011 年印发的《教育部关于国家精品开放课程建设的实施意见》，精品视频公开课建设以高等学校为主体，以名师名课为基础，以选题、内容、效果及社会认可度为课程遴选依据，通过教师的学术水平、教学个性和人格魅力，着力体现课程的思想性、科学性、生动性和新颖性。2011 年 11 月，由我国高水平大学建设的首批 20门"中国大学视频公开课"通过"爱课程"网、中国网络电视台和网易发布，同步向社会公众免费开放。首批上线课程以讲授中国传统文化的课程为主，如南开大学"六大名著导读"、浙江大学"王阳明心学"、北京师范大学"千古名月"、四川大学"中国诗歌艺术"等。截至 2022 年 8 月，"爱课程"网共上线 992 门视频公开课。课程可以按名称、学校、

主讲人进行搜索，也可以按学科进行浏览。

每门课提供在线视频、讲师和课程介绍及互动论坛。视频也可以通过客户端收看，并且支持分享到 SNS 网站。例如"蔡自兴《人工智能 PK 人类智能》公开课"。

图 4-62　爱课程网精品视频公开课页面

图 4-63　爱课程网蔡自兴《人工智能 PK 人类智能》公开课页面

② 精品资源共享课。精品资源共享课是以高校教师和学生为服务主体，同时面向社会学习者的基础课和专业课等各类网络共享课程。精品资源共享课建设以课程资源系统化、完整化为基本要求，以基本覆盖各专业的核心课程为目标，通过共享系统向高校师生和社会学习者提供优质教育资源服务，促进现代信息技术在教学中的应用，实现优质课程教学资源共享。"十二五"期间，计划建设 5000 门国家级精品资源共享课，包括本科、高职高专、网络教育三种类型课程资源。截至 2022 年 8 月，"爱课程"网共上线 2882 门精品资源共享课。

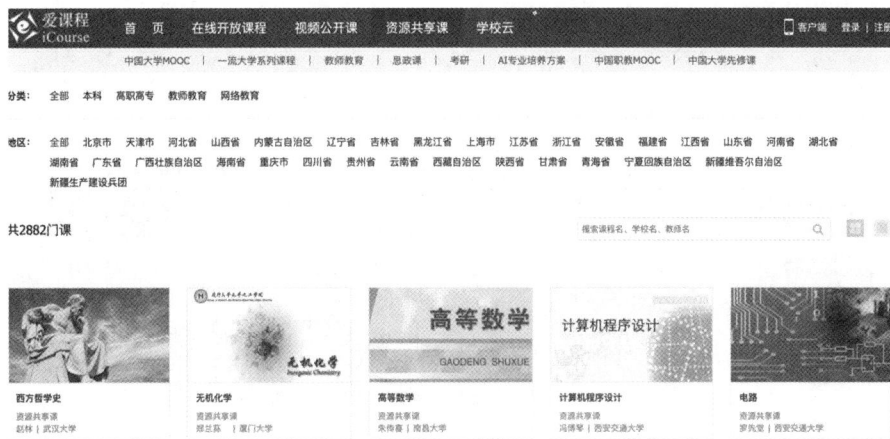

图 4-64　爱课程网精品资源共享课页面

③ 在线开放课程。汇聚中国大学 MOOC、一流大学系列课程、中国职教 MOOC、大学选修课（CAP）等在线课程资源。这部分资源链接至中国大学 MOOC 平台，我们将在本章第三节详细介绍。

图 4-65　爱课程网在线开放课程页面

④ 学校云（在线课程中心）。学校云是为全国高等学校定制的在线开放课程专属云服务，提供在线开放课程的建设、管理和应用服务。各大学的分页上列出该大学开设的MOOC、视频公开课和资源共享课，方便该校师生访问。例如苏州大学页面。

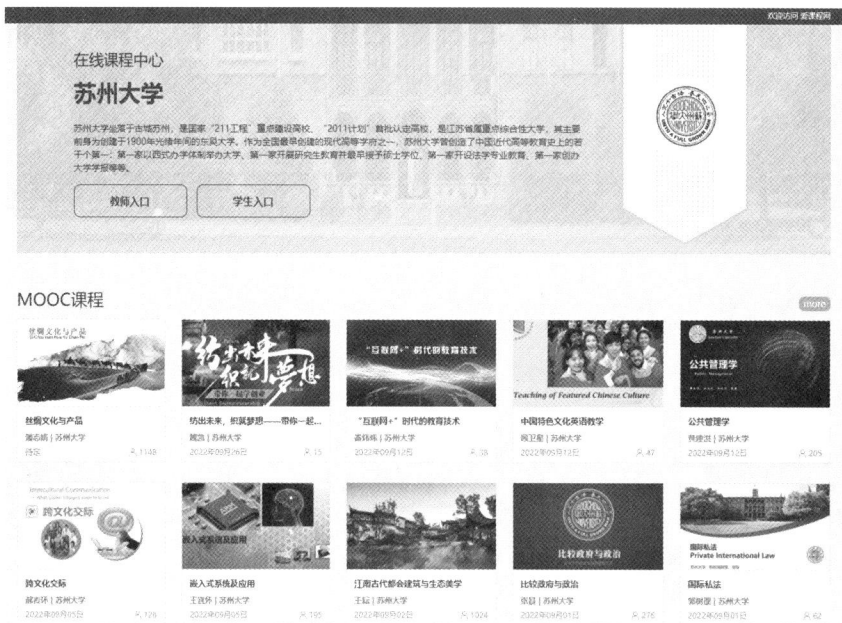

图 5-66　爱课程网苏州大学在线课程中心页面

5　视频公开课

2010 年，网易平台首批 1200 集视频公开课上线，其中有 200 多集配有中文字幕，包括非营利组织和爱好者翻译的国外开放课程视频。用户可以在线免费观看来自哈佛、耶鲁等世界级名校的公开课程。网易平台和翻译志愿者的加入，消除了陌生感与语言障碍，国内由此掀起视频公开课的热潮。除网易外，新浪、搜狐、腾讯等平台也先后整合上线世界名校的开放教育资源。2010 年豆瓣网上创建的"每天早起一小时，网络课程天天上"豆瓣小组，3 年中得到了 9.7 万成员响应。

自 2010 年各大公开课课程在中国开始火热兴起之后，在学林、知识界激起了巨大反响。谢利·卡根（Shelly Kagen）教授的《哲学：死亡》、哈佛教授迈克尔·J·桑德尔（Michael J. Sander）的《公正》、哈佛教授泰勒本·沙哈尔（TalBen Shahar）的《哈佛幸福课》一直高居公开课点播榜的前三位，成为受欢迎的国际名校三大公开课。其同名中文版图书也陆续在国内出版。直到 2012 年 MOOC 兴起之后，视频公开课的热潮才逐渐降温。视频公开课没有开课时间限制，进度自由掌握，那些与线下课堂同步录制的视频往往给人身临其境的上课体验，至今仍是一种深受欢迎的教育资源。

5.1　网易公开课（open.163.com）

2010 年 11 月，网易于门户网站中率先推出"全球名校视频公开课"（现更名"名校国际公开课"）项目，网友可通过网易平台免费观看哈佛、耶鲁、牛津、剑桥等全球顶级名校的精品课程视频。2011年1月18日，网易正式宣布加入国际开放课件联盟（OCWC），成为当时 OCWC 在中国唯一的企业联盟成员。2011年2月，网易公开课 App 上线，至今已有超过 8000 万用户。同年上线国内大学公开课。之后，网易陆续与 TED、可汗学院、科普中国等达成合作。

图 4-67　网易公开课主页

其中"国际名校公开课"拥有来自哈佛大学、耶鲁大学、斯坦福大学、牛津大学、麻省理工学院等国际顶尖学府的海量名师课程，覆盖文学艺术、历史哲学、经济社会、物理化学、心理管理、计算机技术等二十多个专业领域。绝大多数课程已完成翻译工作。这些课程视频配有中英双语字幕、中文课程资料，每门课下设中文讨论区。听课过程中可使用"有道云"笔记工具进行随堂笔记。课程视频可以通过 App 客户端下载到本地，听课进度多平台同步记忆。

图 4-68　网易国际名校公开课页面

该网站的"中国大学视频公开课"部分汇聚了国家精品开放课程中的视频公开课资源，与"爱课程网"同步上线。该平台是 TED 官方合作发布平台，在"TED"分页可以看到最新的 TED 演讲视频，配有优质双语字幕。该平台也提供各类付费课程（"精品课程"部分）。

随着从课堂学习到随时随地通过信息技术进行学习的泛在学习成为一种趋势，用户的学习行为更加碎片化。大量短视频网站兴起。网易公开课平台注意到观看量最大的课程逐渐从严肃、体系化的名校公开课转移到 TED 演讲和纪录片，打开的时间也变得更加分散、割裂。2017 年该平台上线了"一万分钟学习计划"，通过专家精选集结，将优质课程集合成一个系统的课程，用户可以选择每天的学习时间，长效坚持，平台通过打卡签到、时长激励等手段帮助用户坚持学习。网易公开课不仅是教育资源平台，也是一个良好的学习社区。

图 4-69　网易国际名校公开课页面

图 4-70　网易公开课 TED 页面

国内同类资源还有新浪公开课（open. sina. com. cn）等。

网易云课堂（study. 163. com）于 2012 年 12 月底正式上线，是一个专注于成人终身学习的在线教育平台。针对成人职业发展和自我提升需要，围绕职场技能、考试考证、英语能力、兴趣副业等主题，提供贴心的一站式学习服务。有收费课程，也有免费课程。该平台与多家权威教育、培训机构合作，课程数量已达10000＋，课时总数超100000小时，涵盖实用软件、IT与互联网、大学考试、外语学习、生活家居、兴趣爱好、金融管理等各大门类，其中不乏数量可观、制作精良的独家课程。

其特色版块包括微专业（以就业为导向的职业培训方案，考试通过可获得专业认定证书）、系列课程（将某一领域的内容进行打包并有序地呈现，给用户提供完整的、有体系的学习方案）、直播课程和题库（为各类热门考试的考生研发的题目类学习模块。目前用户可参加公务员、建筑师、会计等多类考试的真题练习测试，并参与题目的分析讨论。同时，题库会和相应考试类课程、学习计划有机整合，完整辅助考生整个备考过程）。

云课堂的笔记功能为视频学习做了专门设计。学习者添加笔记时会自动保存视频的当前时间点，回顾笔记时就可观看当时视频。学习者可将笔记公开，也可评论、收藏他人笔记，加强了用户间的学习交流。学习者学习过程中，云课堂支持自动/手动标记课时完成状态，或标记为"重要/有疑问"等，以便用户回顾和把控学习进度。

网易公开课-视频号

网易公开课　2021-04-13 21:20

网易公开课是目前中国课程内容最丰富、影响力**最大的公共课平台**，为所有热爱学习的社会人士提供干货，增长知识。**高智商大佬**都在看的视频号，这里有3000万人和你一起学习。

职场思维、学习技巧、**高能TED演讲、哈佛耶鲁名校视频课**、热门电影、高分纪录片，找他就对了！

- 罗素给世界的留言
- 一生中一定要看一次的演讲
- 街头随机采访的阿姨竟是联合国前翻译
- 鸡汤都是骗人的，比尔盖茨：我随时能回哈佛念书

↓ 点击关注【网易公开课视频号】↓

图 4-71　网易公开课视频号

图 4-72　网易公开课 App

图 4-73　网易云课堂主页

5.2　bilibili 弹幕网

bilibili，全称为哔哩哔哩弹幕网，简称为 B 站，是总部位于上海的一个以 ACG 相关内容起家的弹幕视频分享网站。根据艾瑞咨询报告，2020 年 B 站 35 岁及以下用户占比超过 86%。截至 2021 年第四季度，B 站月均活跃用户达 2.72 亿。B 站 94% 的视频播放量都来自专业用户创作的视频。优秀的专业创作者们聚集在 B 站，创作内容涵盖生活、游戏、时尚、知识、音乐等数千个品类和圈层，引领着流行文化的风潮。

B 站目前开设有动画、番剧、国创、音乐、舞蹈、游戏、知识、数码、生活、时尚、资讯、娱乐等 17 大板块。其中的知识板块包括科学科普、人文历史、社科·法律·心理、财经商业、校园学习、职业职场、设计·创意、野生技术协会等类别。B 站已成为中国年轻人在线学习的主要平台。据报道，2018 年有超过 1800 万人在 B 站学习。根据网易的数据，这个数字在 2020 年增加到近 1 亿。

从心理学到历史，从数学到编程，从烹饪到绘画，从名校公开课到野生科技，在 B 站几乎可以找到任何教学视频。英语、日语等语言学习相关内容在 B 站学习领域占比较大，高考、研究生考试和各类职业技能相关内容也比比皆是。例如通过率极低的司法考试，在 B 站有"段子手"罗翔老师用生动形象的案例，外加特色的湖南口音，点燃用户学法的兴趣。除了专业教学向的视频，B 站的原生内容更是从不同维度提供了学习范本。以英语学习为例，有高分学霸 UP 主们分享学习方法及答题技巧，也有欧美 UP 主讲解真实生活中的地道英语。

在搜索框中输入"公开课"，可以检索到上千条结果，既有中外名校视频公开课，也有专业技能教程视频；既有成系列的完整课程，也有精巧的短视频。用户可以根据时长、分区对结果进行精炼，也可以选择不同的排序方法浏览最受欢迎的视频。视频播放页面支持收藏、发弹幕、在评论区讨论、记笔记等操作。

图 4-74　bilibili 网站知识板块

图 4-75　bilibili 网站公开课资源

除了资源丰富，B 站能成为学习社区的最大优势，是弹幕和评论区的互动营造了良好的学习氛围。和网友的弹幕互动无疑是学习者的快乐源泉。排队向老师致敬，有疑问随时提出，看到不同意见追上去交流，保持思维活跃，让情绪一直在线。而且常有"课代表"进行重点提醒和总结，他们会在评论区罗列出当期视频的核心知识点，甚至细化到每个考点对应的视频位置。通过那些几乎占满全屏的不断飘过的弹幕和视频下方评论区的层层高楼，学习者围绕视频内容用年轻人特有的方式火热交流心得。

同时，B 站的实时弹幕可以给学习者带来很强的陪伴感。如果不想独自学习，还可以加入 B 站上的 ♯StudyWithMe 直播与其他在线学习者一起努力。根据央视网的数据，2018 年 ♯StudyWithMe 直播达到 146 万小时。可以说 B 站与用户共同创造了这种新式社交型学习平台。

图 4 - 76   bilibili 网站视频播放页面

第三节   MOOC 资源检索

1   MOOC 概述

1.1   MOOC 概念

MOOC 是英文 Massive Open Online Courses 的缩写，通常译为大规模开放式在线课程，音译为"慕课"，最早在 2008 年由加拿大学者戴夫·科米尔（Dave Cormier）提出。

MOOC 是一种全新的在线教育形式，无论在世界的任何角落，只要有网络，任何人都能免费注册，自由选择想要修读的课程，享受和哈佛耶鲁一样的优质教学资源，具有与线下课程类似的作业评估体系和考核方式，按时完成作业和考试的学习者还可能获得课程证书或大学学分，攻读完某些系列课程还可以申请学位。除了传统的课程材料，如课程大纲、视频讲座、阅读材料和习题集外，MOOC 通常还提供用户论坛或社交媒体讨论平台，支持学生、教授和助教之间的社区互动。

MOOC 可以用许多不同的方式来定义，这些定义都有以下共同点：①大规模（Massive），理论上 MOOC 是为无限数量的参与者设计的；②开放（Open），任何人都可以参加课程，不存在入学资格限制；③在线（Online），通过互联网提供全部课程资源（支持笔记本电脑、台式电脑、平板电脑或智能手机）；④课程（Course），提供的是一门课程的完整学习体验。应该注意的是，虽然多数 MOOC 是可以免费访问的，但也有越来越多的课程采取了部分付费或全付费方式。尽管如此，MOOC 依然可以被视为一种通过在线平台提供的重要开放教育资源。联合国教科文组织（UNESCO）认为 MOOC 是实现联合国可持续发展目标（SDG）4（即确保包容和公平的优质教育，让全民终身享有学习机会）的一个重要工具。

第一批 MOOC 源于由 MIT OpenCourseWare 项目发起的开放教育资源运动。2012 年被称为"MOOC 之年"，随着 Coursera、edX、Udacity 等几大课程平台的崛起，MOOC 迅速成为当年全球最为热门的教育话题之一，给予传统教育模式以极大冲击，并掀起了全球 MOOC 热潮，至今仍有愈演愈烈的趋势。2013 年开始有中国高校陆续加入 Coursera 和 edX 平台。2020 年由于新冠疫情在全球范围暴发导致线下教育中断，MOOC 迎来新一波迅猛增长。2020 年因此被称为第二个"MOOC 之年"。

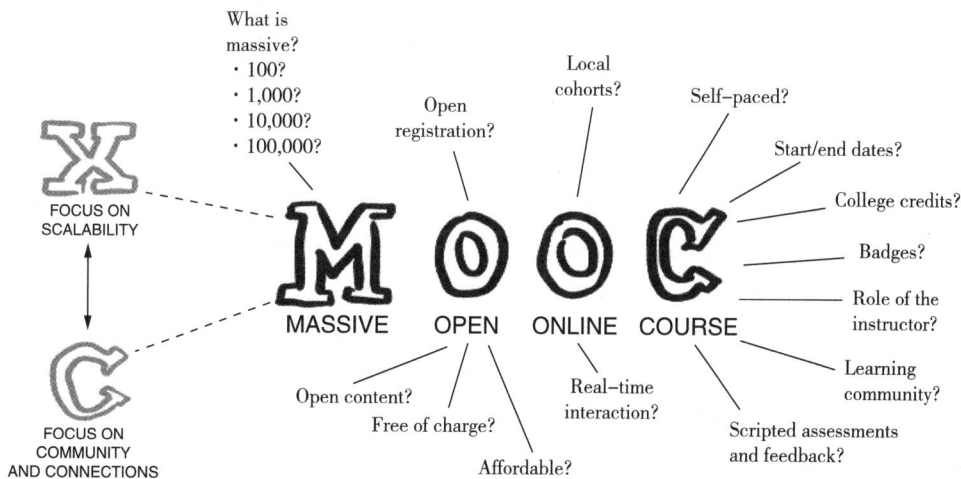

图 4-77　MOOC 概念图（图片来源：en. wikipedia. org）

1.2　MOOC 的特点

①大规模。MOOC 的规模之大，一是体现在其丰富的在线课程资源上：在 Coursera、edX、中国大学 MOOC 等平台上，可以接触到来自全球各个顶尖高校的海量课程，涉及

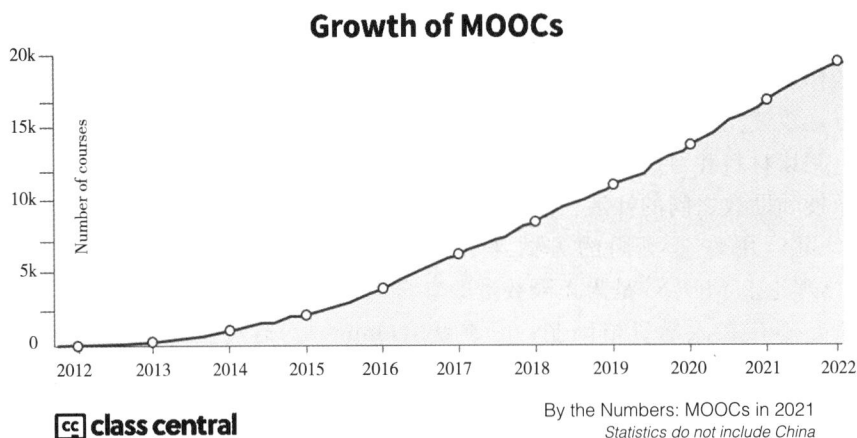

Growth of MOOCs

By the Numbers: MOOCs in 2021
Statistics do not include China

图 4-78　MOOC 数量增长统计图（来源：Class Central）

高等教育的各个学科；二是体现在其工具资源多元化：MOOC 课程整合多种社交网络工具和多种形式的数字化资源，形成多元化的学习工具资源；三是体现在其课程受众面广：突破传统课程人数限制，能够满足大规模课程学习者学习，热门课程动辄有十几万人注册，同时有数万人在线同步听课、讨论、完成作业，这是传统教育模式无法想象的。

②　系统的教学体系。这是 MOOC 区别于其他视频公开课的特征所在。公开课和开放课件、开放教材一样均为"学习资源"，而 MOOC 则是一种"学习服务"。Coursera、edX 等平台上的课程非常接近于传统课堂，有开课和结课时间，有相应的课程作业和期末考试，老师和同学可以在线交流，它强调完整的在线教学过程。如同在实体大学一样，学生需注册后才能看到课程视频和资料，通常每周一章，平时学生一周需要花上 3-10 个小时不等的时间听课、学习、做作业、进行作业互评。全部课程结束之后，如果考核达到要求，可以获得结课证书，部分课程可获得被大学承认的学分。学习系列课程可获得专业证书，完成在线学位课程可获得学士或硕士学位。在职场，MOOC 证书可以作为继续教育资历证明和专业能力证明，被很多跨国企业认可。

③　注重学习体验的教学设计。MOOC 课程绝不是单纯地把线下课程搬到线上这么简单，而是需要重新设计课程，以适应线上的学习模式。由于相当高的学生－教师比例，MOOC 的组织者需要进行能促进大量回应和互动的教学设计。在 MOOC 里，为了保证学生线上学习的专注，单个视频常被切割到 10-20 分钟，甚至更短。同时，在讲课期间，通常会穿插一些提问，学生只有在视频上作答之后，才能继续观看。论坛是 MOOC 非常重要的环节。课程作业也需要精心设计。MOOC 平台真正起到了将大学、讲师、学习者和社会连接到一起的作用。

1.3　MOOC 发展现状

2012 年第一波 MOOC 浪潮集中在计算机科学和工程领域。2013 年 1 月，商业化 MOOC 平台 Udacity 与圣何塞州立大学合作推出了首个可获得大学学分的 MOOCs－for－credit，2013 年 5 月又宣布了首个完全基于 MOOC 的硕士学位。2013 年 4 月，香港科技大学通过 Coursera 开设了一门被称为"亚洲第一门 MOOC"的课程，有 17000 名学生注册。2018 年 1 月，布朗大学在 edX 上开设了首个"游戏化"课程，学生通过在线游戏来推进课程。

根据 Class Central 网站的统计数据①，经过 10 年的发展，到 2021 年全球除中国以外的 MOOC 学习者已达 2.2 亿，950 所大学在各平台上共上线了 1.9 万门课程。微证书与在线学位的数量也呈现快速增长势头。最初 MOOC 平台主要依靠大学来创建课程，但随着每年越来越多的课程由企业创建［其中包括谷歌、微软、亚马逊和 Meta（原 Facebook）等科技巨头］，这种依赖性正在下降。2021 年 Coursera 平台新增非大学课程比例达 39%。

开放和在线教育是教育改革的创新驱动力，也是促进终身学习的绝佳选择。至今 MOOC 已经覆盖了大学教育的各个学科，此外扩展出了大量非大学课程，包括 K－12 教育、专业培训、职业教育等。

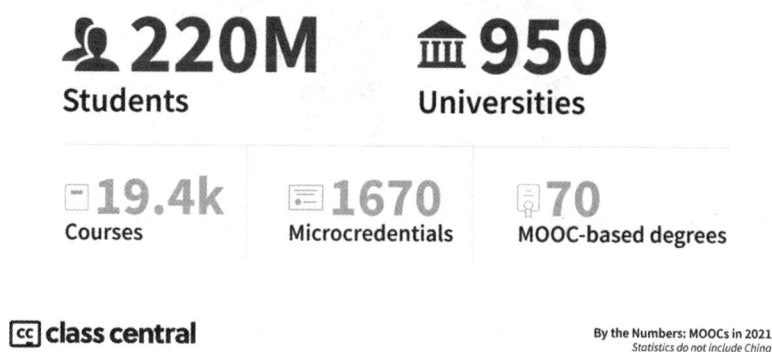

图 4－79　2021 年全球（除中国外）MOOC 统计数据（来源：Class Central）

大约四分之三的 MOOC 是英语课程，但现在包括汉语、法语、阿拉伯语、德语、意大利语、西班牙语等在内的其他语种课程正在越来越多地涌现。翻译志愿者的辛勤劳动，使得很多课程拥有多种语言版本（指多种语言字幕、课程资料）。

MOOC 提供的证书包括专业证书、微证书、微学分、学位证书等。第一个基于 MOOC 的学位是 2013 年佐治亚理工学院通过 Udacity 发布的在线计算机科学理学硕士（OMSCS）学位，到 2017 年初，至少有 9 个硕士学位可通过 MOOC 平台获得。2018 年起在线学位开始迅速增长。2022 年，可以通过 MOOC 平台在线完成的国际大学硕士学位已超过 70 个。同年，多所国际大学在中国提供 40 个在线学位。各大 MOOC 平台提供的在线学位列表及其费用等情况可以通过 Class Central 网站查阅。

---

① Class Central. By The Numbers：MOOCs in 2021 ［EB/OL］．［2022－08－15］．https：//www.classcentral.com/report/mooc－stats－2021/.

Course Distribution by Subject

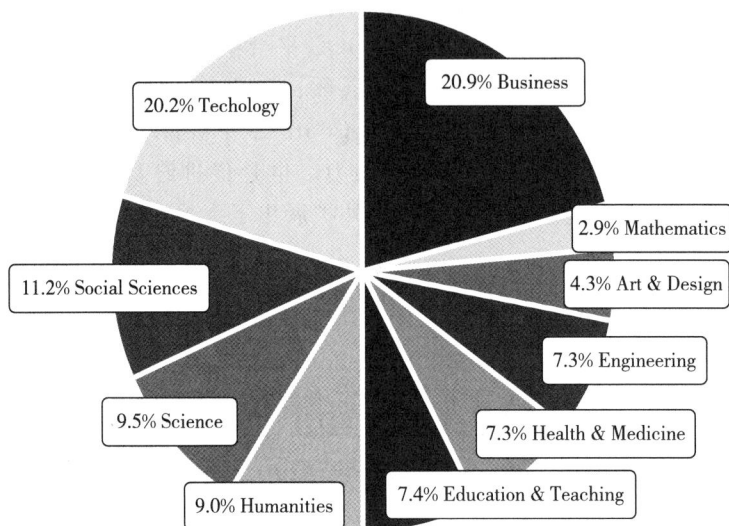

20.9% Business

20.2% Techology

2.9% Mathematics

4.3% Art & Design

11.2% Social Sciences

7.3% Engineering

7.3% Health & Medicine

9.5% Science

7.4% Education & Teaching

9.0% Humanities

CC class centeral

By the Numbers:MOOCs in 2021

图 4 - 80　2021 年 MOOC 学科分布（来源：Class Central）

表 4 - 1　2021 年四家 MOOC 平台数据（来源：Class Central）

平台	学习者	课程数	微证书	学位
Coursera	9700 万	6000	910	34
edX	4200 万	3550	480	13
FutureLearn	1700 万	1400	180	22
Swayam	2200 万	1465	0	0

　　2013 年是中国 MOOC 元年，这一年教育部在线教育研究中心成立，遵循"高校主体、政府支持、社会参与"的发展模式，支持各方建设了 30 余家综合类和专业类高等教育公共在线课程平台和技术平台。2017 年，首批国家精品在线开放课程面世。2019 年，中国慕课大会召开，启动了国家一流课程双万计划。2020 年，在新冠疫情暴发阶段，全国所有高校开展线上教学，"停课不停教、停课不停学"，仅 2020 年春季学期，就有 108 万高校教师开设了 110 万门在线课程，2259 万学生参与学习。同年 4 月，教育部上线了两个高校在线教学国际平台。2021 年"世界慕课与在线教育大会"于线上举行，旨在搭建全球慕课与在线教育发展交流与互鉴的平台，促进优质慕课及其他各类在线教育资源的共建共享。世界慕课联盟也更名为"世界慕课与在线教育联盟"。2022 年 3 月 28 日，国家高等教育智慧教育平台正式上线。

　　近年来，中国高校慕课与在线教学蓬勃发展，构建起了类型多样、门类健全的高质量慕课体系，并形成了一整套包括理念、技术、标准、方法、评价等在内的改革方案，建立了慕课发展的中国范式。教育部先后发布《中国慕课行动宣言》《慕课发展北京宣言》，系统推进慕课与在线教学的"建、用、学、管"。截至 2022 年 2 月底，中国上线慕课数量超过 5 万门，选课人次近 8 亿，在校生获得慕课学分人次超过 3 亿，慕课数量和学习人数均居世界第一，并保持快速增长的态势。

信息技术与教育教学正在深度融合，在线教育的形态以及高等教育的形态也将持续发生变化。

2　国际 MOOC 平台

2011 年 10 月，斯坦福大学教授推出了三门免费在线课程，向公众开放，结果每门课程的注册人数逐渐超过 10 万人，引起媒体关注，这些课程被称为 MOOC。此后，全球 900 多所大学相继推出了免费在线课程。除了大型的国际 MOOC 平台（Coursera、edX、FutureLearn）外，世界上许多国家政府都推出了自己的国家级 MOOC 平台，包括中国、印度、意大利、以色列、墨西哥和泰国等。随着在线教育的发展，据不完全统计，2022 年全球有近 6 万家在线学习平台，这些 MOOC 平台上提供了数十万门免费在线课程。注册的学生只要拥有稳定可靠的互联网连接就能够访问课程资源并观看（或下载）课堂视频。页面上大多数内容可以在移动设备（智能手机或者平板电脑）上正常加载和运行。几乎各个平台都提供移动客户端 App。以下将分别介绍几家主流的国际 MOOC 平台。

图 4 - 81　Coursera 首页

2.1　Coursera（www. coursera. org）

Coursera 是世界上最大也是最负盛名的 MOOC 平台。2012 年 1 月，美国斯坦福大学的两位计算机科学教授吴恩达（Andrew Ng）和达芙妮·科勒（Daphne Koller）正式推出 Coursera，其愿景是为世界各地的学习者提供改变生活的学习体验。普林斯顿大学、斯坦福大学、密西根大学和宾夕法尼亚大学是第一批在该平台上提供内容的大学。2021 年 3 月，Coursera 在纽交所上市。目前已有来自全球的 270 多所知名大学和企业加入了 Coursera 阵营，其中包括很多美国的常青藤大学，以及杜克大学、约翰霍普金斯大学、莱斯大学、加州理工大学、伯克利音乐学院等世界顶尖名校。任何人在任何地方都可以通过该平台访问国际名校和名企的在线课程，获取证书或学位。

Coursera 于 2013 年首次推出了一系列收费课程选项，2016 年又推出了专业化课程的月度订阅模式以及 1 周的免费试读期。2018 年，Coursera 推出 6 门全在线学位课程，比如伊利诺伊大学的计算机科学硕士和工商管理硕士（iMBA）。谷歌、IBM、Meta（原 Facebook）等知名企业也在 Coursera 相继推出了各类专业证书课程并提供奖学金，包括数据分析、IT 支持、数字营销、UX 设计、项目管理和数据科学等。2020 年，为应对新冠肺炎疫情暴发，Coursera 推出了由伦敦帝国理工学院 Jameel 研究所开设的公开课程"科学问题：让我们谈谈 COVID－19"。该课程成为 2020 年该平台最受欢迎的课程，有超过 13 万学员注册。

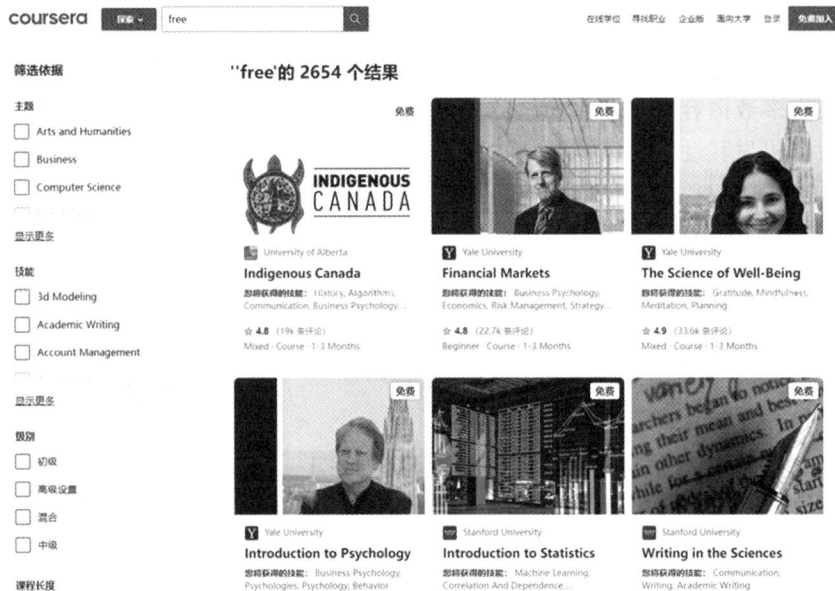

图 4－82　Coursera 平台免费课程

Coursera 平台有超过一千万学员用户，可以检索到超过 1 万门各类在线课程，涵盖计算机科学、数学、商务、人文、社会科学、医学、工程学和教育等领域，其中包括 2654 门免费课程。该平台在计算机科学、数据科学、商业和公共卫生等领域提供超过 60 个完全在线的硕士学位和学士学位课程。此外，Coursera 还提供自己的专业证书课程，目前有 550 多个专业。

Coursera 提供的课程类型包括：1－2 小时即可完成的指导项目、4－12 小时的普通课程、1－3 个月的专项课程、1－6 个月的专业证书课程、4－7 个月的 MasterTrack ® 证书课程、2－4 年的学位课程。课程资料包括自动评分作业和同行互评作业、授课视频以及

图4-83 Coursera平台在线学位课程

社区讨论论坛等。学习评估方式有基于软件的测验、作业、习题集、实验项目等,同时设有防抄袭系统。很多教授都允许学生多次参加测验。授课语言包括英语、汉语、法语、阿拉伯语、德语、意大利语和西班牙语等。部分收费课程允许免费旁听(需在注册时勾选"Audit"选项)。旁听生不能申请证书,也不能交作业获得评分。

图4-84 Coursera平台课程浏览

Coursera的课程可以按学习目的、学科大类来浏览,也可以通过关键词检索。在搜索结果页面,可按主题、课程级别、时长、语种、学习计划、教师等条件进行筛选。

对于中国的MOOC学习者来说,Coursera颇有优势。收看课程视频无障碍,界面支持中文,Coursera的联合创始人吴恩达(Andrew Ng)也很有中国情缘。目前加入Coursera并开课的中国高校有北京大学、清华大学、南京大学、上海交通大学、复旦大学、中国科技大学和西安交通大学。

2.2 edX(www.edx.org)

edX是2012年由麻省理工学院(MIT)和哈佛大学联合创办的非营利网站(2021年,

edX 被 2U 收购，不再是非营利组织），加盟学校包括伯克利大学、得克萨斯大学、波士顿大学等。除了为全世界的学生提供免费课程以外，这家网站更像是大学的一个实验基地，通过研究线上、线下混合教学的模式，提高线下传统校园的教学和学习，推动教育转型。2015 年，亚利桑那州立大学率先在 edX 上为 MOOC 提供大学学分。2016 年，微硕士学位 MicroMasters ® 项目启动，扩大了研究生教育的机会。2020 年 edX 开创了微学士学位 MicroBachelor ® 计划，为学习者提供了获得完整学士学位的途径。

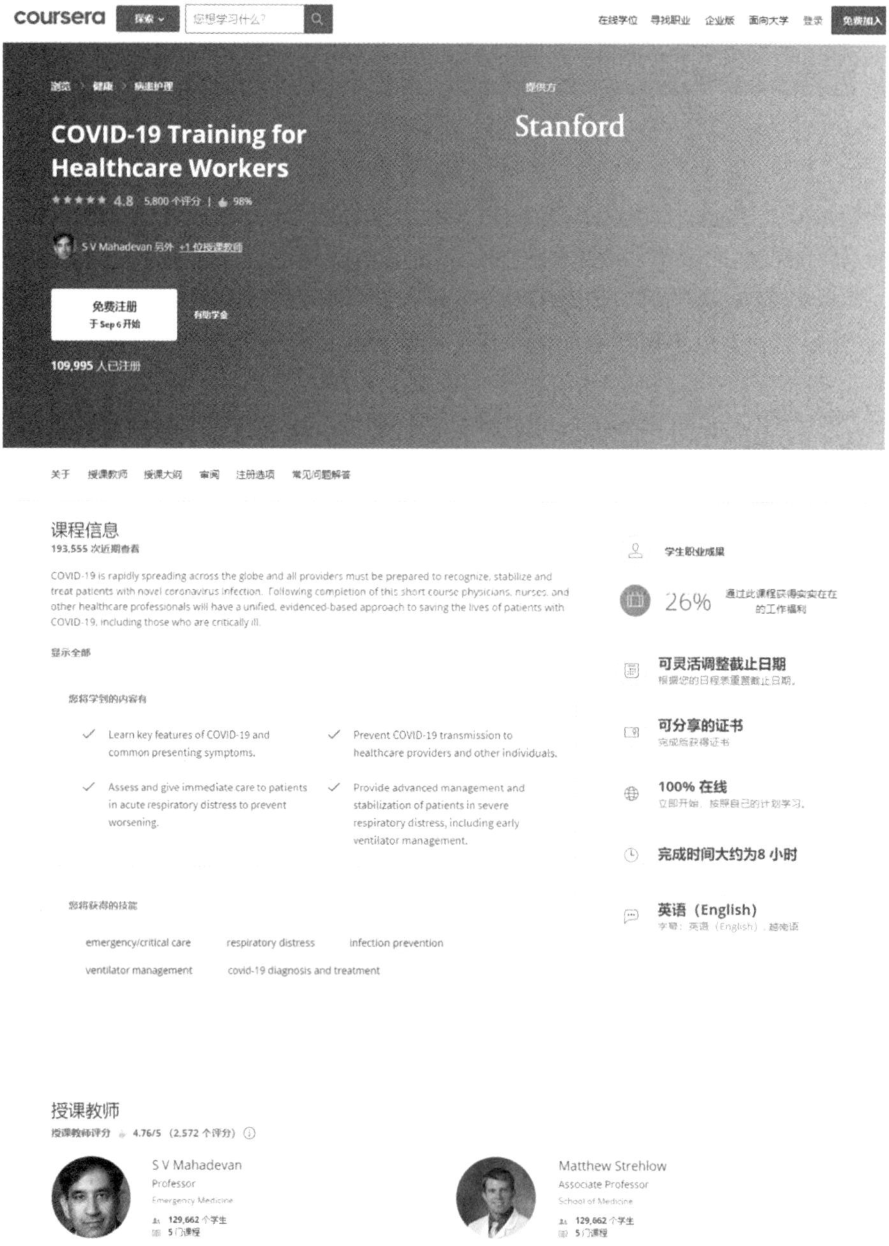

图 4-85　Coursera 课程详情页面

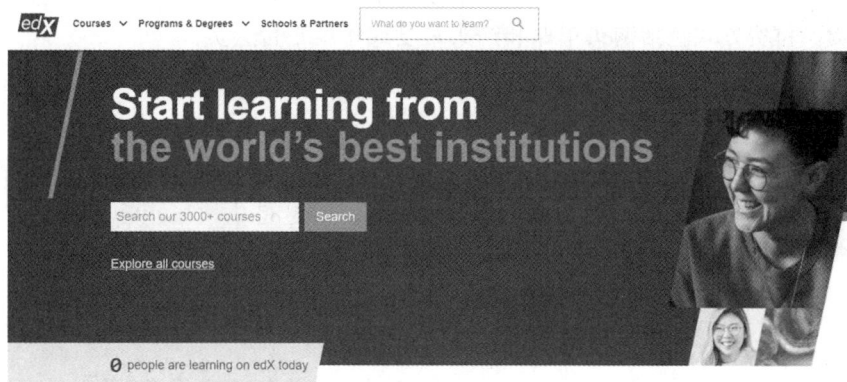

Learn from more than 160 member universities

图 4-86 edX 首页

网站提供在线论坛、基于 wiki 的协作式学习、在线实验室和其他交互学习工具。课程类型可以选择短期课程、系列课程、高管课程、专业证书课程、学士学位和硕士学位课程等。在费用方面分为免费课程和付费课程。平台的搜索页面可以按学科、机构、级别、语言、课程类别等条件筛选结果。专业课程、学位课程大多是需要付费的，部分收费课程可以选择免费旁听。一门课程结束并通过考核后，可获得数字证书，部分课程可获得其合作高校的大学学分，累积学分可以获得在线学位证书。

目前该网站约有 3600 门课程，来自 160 多家世界知名大学，涵盖人文、计算机科学、数学、物理、生物、医学、工程、经济学、法律等 30 多个学科。拥有来自 196 个国家/地区的超过 4200 万学员，总计颁发过 140 万张有效的课程证书。据 edX 官网介绍，仅 MIT 的一门《电路与电子》课程就有超过 160 个国家的 15 万名学生报名，这些学生的年龄从 14 岁到 74 岁不等。edX 提供多种类型的证书课程，包括 57 个 MicroMasters ® 证书、52 个 Xseries 证书、265 个专业证书和 98 个职业培训证书。在过去 5 年该网站颁发了超过 1 万张 MicroMasters ® 证书。2021 年 edX 推出了 4 个 MicroBachelors ® 证书课程。

2.3 Future Learn（www. futurelearn. com）

Future Learn 是英国最大的 MOOC 平台，由开放大学（The Open University）于 2012 年底推出，现有近 1700 万用户。平台上的课程大多来自英国和欧盟高校，在内容上可以与 Coursera、edX 等平台互补。从 Class Central 上的评价来看，该平台每年最受欢迎的课程大多是雅思主办方 British Council 推出的各种雅思英语课、英国文化课等。

FutureLearn 有自己的证书计划，称为 FutureLearn 计划。2021 年，FutureLearn 推出了新型微证书 ExpertTrack。该平台现在共有 1900 多门课程，以英语授课为主，也有其他语种课程。课程分为四种类型：短期课程（Short course），职业技能课程（ExpertTrack），微证书课程（Microcredential）和在线学位课程（Online Degree）。平台目前提供 24 个学位课程（其中包括一个学士学位课程）。大多数课程持续 6—10 周，短期课程大约为 2－3 周。课程在开课期间可以免费访问，想要无限期访问课程资源或获得证书需要付费。付费方式包括购买单课和购买月度或年度平台会员。

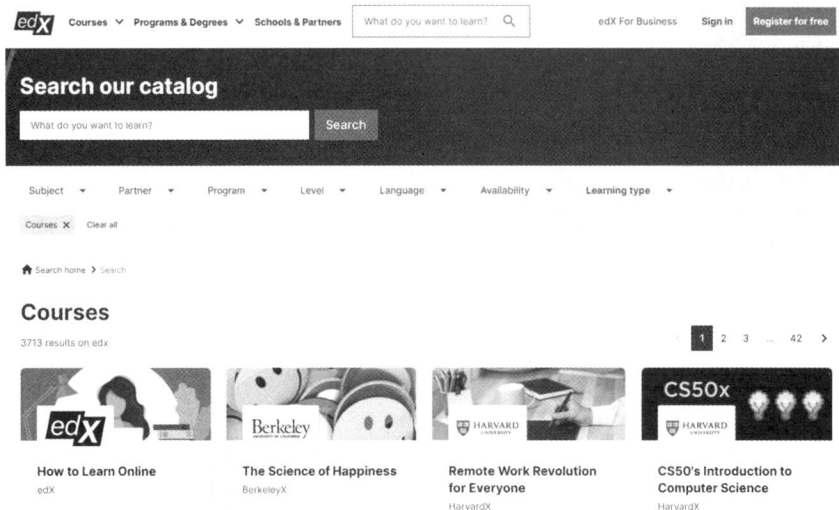

图 4 - 87　edX 课程搜索页面

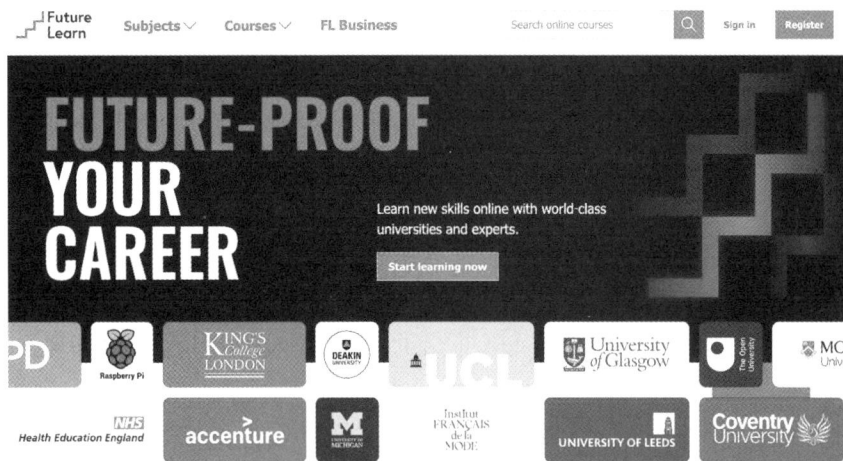

图 4 - 88　FutureLearn 首页

　　值得一提的是，在付费证书成为主流的现在，依然有 100 多门 FutureLearn 课程可以提供免费数字证书。这些课程提供免费的"数字升级"（"Digital upgrade"）选项，升级后可无限制访问课程、完成测验并获得数字证书。这些课程涵盖广泛的主题，从细菌基因组学到社交媒体。

　　虽然课程量没有其他平台那么多，但 FutureLearn 的课程组织非常细致贴心。课程中包含各种活动，每个活动都拆分为一系列简单的步骤，学习者只要根据收到的提醒按部就

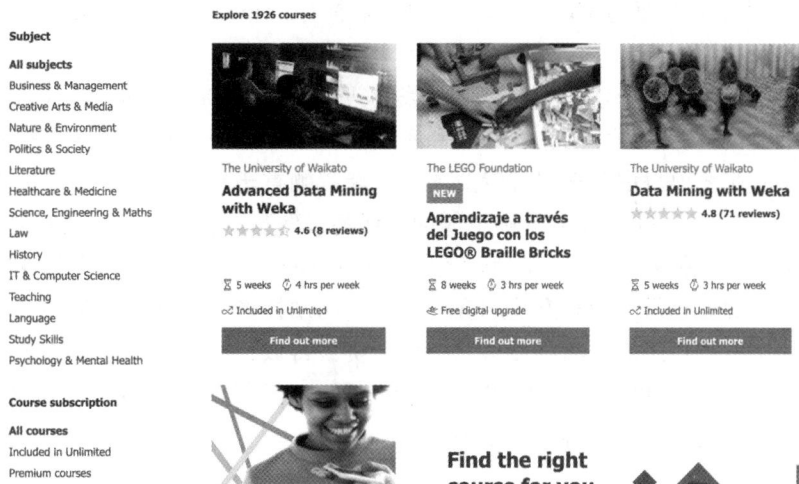

图 4 - 89　FutureLearn 课程浏览页面

班依步骤推进就可以在规定时间内完成活动任务。每一项课程资料（包括视频、音频和文章）下面都允许学习者发表评论和讨论问题。课程中会穿插很多主题讨论步骤，鼓励学习者交流辩论。课程的每项作业都会有明确指导和反馈。同学之间可以互相关注，结为学友，一起努力。

2.4　Udacity（www.udacity.com）

Udacity 是 2012 年由斯坦福大学教授创办的商业 MOOC 平台，曾与 Coursera 和 edX 并称为三大 MOOC 平台。不过现在 Udacity 已经摆脱了之前的 MOOC 平台身份，主要与科技公司合作提供纳米学位（Nanodegree）课程，专注于实际工作技能提升和人才转型，面向企业最新的数字人才需求培训学员从事专业化技术工作。纳米学位的费用约为 1000 美元，学习时长约为三个月，每周学习时间约为 10 小时。截至 2020 年秋季，佐治亚理工学院的计算机科学在线硕士（OMSCS）不再通过 Udacity 提供。尽管 Udacity 已经停止发布免费课程，但网站的目录中仍然有一些课程可以免费旁听（约有 253 门可免费旁听课

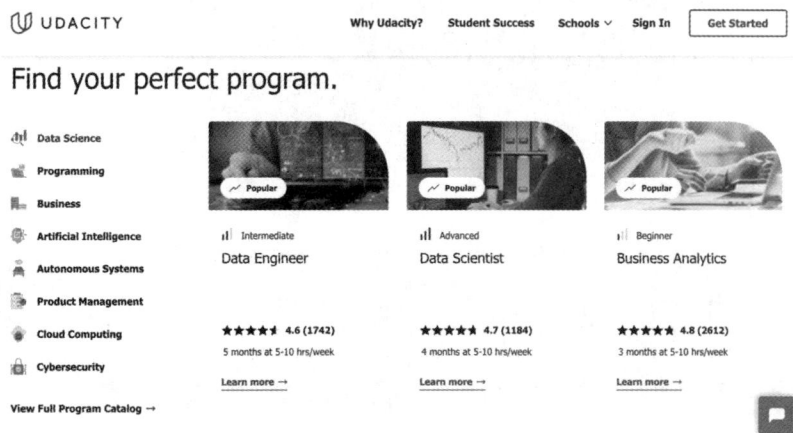

图 4 - 90　Udacity 首页

程）。这些课程列表可以通过 Class Central 网站来查看：www.classcentral.com/provider/udacity。

Udacity 现有近 1700 万注册用户，已颁发超过 20 万张纳米学位证书。Udacity 的纳米学位课程采用由技术专家设计的在线课程和实践项目相结合的方式，让学员边做边学，在基于现实场景的实践项目中迅速提升专业能力。课程侧重于新兴技术，如数据科学、人工智能和机器学习等。有 1400 多名导师组成的在线答疑队伍，随时为学员提供帮助。

除上述平台外，国外 MOOC 平台还包括 Saylor Academy（自 2008 年以来一直致力于为所有想要学习的人提供免费和开放的在线课程，网站提供近 100 门大学和专业级别的全长课程，设计了一种自定进度的学习体验，可免费获得数字结业证书，或通过合作学校获得免学费的大学学分，也提供低成本的学位课程）、Skillshare（偏重生活技能培训）、Datacamp（专注程序设计和数据分析培训）等。

3 国内 MOOC 平台

3.1 中国大学 MOOC（www.icourse163.org）

中国大学 MOOC 是由网易与高教社携手推出的在线教育平台，承接教育部国家精品开放课程任务，向大众提供中国知名高校的 MOOC 课程。该平台由"爱课程"网与网易公司联合建设，2014 年 5 月 8 日正式开通，首批开设 10 门"985 工程"高校课程，完整的在线教学模式支持高等学校在线开放课程建设，实现学生、社会学习者的个性化学习。至 2022 年该平台已汇集了来自 803 所高校的 1317 门国家精品 MOOC，另外还提供大量收费或免费的升学就业、考级考证考编、职业技能培训等学习辅导类课程和终身学习课程。2020 年底首批国家级线上一流本科课程公布，其中超过 70% 的课程分布在"中国大学MOOC"平台。

图 4-91　中国大学 MOOC 首页

中国大学 MOOC 平台课程结构设计和教学内容发布简明易用，教学活动符合中国教师的教学习惯与学生的学习习惯，支持对学习行为与学习记录进行多个维度的大数据分析。MOOC 课程由各校教务处统一管理运作，所有教师都必须经过高教社"爱课程"网实名认证。课程发布后老师会参与论坛答疑解惑、批改作业等在线辅导，直到课程结束颁发证书。每门课程由授课老师设置考核标准，当学生的最终成绩达到考核分数标准，可申请认证证书（电子版）。

课程详情页面有课程概述、证书要求、预备知识、授课大纲、参考资料（包括数字参考资料的下载地址）、常见问题解答等内容。课程评价页面有历次参课同学的综合打星和文字评价。例如北京理工大学的《Python 语言程序设计》，已经开课 18 次，累计有211391 人参加，留下了 36091 条评价。在非开课区间，用户可以使用自学模式学习课程资源，不过自学模式不提供结课证书。

图 4-92　北京理工大学的《Python 语言程序设计》课程详情页面

2019 年 3 月，中国大学 MOOC 发布了"慕课堂"——线上线下混合式智慧教学工具。教师可以应用慕课堂创建关联线上课堂或独立线下课堂，进而完成线上备课、线下混合式授课、线上查看汇总（线上学习＋线下课堂）数据，提供一体化教学管理、更智能的课堂互动、触手可及的交互体验，帮助老师实践智慧教学。在"学校云"页面可以浏览所有合作院校，比如苏州大学页面（https：//www.icourse163.org/university/SUDA＃/c）可查看苏州大学曾经开设、正在进行或即将开始的课程。

2021年秋季学期开始，中国大学MOOC平台取消纸质版的认证证书，仅提供电子版认证证书。在课程介绍页面标注"证书要求"项目的课程，将在课程结束总成绩确认后开放认证证书申请。参与测验、作业及考试等考核项目，最终总成绩合格的学生，可以付费申请认证证书。完成实名认证并支付成功后，系统将自动生成并发送电子版认证证书。电子版认证证书支持查询验证，可通过扫描证书上的二维码进行有效性查验。学生可在"个人中心－证书－查看证书"页面自行下载、打印电子版认证证书。

图4-93　中国大学MOOC认证证书样例

3.2　学堂在线（xuetangx.com）

学堂在线是清华大学于2013年10月发起建立的MOOC平台，是教育部在线教育研究中心的研究交流和成果应用平台，也是联合国教科文组织（UNESCO）国际工程教育中心（ICEE）的在线教育平台。2018年清华大学依托学堂在线发布首批在线认证证书项目。2020年学堂在线成为世界MOOC联盟创始成员，同年学堂在线发布了国际版。

目前，学堂在线运行了来自清华大学、北京大学、复旦大学、中国科技大学，以及麻省理工学院、斯坦福大学、加州大学伯克利分校等国内外高校的超过6000门优质课程，覆盖13大学科门类，拥有超过9000万全球用户。该平台与快手、腾讯会议等直播平台皆

图 4 - 94　学堂在线首页

有合作，支持各种移动终端。课程类型包括微学位、直播课、高校认证课、清华继教学分课和训练营等。在"全部课程"页面，用户可以根据上课状态、学科分类、课程类型、开课学校等条件进行限定，搜索自己心仪的课程。

课程学习方式分为"免费版"和"认证版"，部分课程只开设其中一个版本。免费学习方式可以观看课程视频、做习题、在讨论区发帖，结课后视频可以回看 60 天，但不能申请认证证书。认证学习方式需付费购买。购买的认证课程其课程视频和学习记录永久可看可查，作业可批改可讨论交流，成绩达到合格标准就可以申请认证证书。学习者可同时获得纸质证书和电子版证书，支持防伪查询。平台合作学校及院系将在招生及培养环节中对证书持有者给予考虑，项目的社会合作机构将为证书获得者在实习与就业环节中优先给予考虑。

图 4 - 95　学堂在线课程浏览页面

除大学课程外，学堂在线平台还有企业认证课程。平台与包括阿里云、微软、亚马逊、百度云等多个国内外知名企业合作，面向大学生群体及初入职场人士，由高校理论课、企业应用课以及行业名师直播讲座课组成课程体系。该系列课程采取录播视频＋线上作业＋直播答疑＋微信社群的形式。

除了在线课程，学堂在线还提供"雨课堂"智慧教学平台、高校微学位、高校教师培训、职业培训训练营、名校认证等服务项目。

2020 年，清华大学发起建立了世界慕课与在线教育联盟，成员包括 17 所世界一流大学和 3 个在线教育平台，来自 6 大洲 14 个国家（包括康奈尔大学、edX、南洋理工大学、上海交通大学等）。2021 年秋，清华大学推出七门全球公开课程，全英文授课，线上线下全覆盖，精选讲座通过学堂在线国际版和清华大学社交媒体账号向全球学习者直播。2021 年启动的全球融合课堂（GHC）计划，面向清华大学海外合作大学的在校生免费开放，旨在让来自世界各地的大学生通过融合教学一起参加同一堂课。2022 年，世界 MOOC 与在线教育联盟推出全球融合课堂（GHC）证书计划，鼓励全球合作大学的学生完成所需模块（3 或 4 门 GHC 课程）后获得证书。

图 4 - 96　学堂在线全球公开课页面

3.3　好大学在线 CnMooc（www.cnmooc.org）

"好大学在线"是中国高水平大学慕课联盟的官方网站，是由上海交通大学开发的 MOOC 平台，与英国 FutureLearn 平台合作。网站旨在实现联盟成员大学之间教学资源和课程共享及学分互认，并向中国其他大学提供优质课程，向社会公众提供在线课程教学服务。网站提供优质课程教学、第二专业系列课程教学、高端培训系列课程以及相关在线教育产品。

"好大学在线"构建在百度云服务平台（BCE）上，现有 2829 门课程。学习方式包括观看课程视频、完成线上作业与各类测验、参与论坛与教学互评。除了具备主流 MOOC 平台功能外，该平台还开发了知识图谱、自适应推送、MOOC＋SPOC 部署等功能。其知识图谱是根据课程教学大纲，建立各知识点之间的关系，并与微课视频相关联，可系统直观地显示视频学习状态、学习进程和学习效果。自适应推送是通过记录并分析学生的学习进程和相关数据，推送难易程度不同的课程学习内容和作业。

该平台支持课程证书和学分认定。注册课程的学生在完成规定的线上学习任务、通过线上考试且课程总成绩合格后，均可在线提出领取证书申请。申领需支付费用。在校大学生在该平台按照课程教学计划完成所有环节，参与所有考核，且最终学习成绩合格，则由学生所在学校给予学分，作为其在校生学习总量的一部分，成为获取学位证书的必要组成部分。不过学生需在其所在学校认定的"好大学在线"课程范围内按照学校规定修读。

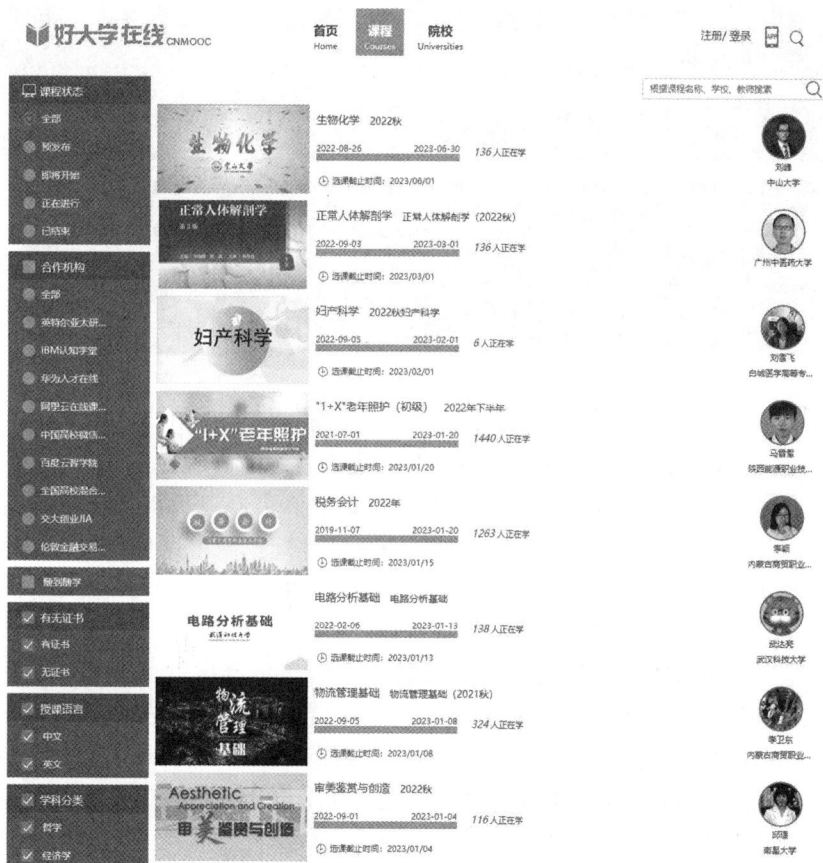

图 4 - 97　好大学在线课程页面

3.4　国家高等教育智慧教育平台（www.chinaooc.com.cn）

2022 年 3 月 28 日，国家高等教育智慧教育平台（简称"智慧高教"）正式上线。该平台是由教育部委托、高等教育出版社有限公司建设和运行维护、北京理工大学提供技术支持的全国性、综合性在线开放课程平台。致力于汇聚优质高等教育在线课程等资源，面向高校师生和社会学习者推进广泛传播与共享。该平台的愿景之一是"把国家智慧教育平台打造成提供公共服务的国家平台，学生学习交流的平台，教师教书育人的平台，学校办学治校与合作交流的平台，教育提质增效和改革发展的平台，实现个性化学习、终身学习和教育现代化的平台"，同时为抗疫一线师生打造一所永远在线的网上课堂。平台包括三个模块：课程服务平台、课程数据服务中台和学分课程数据监测中心。平台对课程信息及学习数据进行实时采集、计算、分析，为教师教学与学生学习提供定制化、精准化的分析服务。

图 4-98　国家高等教育智慧教育平台主页

平台特点：①是全球规模最大、门类最全、用户最多的高等教育平台。首批上线了 2 万门课程，来自 1238 所学校，覆盖 13 个学科门类、92 个专业类。2022 年 7 月 8 日，国家智慧教育公共服务平台 2.0 上线，新增课程资源 850 门，新增课件等其他资源 6.5 万余条。②汇聚最好的大学、最好的老师、最好的课程。首批上线的课程，集中了众多名师大家、院士学者的优质课程，例如经济学家林毅夫、医学专家张文宏、敦煌学者樊锦诗等名家的课程。③提供高效便捷的教与学服务的资源平台。平台提供课程名、学科专业、高校、平台、热门课、一流课等多种搜索方式，为学习者提供友好便捷的个性化服务。④提供多语种、国际化课程的开放平台。平台链接"爱课程""学堂在线"两个高校在线教学国际平台，为海内外所有大学生和全球学习者提供千门多语种课程以及配套的学习指导服务，并与 11 个国家的 13 所著名大学开展国际学分互认，开设了 168 门融合式课程。接下来会继续开设 70 门左右全球融合式课堂。⑤提供教与学智能分析服务的管理平台，为教育部和地方教育行政部门、各个学校提供大数据的分析和研判服务，在新常态下的在线教学"建、用、学、管"中，实行全过程智慧化治理，提高决策与管理的水平。

平台二期新增国培示范、院士讲堂、名师课程等在线培训等资源 6240 条，提供研究生课程 300 门、案例 8.5 万个、产学研需求信息 30 万条。此外，还增设"服务大厅"，提供英语四六级考试成绩查询、学历学位证书认证等服务。

该平台主要提供资源聚合服务，在课程详情页面可以看到该课程的简介，参课学习要转到该课程的原开课平台。

2022年9月1日新学年开始之际，国家智慧教育平台"树人课堂"专题和虚拟仿真实验板块正式上线。"树人课堂"专题内容以视频为主，共设"开学第一课""走进思政课""社会大课堂""课后三点半""毕业大讲堂"5个子栏目，聚合了各类资源2000余条。虚拟仿真实验板块首批上线300门优质虚拟仿真实验课程，支持高校开设在线实验教学课程。

图4-99　国家高等教育智慧教育平台课程页面

图4-100　国家高等教育智慧教育平台整合的资源

苏州大学在该平台共上线50多门课程，来自爱课程（中国大学MOOC）、学堂在线、智慧树、优课在线、好大学在线等5个平台。

另外，国家智慧教育平台之下还开设了多个省/直辖市一级的智慧教育平台，负责整合该省在线各级教育资源，例如：北京高等教育智慧教育平台（higher. beijing. smartedu. cn）、江苏高等教育智慧教育平台（higher. jiangsu. smartedu. cn）等。

4 台湾地区 MOOC 平台举要

4.1 ewant 育网开放教育平台（www.ewant.org）

ewant 育网平台是由两岸五所交通大学（包括上海交通大学、西安交通大学、西南交通大学、北京交通大学及台湾交通大学）于 2013 年共同发起、台湾交通大学负责设计建构的开放教育平台，其目标是服务全球华语人群。ewant 育网率先在开放教育平台上推广"微学程"概念，所谓微学程就是一组经过精心设计、有系统关系的课程，每一个微学程包含三门以上课程，课程彼此间有明确的连贯性及深入浅出的安排，每一个微学程的课程将在 1—2 年间陆续开出，让学习者可以进行有系统及有计划的学习。2015 年，ewant 育网开始推动跨校通识教育磨课师（General Education MOOCs，简称 GEMs）计划，利用 ewant 育网平台建立课程共享制度及作业流程，让台湾各大专院校都能够相互提供及利用彼此精彩的通识教育课程。现今该平台拥有来自 90 多所大学的 2500 多门课程。

图 4-101　ewant 育网开放教育平台课程页面

课程类别包括：①通识学分课程：参与合作学校之在校学生，校内选课、在线修习课程，取得学分。②高中磨课师：提供高中生多元选修、弹性自主和人才培育等专业领域探索先修之学习管道。③SOS 暑期线上学院：准大一新生于暑期选修课程并通过认证，可在大学入学后认抵大学学分。④系列课程：每阶段课程皆修毕并满足"系列课程学程通过标准"者，可申请系列课程证书。⑤自学课程：开放随时注册与观看，但无小考测验、教师助教参与，也不提供证书。⑥企业教育学院：提供与 ewant 签约企业之专属员工教育训练课程专区。⑦公务人员训练：凡公务人员选读此专区课程并完课者，可获得公务人员终身研习时数。

4.2 ShareCourse（www.sharecourse.net/sharecourse）

ShareCourse 平台由台湾清华大学于 2012 年 9 月创办。超过 80 所大学与培训机构在该平台发布了 600 多门课程（其中大约 150 门是免费的），月活跃用户超过 5 万。ShareCourse 内容涵盖大学课程及职能训练，学习模式涵盖翻转课堂、家教式学习、同侪相互教学。提供虚拟讨论室，让学生都能轻易地以语音、电子白板、文件分享、实时讯息等与同侪进行课程讨论。其付费课程主要集中在人工智能与物联网等领域。此外台湾地区的 MOOC 平台还有中华开放教育平台（www.openedu.tw，提供 691 门课程）等。

图 4-102　ShareCourse 主页

5　MOOC 资源导航和检索平台

除了直接访问各大 MOOC 平台，我们也可以利用 MOOC 资源聚合或导航网站进行跨平台检索。

中文 MOOC 资源可以通过本章 3.4 介绍的"国家高等教育智慧教育平台"实现导航和检索。下面介绍几个国际 MOOC 资源导航网站和检索平台。

5.1　Class Central（www.classcentral.com）

Class Central 既是一个 MOOC 聚合平台，又是一个跨平台检索入口，也是一个 MOOC 学习社区，同时还是一个全球 MOOC 发展追踪和分析平台。网站汇总了来自 70 多家知名 MOOC 平台的 10 万多门有效课程目录，让用户通过一个入口就可以轻松找到几乎任何主题的最佳课程，无论它们存在于何处。该网站关注的重点是各大 MOOC 平台提供的免费（或可以选择免费旁听的）大学课程，并持续搜集、整理、更新这些课程清单。

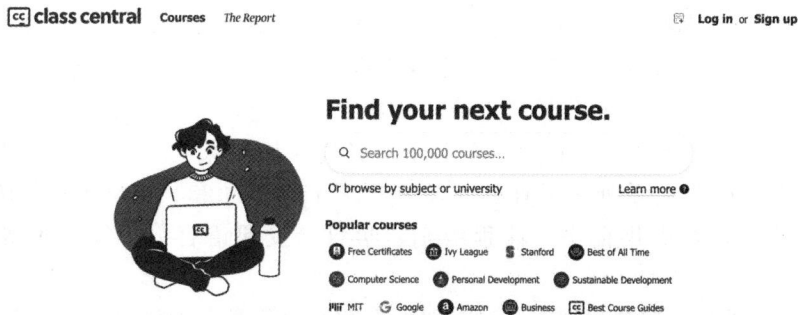

图 4-103　Class Central 主页

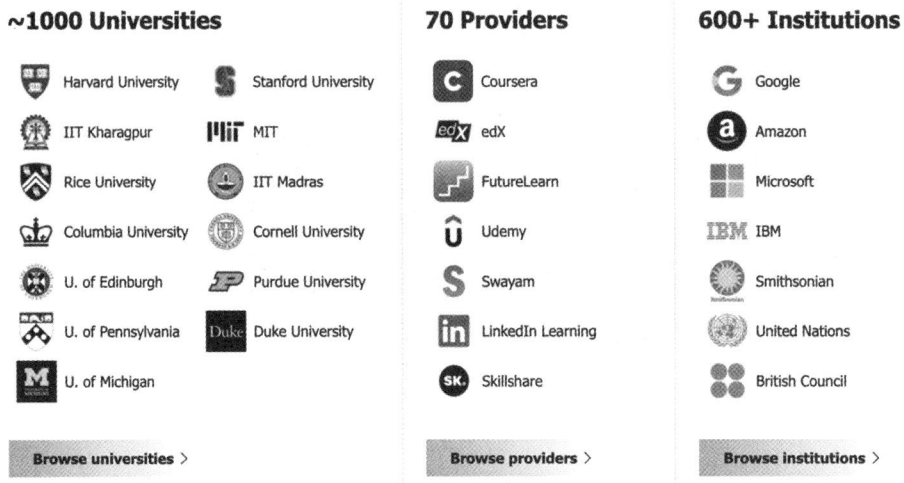

图 4 - 104 Class Central 聚合平台列表

该网站的创始人达瓦尔·沙（Dhawal Shah）在攻读硕士期间注意到了当时刚刚兴起的开放课程，于是建立了一个单页网站来跟踪这些课程。自 2011 年以来，网站逐渐发展成为一个全球 MOOC 信息门户。已有超过 4000 万学习者使用 Class Central 开启了自己的 MOOC 之旅。达瓦尔自己也完成了十多门 MOOC，并撰写了 200 多篇关于 MOOC 的文章。他本人最喜欢的课程是芭芭拉·奥克利（Barbara Oakley）的 "Learning How To Learn" 和斯坦福大学的 "Algorithms：Design and Analysis"。

Class Central 是以学习者为中心设计的。在这里，用户可以检索和挑选心仪的课程，可以回顾过去所学的课程（并阅读其他人的评论），可以关注特定大学、科目或课程以接收个性化更新推送，可以计划和跟踪自己的学习历程。

除了课程目录，该网站还密切关注全球 MOOC 和在线学习的整体发展状况，持续发布关于在线教育的最新消息。Class Central 以其 MOOC 分析和 MOOC 年度报告为特色，擅长从数据中发现被他人忽视的变化和分辨他人尚未报道的趋势。该网站的 "The Report" 主页发布的内容包括：有关在线教育的最新资讯和分析文章，很多分析报告来自网站创始人的手笔；MOOC 发展年度报告；各 MOOC 平台报告；MOOC 排名榜单；各种角度的 MOOC 学习指南；基于学习者亲身体验的 MOOC 经验分享等等。

Class Central 通过收集和分析用户撰写的数万条评论，按年度发布最佳在线课程排名，包括综合榜单和单个平台榜单，帮助学习者选择最佳课程。"The Best Free Online Courses of All Time" 榜单列出了有史以来用户评分最高的 250 门 MOOC，访问者可以通过是否免费、是否提供证书、课程级别、学科、授课语言、持续时长等条件进行筛选。

该网站收录的每一门课程都有简洁扼要的介绍和以往学习者详尽的评价和整体评分。用户可以按不同学科、平台、高校、机构、排名等浏览课程，也可以利用关键词搜索。搜索结果列表可以按相关度、上新时间、评分高低排序。

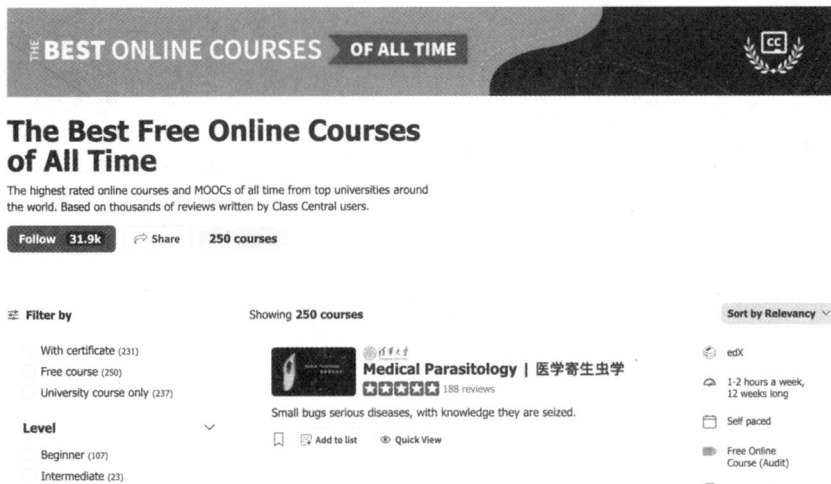

图 4-105　Class Central 课程榜单

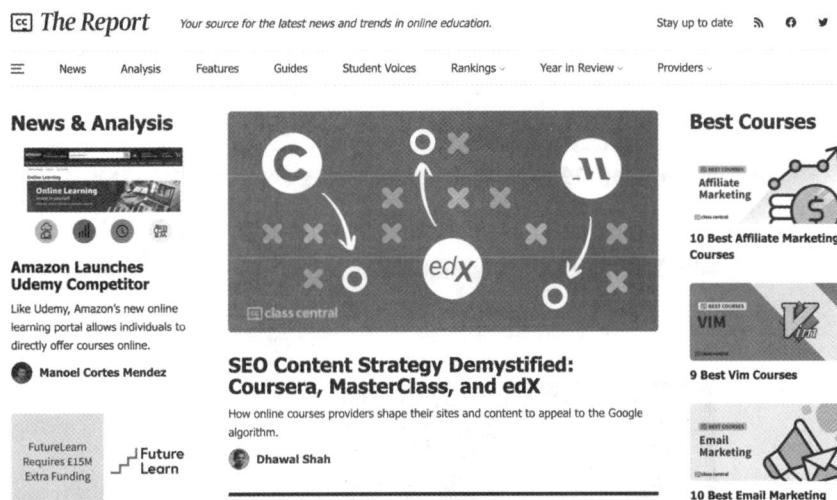

图 4-106　Class Central "The Report" 页面

5.2　Mooc List（www. mooc－list. com）

一个简洁实用的 MOOC 资源导航网站，可查找来自 Coursera、edX、FutureLearn、Udacity 和其他顶级平台和大学的 MOOC 及其他免费在线课程。在其首页可方便地查看未来 30 天内即将开始的课程以及近期更新的课程。搜索结果中会简明扼要地列出每一门课程的简介、教学大纲、平台、开课机构、总时长、每周用时、费用、授课语言等资料，方便挑选和比较。其高级检索页面可按学科、专业、开课机构、开始时间、语言、字幕、时长、证书类别等条件进行限定。

5.3　Open Culture（www. openculture. com）

这个宝藏网站持续汇集和介绍互联网上最优质的免费文化和教育多媒体资源，对于每一项资源都有精到的点评。其收录的核心免费资源包括：

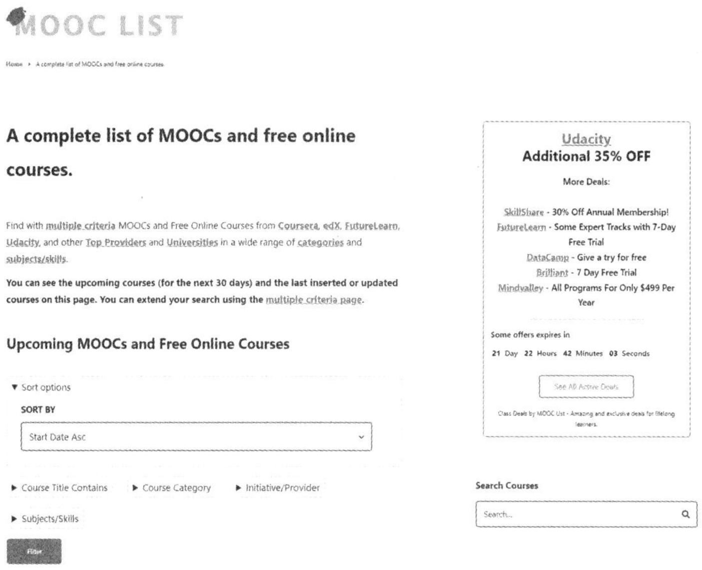

图 4-107　Mooc List 主页

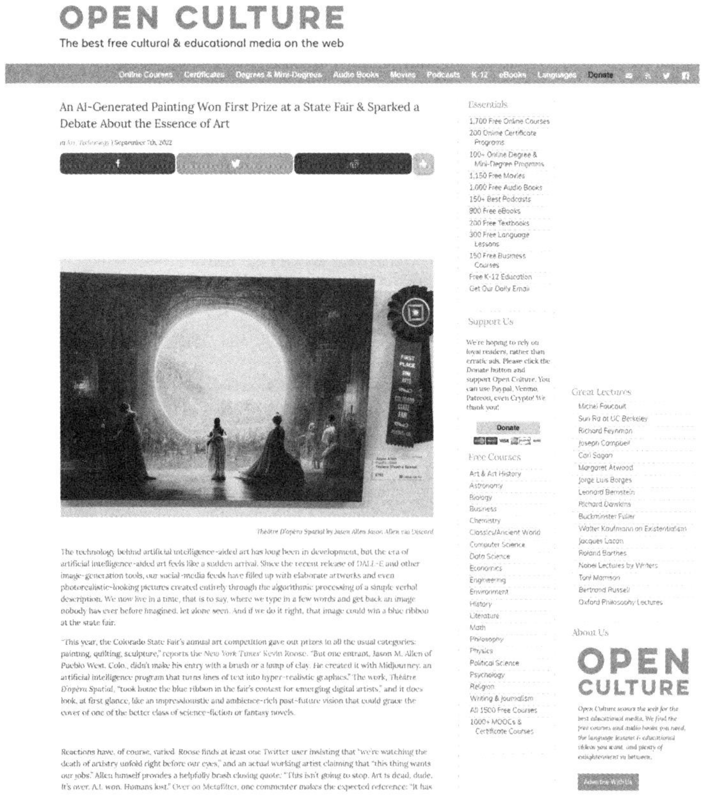

图 4-108　Open Culture 主页

1700 门免费在线课程：www. openculture. com/freeonlinecourses。这个清单列出了来自耶鲁、麻省理工、哈佛、牛津等顶尖大学的 1700 门免费在线课程。网站提示注册时需勾选"Full Course，No Certificate"（edX）或"Audit"（Coursera）选项。

200 个在线证书课程：www. openculture. com/online－certificate－programs。这个清单列出了来自哈佛、加州大学伯克利分校、乔治敦大学、谷歌、IBM 等高校和机构的在线证书、微证书课程列表。这些课程侧重于专业培训，涵盖商业、计算机科学、数据科学、环境研究等领域。

100 多个在线学位和迷你学位课程：https：//www. openculture. com/online－degrees。这个清单列出了 100 多个价格较为低廉的在线迷你硕士学位、在线硕士学位、在线迷你学士学位、在线学士学位课程，来自麻省理工学院、哈佛大学、加州大学伯克利分校等机构。

除此以外，网站还收录了 1150 部免费电影资源、1000 本免费有声读物、150 多个最佳播客、800 种免费电子书、200 种免费教科书、300 门免费语言课程、150 门免费商务课程、免费 K－12 教育资源等内容。各种资源通过文章后面的"相关链接"串联起来，常给予访问者不断的惊喜。

参考文献

1. UNESCO. Making sense of MOOCS：a guide for policy makers in developing countries［EB/OL］.［2022－08－15］. https：//unesdoc. unesco. org/ark：/48223/pf0000245122. locale＝zh.

2. Class Central. By The Numbers：MOOCs in 2021［EB/OL］.［2022－08－15］. https：//www. classcentral. com/report/mooc－stats－2021/.

3. 教育部高等教育司. 介绍国家智慧教育平台建设和应用进展成效［EB/OL］.［2022－08－15］. http：//www. moe. gov. cn/fbh/live/2022/54324/.

4. 中华人民共和国教育部. 以教育数字化战略引领未来——教育部举行国家智慧教育平台启动仪式［EB/OL］.［2022－08－15］. http：//www. moe. gov. cn/jyb＿xwfb/gzdt＿gzdt/moe＿1485/202203/t20220328＿611461. html.

5. 中国政府网. 教育部办公厅关于施行《高等学校信息公开办法》的通知［EB/OL］.［2022－08－15］. http：//www. gov. cn/zwgk/2010－05/12/content＿1604328. htm.

6. 中华人民共和国教育部. 教育部关于公布《高等学校信息公开事项清单》的通知［EB/OL］.［2022－08－15］. http：//www. moe. gov. cn/srcsite/A01/s7048/201407/t20140728＿174685. html.

7. 王洪旭，李地，吴丹. 高校信息公开的不足及完善对策——基于教育部直属高校信息公开网站的调查分析［J］. 长春师范学院学报（人文社会科学版），2019（004）：150－154.

8. 中国政府网. 教育部关于进一步推进高校招生信息公开工作的通知［EB/OL］.［2022－08－15］. http：//www. gov. cn/gzdt/2013－12/09/content＿2544795. htm.

9. 杨瑞玲. 英国高校信息公开研究［J］. 法制与社会，2014（8）：174－175.

10. 中国高等教育学生信息网（学信网）. 关于我们［EB/OL］.［2022－08－15］. https：//www. chsi. com. cn/about/about _ site. shtml.

11. UNESCO. Recommendation on Open Educational Resources（OER）［EB/OL］.［2022－08－15］. https：//www. unesco. org/en/legal－affairs/recommendation－open－educational－resources－oer.

12. 史蒂芬·道恩斯，肖俊洪（译）. 开放教育资源的未来形态［J］. 中国远程教育，2019（12）：61－70，93.

13. 维基百科. 知识共享许可协议［EB/OL］.［2022－08－15］. https：//zh. wikipedia. org/wiki/％E7％9F％A5％E8％AF％86％E5％85％B1％E4％BA％AB％E8％AE％B8％E5％8F％AF％E5％8D％8F％E8％AE％AE.

14. Association of American Colleges and Universities. Step Up and Lead for Equity：What Higher Education Can Do to Reverse Our Deepening Divides［R/OL］.［2022－08－15］. https：//www. lcu. org/publications/step－up－and－lead.

15. Bureau of Labor and Statistics. College Tuition and Fees Increase 63 Percent Since January 2006［EB/OL］.［2022－8－15］. https：//www. bls. gov/opub/ ted/2016/college－tuition－and－fees－increase－63－percent－since－january－2006. htm.

16. WESOLEK A, LASHLEY J, & LANGLEY A. OER：A Field Guide for Academic Librarians［M/OL］. Pacific University Press，2018.［2022－8－15］. https：//commons. pacificu. edu/pup/3.

17. 央视新闻客户端. 教育部：国家智慧教育平台总浏览量已超过30.3亿次［EB/OL］.［2022－08－15］. http：//www. stdaily. com/index/kejixinwen/202207/e-62608cea29144219e975af74045df37. shtml.

18. 中华人民共和国教育部. 教育部办公厅关于印发《精品资源共享课建设工作实施办法》的通知［EB/OL］.［2022－08－15］. http：//www. moe. gov. cn/srcsite/A08/s5664/moe _ 1623/s3843/201205/t20120521 _ 137250. html.

19. 央视网. 知道吗? 这届年轻人爱上 B 站搞学习［EB/OL］.［2022－08－15］. http：//news. cctv. com/2019/04/17/ARTIkdxgldxCuSmVdTOimrAw190417. shtml.

20. 网易数读. 在 B 站，1 亿年轻人成为同班同学［EB/OL］.［2022－08－15］. https：//mp. weixin. qq. com/s/JNylK－UCIYrUjUoZILfj1g.

第五章 学术信息检索

近些年来，随着互联网、物联网、云计算、大数据、人工智能等 IT 与通信技术的迅猛发展，网络资源的增长已达到前所未有的速度。每天 Meta（原 Facebook）生成 300TB（注：1024GB＝1TB；1024TB＝1PB；1024PB＝1EB；1024EB＝1ZB）以上的日志数据，谷歌公司每个月处理的数据量超过 400PB，百度每天大约处理几十 PB 数据，淘宝网每天交易能产生约 20TB 数据。据国际数据公司 IDC（International Data Corporation）预测，全球信息总量每两年就会增加一倍，仅 2011 年全年，全球被创建和被复制的数据总量为 1.8ZB，并且每年将以 60％的速度增加，全球数据量将从 2018 年的 33ZB 增加到 2025 年的 163ZB。面对如此庞大的数字资源，再加上其分布广、类型多，质量良莠不齐，并且处于无序和不稳定的状态，这样，让人们真正感到淹没于数据的海洋之中，感到"信息过量""信息超载""信息焦虑"，但同时人们常常又感到"信息饥渴""信息污染"，感到获取有价值的信息如同大海捞针。美国的麦肯锡全球研究院（MGI）在其发布的一个调研报告中指出，尽管全球数据飞速增长，但是，将近有 87.5％的数据未得到真正利用，许多数据资源并没有形成真正的知识源以供研究人员使用。在这种背景下，学术信息被淹没于一般信息之中，网络信息的自由性和科学研究的规范性、网络信息的巨大规模和科研人员的有限精力之间的矛盾，制约了人们对网络信息特别是学术信息资源的利用。广大科研工作者如果想从浩瀚无垠的网络信息中，筛选出自己所需要的学术信息，就显得特别困难。为此，本章对网络学术信息进行了论述，在此基础上介绍了检索网络免费学术信息资源（开放存取期刊和机构知识库）的方法和技巧，以提高科研工作者、学习者获取网络学术资源的效率和技能。

第一节 学术信息概述

目前，学术信息已成为科研、教学、学习的重要资料来源，人们在生活、学习、工作中的很多决策、研究行为都越来越依靠网络学术信息，因此，学会检索网络学术信息已成为一项必备技能。

1 学术信息概述

1.1 学术信息概念
学术信息是人们在科研过程中经过研究和思索所产生的信息，凝结了人类知识的精华。也可以认为学术信息是指作为知识变更和发展趋势而存在于学术研究和教学领域中的信息，即具有教育内容和科学探讨性的动态信息。不管人们如何定义学术信息，其中最重要的是学术信息是全部科学研究的基础，是科学研究的重要特征，能够代表科学研究的进度和成果，并能为后续研究提供坚实的基础和经验借鉴，因此，人类需要利用学术信息来推动科学发展。

科学的发展，一是创新，二是占有资料。马克思说："研究必须充分地占有资料，分析它的各种发展形式，探寻这些形式的内在联系，只有这项工作完成以后，现实的运动才能适当地叙述出来。"这是占有材料和创新关系的最好说明。而科学研究，是在继承的基础上进行的创新，因此从事科学研究就得依靠学术信息的传递和交流。科研工作者一方面要吸收最新、最准确的学术信息，另一方面还要把自己的创造活动成果作为学术信息向他人传递，这样才能推动科学事业的发展。

学术信息被记录在各种类型的载体上，形成了不同形式的文献资源。随着网络技术突飞猛进的发展，越来越多的学术信息采用电子文献的形式，被加入互联网当中，形成了网络学术信息资源。网络学术信息资源涵盖了其他载体记录的学术文献的各种类型，并且拥有大量通过其他媒体不易获得的信息资源。大致说来，网络学术资源可以是电子期刊、电子图书、数据库以及电子论坛等，其中电子期刊、电子图书、文献数据库和专利库等是较重要的学术性资源。网络学术信息资源作为一种新型的信息资源，为科研人员查询资料提供了极大的便利，为学校的教学和科研提供了强有力的信息保障，也使学术信息的利用方式从早期的学者间传播发展成为共享共建。从学术交流及其成本和速度上来说，网络学术信息的优势主要表现在 4 个方面：可检索到大量非正式信息；迅速地与同行沟通，了解不同的反映和评价；短时间内与全世界范围内的同行业者分享成果；发现新同行，寻觅与自己一样对某项研究有兴趣的同行。

对科研者和学习者来说，他们既可以从网络上方便地查找到专业的学术信息，也可以在网络上发表自己的学术观点，还可以检索到大量正式出版物中无法得到的"灰色文献"，可以快速及时地了解已有的学术成果、当前学术界的最新研究动态以及同行专家的研究动向，并可以迅速与同行进行交流沟通，共享知识成果。可以说，越来越多的人把网络作为获取学术信息的重要手段，网络学术信息资源成为他们科学研究的重要资料来源。

1.2 网络学术信息分类

网络信息资源，是指以数字形式将文本、图像、声音、动画等多种形式的信息存储于光磁等载体中，并通过网络通信、计算机或终端等方式提供利用的各种信息资源的总和。网络学术信息资源，则是上述资源中进入学科领域，并具有学术价值的那部分资源。其中，网络免费学术资源作为网络学术信息资源的重要组成部分，凭借其独特性能，正日益成为高校教学与科研工作中不可忽视的重要信息源，并成为国家科研和创新的动力源泉之一。

一般来说，网络学术信息资源可以按照不同的标准进行划分。

按出版形式程度可分为三大类：①非正式出版的信息，例如 Email、博客、微博、微信、论坛上表述个人观点和见解的非正式出版论文和其他信息等；②半正式出版的信息，如从各类学术团体、教育机构、行业协会、政府机构、国际组织、企业商业部门等网站上获得的政府工作报告、机构工作进展报告、行业标准、统计数据、教学大纲、产品说明、样品报道、会议通报等；③正式出版物，如电子图书、电子期刊（纯电子期刊、纸本期刊的网络版）、数据库等。

按数字化程度可分为：①数字化传统学术资源：目录、索引、文摘、字词典、百科全书、年鉴、手册、年谱、年表、图谱、专利、标准、政府报告等；②纯数字化学术信息资源：论文、图书及统计信息或数据数据库、专业机构网站、学科导航、网页、博客、论坛、软件和多媒体文件等。

按照学术资源内容可分为：网络资源指南与搜索引擎、图书馆网上公共目录、在线参考工具资料、网络数据库、最新期刊目次、电子期刊、电子论坛和政府信息等八种类型。

参照传统印刷型一次科技文献的十大类型，可以分为：网络图书、网络期刊、会议信息、学位论文、专利信息、标准文献、政府出版物信息、大学、科研机构和学术团体组织提供的信息、商业公司提供的信息以及基于用户网上学术交流的信息等十种类型。

按照网络共享学术资源的类型，目前网络上的学术信息基本上可分为三类：新闻和动态信息、书目文献数据库和规范出版的全文信息检索系统。

按搜索引擎搜索到与否可分为：看得见网络学术资源和看不见网络学术资源。

按收费标准可分为：收费学术资源与免费学术资源。

按授权与否可分为：授权学术资源和非授权学术资源。

总之，从不同角度划分学术信息资源的类型，对应着不同的需求和目的。一般来说，人们对其常用的分类方法是，从利于用户使用学术信息资源的方便度来对其进行分类，可以分为：①付费网络数据库。数据库是依据某种数据模型组织起来的数据集合，是对网络信息资源进行整序后的产物。其资源出版规范，信息可靠，是学术资源的主体。其经历了从最初的书目数据库、文摘数据库到全文数据库的发展历程，数据库的种类很多，例如国外的 EBSCO 全文数据库、Springer 电子期刊、netLibrary 电子图书等，国内的知网系列数据库、万方系列数据库、维普中文科技期刊库等。②开放存取的信息资源。开放存取（Open Access，简称 OA）是国际学术界、出版界、信息传播界为推动科研成果利用网络自由传播而发起的运动。开放存取的信息资源是指通过网络向用户免费提供阅读、下载、拷贝和传递使用的一类信息资源，是为加速科研成果的交流而形成的一种新的学术交流方式。用户在使用该资源时不受财力、法律或技术的限制。这些信息资源可用于科研、教育及其他活动，从而促进科学信息的广泛传播，提升科学研究的利用程度。在本章的第二、三小节将对开放获取期刊、机构知识库的检索进行详解。

1.3 网络学术信息资源的特点与优势

通常来说，一般科研人员获取学术信息主要有三种途径：一是非正式信息交流，包括在交谈（会晤和通过电话）、信件、手稿、会议记录和实验报告等中的信息；二是半正式信息交流，交流的信息包括一些非正式出版的机构内部的工作报告、内部出版物、政府报告、会议记录、学位论文、教师的备课笔记、样品介绍等（这些信息一般尚未被纳入面向社会公众的正式出版渠道，常常被称作为"灰色文献"）；三是正式信息交流，交流经过正规的出版机构正式出版发行的各类信息，包括图书、专著、工具书、期刊、报纸、会议录、正式出版物、标准、技术报告、音像制品等。早期，主要以非正式信息交流为主，特别是在 17 世纪初期，英国出现的"看不见的学院"（Invisible College），又称"无形的集体"，其是英国皇家学会的前身即由十几名杰出科学家组成的科学信息交流的非正式群体。但是，随着时间的推移，非正式信息交流开始显现很多不足，例如，交流范围狭小；由于个人掌握信息的不完整，容易导致一些误解；这种交流方式不稳定，难以长期维持。在这种情况下，以文献信息交流为主的正式信息交流应运而生，并逐渐成为科研人员获取学术信息的首选渠道。随着文献信息类型的演化及其种类的增多，以及科研人员产生对全面、及时的学术信息的需求，半正式信息交流成为正式信息交流的重要辅助手段。正式信息交流和半正式信息交流都需要借助于检索者这一中介代理才能完成。随着以计算机为主体的现代信息技术的发展及其在信息交流领域的应用，电子信息传递形式的快速发展，网络上的学术信息涵盖了各种交流方式下的信息，不同层次、不同种类的信息互相融为一体，网络成为信息的"集大成者"，这样，三种信息交流方式都能在网络上得以实现，并且通过网络获取信息变成了科研人员获取学术信息的重要来源。这种获取学术信息方式的转变，是与网络信息资源的优势和特点分不开的。

网络学术信息资源之所以被科研者重视，与它的特性和优势密切相关，其特点主要是：以超级链接的方式将文字、图像、语音和视频信息链接为超文本和超媒体系统；信息发布自由，信息来源广泛；信息量极大，传播范围极广；信息内容庞杂，质量不一；网络信息的使用与提供信息的站点的软硬件和服务有关；网站是信息活动的单位，页面是信息发布的基本单位。

从网络学术信息资源的特点可知，其比传统信息资源具有很大优势。首先，网络学术环境优于非网络环境，主要在其速度和成本。速度的提高是通过缩短生产过程而实现的。在网络环境下，审稿和编辑的速度都加快了，印刷本期刊的印刷和发行时间都已不复存在。研究人员只需订阅电子期刊中他所感兴趣的内容，而无需附带一些只有潜在价值的部分。另外，电子出版物的生产和发行成本亦较印刷出版物的生产和发行成本低。据估计，电子期刊的生产成本要比相应的印刷本期刊之生产成本低 25%，相当于期刊的订购价格下降了 10%。其次，信息内容形式多样，便于检索和科研人员使用，具有存储体积小及共享程度高等优势。

2 开放获取概述

2.1 开放获取的内涵

上个世纪的期刊涨价风最终酿成了一场全球性的学术期刊危机，使传统的学术出版模式不能有效地服务于学术交流和学术传播。电子期刊的出现与普及为解决学术期刊危机带来了希望，因为，利用计算机和网络技术可以使学术期刊的出版和传播成本大大降低。但结果并不如人意，商业出版机构凭借自身的市场垄断地位对电子期刊市场进行控制，并利用电子期刊的低廉成本获取更为巨大的利润。有人可能寄希望于近乎零成本的数字分发技术来缓解这场危机，但到目前为止，这些技术只是在传统出版者中间引起了一些恐慌（价格危机，price crisis），而他们对此也已经作出了反应——第一道障碍（价格危机）之外，又给图书馆和研究人员设置了第二道障碍，即许可危机（permission crisis）。许可危机源自出版者通过提高法律和技术两个方面的壁垒限制图书馆对其高价订阅期刊的利用方式。其中法律壁垒主要来自著作权法以及许可协议的限制，而技术壁垒则来自数字权利管理

（digital rights management，DRM）。为了打破商业出版者对学术信息的垄断和暴利经营，缓解期刊价格危机、许可危机给学术交流和学术传播所带来的不利影响，近年来在国际学术界、出版界和图书情报界大力刮起了 Open Access（常被译为：开放获取、开放存取、开放访问、开放共用等）之风。

开放获取是一种基于互联网的新型学术交流和出版模式。在这种模式下，学术成果可以无障碍地进行传播，任何研究人员可以在任何地点、任何时间不受经济状况的影响，平等免费地获取和使用学术成果。2003 年的《关于自然科学与人文科学资源的开放存取柏林宣言》（*Berlin Declaration on Open Access to Knowledge in the Sciences and Humanities*，2003）指出开放存取作品包括原创科研成果、原始数据和元数据、原始资料、数字化图形图片资料以及学术性多媒体资料。

开放存取作品还必须满足以下两个条件：

一是作品的作者或权利所有人要授予所有用户出于任何负责任目的的、在任何数字媒体上对其作品免费的、不能撤回的、全世界范围内的存取权利，并许可用户复制、使用、分发、传递和公开展示这些作品，以及在此基础上创作和传播衍生作品，但要保证以适当的方式标明原作者身份（业内规范仍将一如既往，继续为适当表明权利归属以负责任地使用已发表作品提供具体的执行机制）。同时作者或著作权人亦要授予用户为个人使用之目的而印制少量副本的权利。

二是作品的完整版本和所有附属资料（包括上述的许可声明）出版后要以符合一定标准的电子格式存储在至少一个采用适当技术标准（如开放文档定义的标准）建立的在线知识库中。这些知识库通常由某一个旨在寻求作品开放存取、无限制传播、互操作和长期保存的研究所、学术团体、政府机关或其他被广泛接受的组织支持和维护。

从开放获取的定义可知，它具有以下基本要素：首先，开放获取的作品是免费获取的；第二，开放获取的作品是数字的、在线的；第三，开放获取的作品是学术的、免版税的；第四，开放获取的作品能以最少的限制进行利用，免除了著作权和许可权的绝大多数限制；第五，利用开放获取的作品时应当向作者致谢并标明引用信息；第六，开放存取的作品必须存储到至少一个在线知识库中。

开放获取是一种价值观念的转变，目的是促进研究者的研究成果在尽可能短的时间内、最大程度上被社会所了解并广泛传播，获得同行者的认可，实现研究价值；促进学术信息的交流与出版，保障学术信息的永久保存；解决由商业出版者进入学术期刊市场、商业化的信息流通而造成的学术期刊价格上涨的问题。

开放获取的核心是人们可以利用互联网免费获取学术信息资源，即任何人均可通过互联网免费获取、阅读、下载、复制、传播、打印和检索全文，也可对全文进行链接、建立索引、收入数据库及进行任何其他出于合法目的的使用，并且没有经济、法律、技术等方面的任何限制。但是这种使用要保证原创者拥有保护作品完整性的权利，同时还要标注引用信息。开放获取代表着未来学术信息交流的发展方向，意味着学术回到其最基本的价值——学术信息的自由交换。学术观点、学术思想间的交流和碰撞这一过程本身就是知识的创造过程，在当今由网络组成的地球村里，开放意味着更好地合作，意味着快速高效地发展。

2.2　开放获取的发展历程

从1991年互联网上出现第一个OA知识库arXiv到现在，OA运动大约经历了二十多年的时间，内容不断变化，形式越来越多，其发展主要经历了三个阶段，即兴起阶段、变革阶段和发展阶段。

（1）兴起阶段（1991—2000）

20世纪60年代中期开始出现了有关OA的一些事件，但是当时没有对社会造成多大影响，也未引起人们的关注。直到1991年8月，物理学家保罗·金斯帕（Paul Ginsparg）在美国洛斯阿拉莫斯（Los Alamos）国家实验室通过互联网建立物理学的OA知识库——arXiv，此时学术界对OA运动产生了浓厚的兴趣，并在学术界掀起了建立OA知识库的浪潮。其中比较有影响力的运动包括：1994年6月，认知科学教授斯蒂万·哈纳德（Stevan Harnad）在弗吉尼亚理工学院按照那里电子期刊订户名单给每个读者发送了著名的"颠覆性倡议"，即"全世界深沉思考的科学界同行们，你们应该立即开始在互联网上对科学论文进行自行存档（Self－Archiving），这样做可以最大限度地彼此共享知识和经验"；1999年，诺贝尔奖获得者、时任美国国家健康研究院主任的哈罗德·瓦穆斯（Harold Varmus）在PubMed Central OA知识库的基础上，创办了公共科学图书馆（Public Library of Science，简称PLOS），以迫使出版者向公众开放学术信息资源，结果出版界没有响应反而进行抵制。

此阶段OA运动的特征主要体现在OA知识库的建立和发展。OA知识库作为一种快捷、免费、方便的非正式学术交流机制而获得了学术界广泛支持，但是因为提供免费的在线学术论文，也遭到出版界的强烈抵制。不管怎样，OA知识库的出现确实撼动了出版界，出版界开始面临一场革命性的变革。

（2）变革阶段（2001—2003）

在OA运动的兴起阶段出版者是持反对态度的，导致OA运动发展受阻。由于大部分学术论文由出版者掌握，而不是研究者，所以在变革阶段，主要任务是如何解决出版者与OA支持者之间的矛盾，让出版者也能参与到OA运动中来。

2001年12月，开放社会研究所（Open Society Institute，简称OSI）发表了"布达佩斯开放存取倡议"（Budapest Open Access Initiative，简称BOAI），指出实现OA运动的两种模式：一是OA知识库（BOAI—1）；二是OA期刊（BOAI—2）。BOAI—1是对OA运动在兴起阶段出现的学术界创造OA知识库的总结；BOAI—2创造了不同于基于订阅的学术期刊出版模式的全新的期刊出版模式，为出版者参与到OA运动中来找到了途径。

2003年10月，德国马普学会发起的《柏林宣言》，是一个推动OA运动的政策性宣言，呼吁各国科研机构向网民免费开放更多的科学资源，以促进利用互联网进行学术交流和出版。于是一些国家的大学、科研机构、博物馆等纷纷签署《柏林宣言》，用实际行动去支持OA运动。在这种背景下，BioMed Central（BMC）对OA期刊进行了探索和尝试，现在已经出版了266多种OA期刊，涵盖了生物学、生物医学、医学的所有分支学科。瓦穆斯在借鉴BMC经验并获得个人支助后，于2003年10月创办了PLOS的第一种OA期刊*PLOS Biology*。

在变革阶段，主要解决了OA支持者和出版者之间的尖锐对立问题。BOAI推出了实现 OA 运动的另一种模式——OA 期刊，这是一个能够为出版者接受的出版模式。BOAI 提出的 OA 模式又通过《柏林宣言》得到了强化。同时商业出版者 BMC 和非营利性组织 PLOS 创办 OA 期刊的成功给那些犹豫的出版者很大的鼓励。

（3）发展阶段（2004 年之后）

OA 运动的发展道路充满了荆棘，主要是来自传统出版者的反对，但是由于政府机构的政策支持和资助机构的资金支持，OA 运动取得了迅速发展。2004 年 7 月，美国众议院拨款委员会建议美国国家健康研究院支助的研究，如发表论文时需将论文副本送到公共医学中心，并在论文公开发表 12 个月内提供论文的原始稿，让大众在网上免费获取。2005 年该政策正式生效，研究者可以自己决定是否把论文放在 OA 知识库中。2004 年 7 月，英国下议院科技委员会提倡所有英国的大学以及研究机构都要提供及时且免费的网络全文学术论文，还建议各个学术研究委员会及政府资助的研究也要提供免费的网络全文论文。2006 年，又重申了这一原则。在美国和英国的影响下，OA 运动在国际上越来越被重视，并获得了许多国家的支持。而今越来越多的资助机构（国家、个人等）愿意提供经费用于作者付费的 OA 期刊出版和建立 OA 知识库。在这种情况下，传统出版对待 OA 运动的态度开始转变。如 Blackwell 出版集团让其 30 家出版者加入 OA 期刊。还有一些传统期刊直接转变为 OA 期刊，如 2005 年 1 月，牛津杂志把其 *Nucleic Acids Research* （NAR）期刊转换为 OA 模式。DOAJ 是由瑞典隆德大学图书馆创建和维护的一个随时更新 OA 期刊列表的网站（主要是收集所有学科和语种的高质量的、全文的、免费的电子学术期刊）。截至 2014 年 4 月，该网站数据显示，有 133 个国家或地区拥有 OA 期刊，共有 9713 种，有 162 万多篇文章供用户免费获取。OA 期刊的快速发展同时也引起 OA 知识库的发展。一方面，很多大学和研究机构愿意为研究者发表的论文建立电子档案；另一方面，出版者也更愿意适应"作者有权在开放的档案室中发表论文"的版权制定。

学术出版与学术资源联盟（the Scholarly Publishing and Academic Resources Coalition，SPARC）、公共科学图书馆（the Public Library of Science）和自由文化学术组织联合（Students for Free Culture）确定 2008 年 10 月 14 日为第一个国际开放存取日，确定 2009 年 10 月 19—23 日为第一个国际开放存取周。这两个节日的确立，为公众和高等教育界了解和使用开放获取资源提供了重要机会。2010 年 9 月，欧盟 SOAP 项目对全世界科研人员进行调研，结果显示，89% 以上的科研人员认为开放获取有利于科学研究。2013 年，美国宣布只要是年度研发支出超过 1 亿美元的所有联邦政府机构，都要在 6 个月内制定方案，即联邦政府资助的研究项目所产生的研究数据和论文，在发表后的一年内需要利用机构知识库向民众免费开放。2014 年，中国科学院发布《中国科学院关于公共资助科研项目发表的论文实行开放获取的政策声明》，随后，中国国家自然科学基金委员会发布《关于受资助项目科研论文实行开放获取的政策声明》，此两个声明，明确了受资助的科学研究项目所产出的研究成果和论文是全社会的知识资源，是社会创造知识、支持创新、促进社会发展的重要手段，其应该在全社会开放获取。

2016 年，高校机构知识库联盟成立，其宗旨是推进全国高校机构知识库的建设，推动学术成果的开放获取，促进学术成果的广泛应用；2018 年，国家自然科学基金委员会、国家科技图书文献中心和中国科学院文献情报中心代表参加第 14 届开放获取会议，明确表示支持国际科技界提出的 OA2020 倡议和开放获取 Plan S 计划。

在发展阶段，OA 期刊获得了快速发展，但是依靠期刊订阅获得利润的出版者还将继续反对。大量的传统期刊转变为 OA 期刊和新创办的 OA 期刊的出现，在某种程度上支持了 OA 知识库的发展，除了研究者自己建立知识库外，许多大学和科研机构也纷纷创办自己的 OA 知识库，另外，一些期刊也开始建立 OA 知识库。我们认为，今后 OA 运动必将迎来新的发展高潮。

第二节 开放获取期刊信息检索

1 开放获取期刊概述

1.1 开放获取期刊内涵

Open Access Journals 称为"开放获取期刊"或"开放存取期刊"，兴起于 20 世纪 90 年代末，是开放存取活动发展的重要成果之一。DOAJ 认为开放获取期刊的定义是：那些无需读者本人或其所属机构支付使用费用的期刊，并且允许读者进行阅读、下载、复制、分发、打印、检索或链接到全文。从定义可知，它的优势主要表现在免费上，此优势来自多种因素的综合作用，例如，网络交流的快捷性和费用低廉、使用免费的期刊管理系统以及开放存取库为开放存取期刊提供免费的长期存档与检索等，另外，开放存取期刊的被使用和被引用比印刷版更方便简洁，期刊的运行模式更加自由灵活，为作者、编辑、评价者之间提供了相互交流的空间，也为作者的论文发表提供更多的选择余地。开放获取期刊的使用不受经济、法律和技术的任何限制，除非是网络本身造成的物理障碍，唯一的限制就是要求保证作者拥有保护作品完整性的权利，在使用作者作品时要注明相应的引用信息。

ISI 认为开放获取期刊是任何经由同行评论的电子期刊，以免费的方式提供给读者或机构使用、下载、复制、打印、发行或检索文章。作者可保有著作权，但在出版前需付 500 至 1500 美元给出版社。OA 的出版方式很广，有的出版后完全免费提供全文，还有的限于出版后一年才公开使用全文，甚至也有的仅提供免费的目录或摘要内容。具体来说，开放存取期刊一般可以分为两种。一种是已经存在的有名称的期刊，同意提供对其内容的一定程度上的免费获取，如 PubMed 中心。另一种是新兴的电子期刊，建立在无订阅费的商业模式上，其代表有 BioMed 中心和 PLOS 所出版的一系列期刊。这种期刊要求作者发表论文需交费，而读者对论文的获取是免费的。

1.2 开放获取期刊的优势及特点

开放获取期刊与传统期刊的区别不在于期刊的载体是纸本还是电子，而在于对期刊的访问方式和访问权限。传统的期刊（包括印本期刊和电子期刊）采用用户付费的商业模式，一般先由图书馆等机构团体购买，然后为其成员提供检索全文服务，或者由用户个人直接订购整刊或某篇特定文章。尽管有些电子期刊允许用户免费访问文摘或部分论文全文，但 OA 期刊提倡的是用户利用互联网就可以不受限制地访问期刊论文全文。

开放存取期刊具有以下优势：①投稿方便、出版快捷；②出版费用少；③检索方便；

④信息量大。因为这些优势，开放存取期刊具有广泛的读者群和显示度，而且还具有以下好处：①开放获取期刊使读者免费和无限制地获取学术论文和学术成果，能够扩大学术资源的影响力，缩短论文发表时间，提高论文被引率，加快科学研究速度。例如，对119924篇公开发表的计算机科学方面的会议论文调查发现，OA论文的平均被引次数为7.03，非OA论文的平均被引次数为2.74，前者为后者的2.6倍。②提高学术研究机构、科研基金的影响力和美誉度。③降低获取科研文献门槛，有利于发展中国家缩小和发达国家在科学研究上的差距，促进科学研究在整体上进步，增加公众对科学的理解。④杜绝学术抄袭，防止学术腐败，提高科学研究整体效率。⑤提高教育质量，缩小学习与实践的距离。⑥开放获取期刊加速出版模式多样化，推动出版物由传统订阅模式向开放存取模式发展。

开放存取期刊的特点主要有：

① 读者免费获取，作者付费出版。目前，读者获取OA期刊上的论文，除需要互联网外，并没有经济、法律、技术等方面的限制。期刊收录论文的审评、出版及资源维护的费用，由作者自己或其机构承担，期刊运行经费一般全部由出版者募集。在OA期刊使用上，对作者和读者来说是免费的。

② 同行评审制度，严格控制质量。开放获取期刊的出版同传统期刊一样采取严格的评审制度，以保证论文的质量。目前，大多数开放获取期刊一般采用同行评审制度。同行评审制度最大的价值在于采用科学的操作规范和评议标准。同行评审一般由两位或两位以上的资深专家进行，专家意见不一致时再请其他专家重新评审。其具体形式主要有两种：盲法评审和公开评审。盲法评审又分为单盲评审和双盲评审，前者是指作者姓名对评审人员公开，但评审人员姓名不对作者公开，后者是指作者姓名和评审人员姓名互不公开。而公开评审则是指作者姓名和评审人员姓名互相公开。

为保证开放获取期刊的可持续性发展，大多数开放获取期刊都实施严格的质量控制。如DOAJ把是否经过同行评议作为评判开放获取期刊的一大标准，其收录的开放获取期刊均为同行评审刊；PLOS上发表的论文首先要经过专业编辑和学术编辑的初审，然后再发送给学科领域的权威学者进行内容审评，最后由编辑在同行评议意见的基础上决定是否录用发表。PLOS明确指出出版费用的支付能力不是决定是否出版论文的关键，质量是决定是否出版的唯一评判标准，其退稿率高达90%。

③ 知识产权的保护仍在现行著作权法的法律框架中。开放获取出版模式只限于作者愿意免费提供使用的作品，它充分尊重作者的个人意愿。OA期刊允许作者保留版权，同时也要求作者在提交论文时承诺遵守一定的协议，目前比较常用的是创造共用授权协议（Creative Commons License）。因此，OA期刊的知识产权保护是在现行著作权法的法律框架中实施的。开放获取在为作者提供可以使其研究成果得以广泛传播的平台的同时，也保证了作者可以因其研究成果的发表而取得相应的认可。

2　国内著名的开放获取期刊检索平台

2.1　中国科技论文在线（www.paper.edu.cn）

中国科技论文在线是经教育部批准，由教育部科技发展中心主办的科技论文网站。其主要目的是利用现代信息技术手段，打破传统出版物的概念，免去传统的评审、修改、编辑、印刷等程序，给科研人员提供一个方便、快捷的交流平台，提供及时发表成果和新观点的有效渠道，从而使新成果得到及时推广，科研创新思想得到及时交流，改变科研成果不能快速、高效转化为现实生产力的现状。

中国科技论文在线是一个完全公益性的科技论文网站，是国内第一个电子预印本服务系统，于 2003 年 8 月正式向社会开放。它以"阐述学术观点、交流创新思想、保护知识产权、快捷论文共享"为宗旨，依托 35 位中国科学院和中国工程院院士组成的顾问委员会为网站提供学术指导，在快速发表科研人员最新研究成果的同时，致力于建立一个自然科学各学科的大容量精品论文库。若作者发表论文，必须遵守国家相关法律，且是首发文章，经学术范围内的讨论，有一定学术水平，并符合中国科技论文在线的基本投稿要求，经评审（免费）后可在一周内发表，发表后论文的版权归作者本人所有。

目前，中国科技论文在线收藏首发论文共 7.5 万多篇，优秀学者论文共 8.9 万多篇，自荐学者论文共 3 万多篇，科技期刊论文共 101.8 万多篇。其主要设有"首发论文""优秀学者""自荐学者""名家推荐""科技期刊""热度世界""专题论文""博士论坛""OA 资源平台""电子杂志"等栏目。

图 5-1　中国科技论文在线首页

中国科技论文在线的《中国科技论文在线精品论文》电子期刊为正式刊物，依托中国科技论文在线网站高水平的学术委员会，精选出中国科技论文在线中发布的优秀科技论文，主要报道自然科学领域的基础研究和应用研究方面具有重要意义和创新性的最新成果，以方便广大科研人员获取科研资料，促进最新成果的快速交流。《中国科技论文在线精品论文》每期的论文将在网站中分学科全文展示，并可在中国科技论文在线网站中全文检索。

中国科技论文在线提供快速检索和高级检索两种基本模式，另外还依据不同栏目提供不同的检索方式。例如，"首发论文"栏目在提供快速检索和高级检索的基础上，还提供学科浏览方式；"自荐学者"栏目还提供按学科、单位、地区、姓氏等浏览方式和搜索方式。

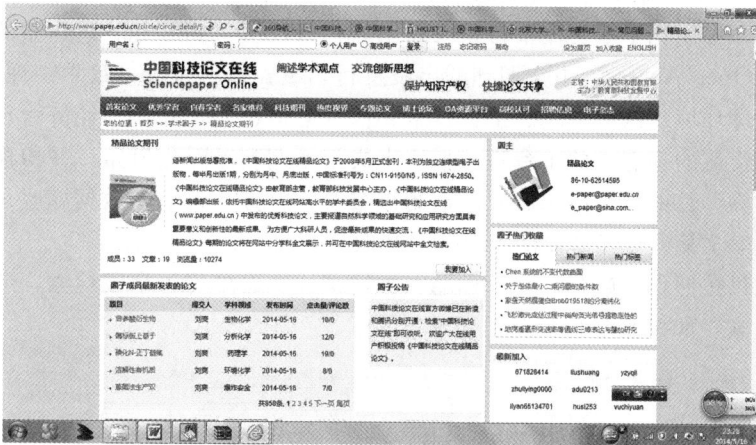

图 5-2 中国科技论文在线精品论文页面

图 5-3 "首发论文"栏目页

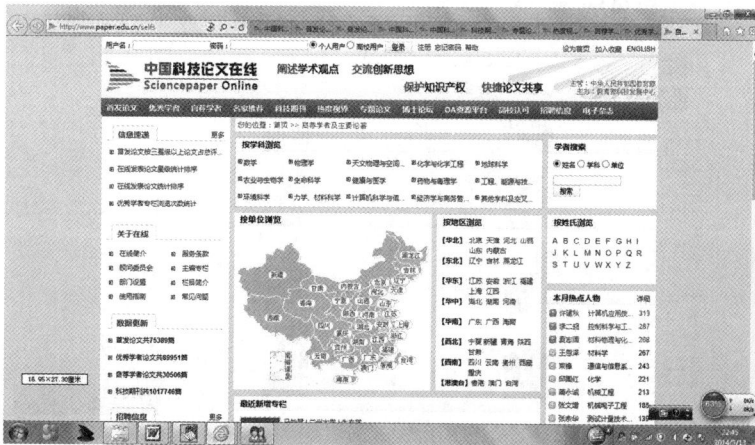

图 5-4 "自荐学者"栏目页

2.2 汉斯中文开源期刊学术交流平台 (www.hanspub.org)

汉斯中文开源期刊学术交流平台是汉斯出版社（Hans Publishers）建立的，主要聚焦于国际开源（Open Access）中文期刊的出版发行，覆盖以下领域：数学物理、生命科学、化学材料、地球环境、医药卫生、工程技术、信息通信、人文社科、经济管理等。秉承传播文化、促进交流的理念，此平台积极探索中文学术期刊国际化道路，并积极推进中国学术思想走向世界。目前，汉斯出版社的期刊被维普、万方、超星等数据库收录。其中，23本被美国《化学文摘》（Chemical Abstracts）收录。

该平台提供按照作者姓名、文章标题、关键词、作者单位等字段检索，还可以按照学科分类进行检索，如按照核心 OA 期刊进行检索。

图 5-5　汉斯中文开源期刊学术交流平台主页

图 5-6　汉斯中文开源期刊学术交流平台的核心 OA 期刊浏览页面

2.3 学术期刊微信公众号检索

作为学术成果的主要载体、学术信息传播与交流的重要平台以及引领学术研究发展方向的核心媒介，学术期刊不断适应时代发展要求，积极探索与新媒体融合的方法和路径，具体表现为其微博账号、微信公众号、移动端 App 及短视频账号等纷纷涌现。其中，微信公众号凭借即时互动性强、传播效率高、资源丰富、获取便捷、受众广泛等优势成为学术期刊开展新媒体传播的主要阵地，开通与运营学术期刊微信公众号已经成为学术期刊提高学术影响力的重要手段。

学术期刊微信公众号建设的目标是为用户提供更加便捷有效、更加精准的服务，在很大程度上迎合了科研工作者对学术信息获取和阅读的碎片化需求，学术期刊微信公众号的运营实践和服务优化等逐步成为学界的研究热点。目前，大部分学术期刊均建立了自己的微信公众号。

表 5-1 学术期刊微信公众号服务类型

服务类型	服务栏目	详细服务
基础服务	期刊介绍	期刊简介、栏目设置、期刊订阅等
	稿件系统	投稿指南、稿件查询、最新录用、征稿启事等
	内容导览	期刊目录、过刊浏览、优先出版、文章荐读、热门文章排行等
特色服务	学术资讯	本刊动态、学术活动、学术会议、学术培训、资格考试等
	特别策划	书单分享、专题策划、审稿咨询等
	互动交流	学者社区、收藏、点赞、评论、分享、小编互动等
增值服务	科研指导	直播讲座、科研工具、学术课程等
	小程序轻阅读	一键切换阅读、智能朗读文献、读书券、我的阅读书架等
	微电台	2 分钟语音摘要
	短视频	视频号
	微店	杂志商店

在微信上搜索公众号，只需在搜索栏内输入公众号名称。在搜索页面可以选择搜索类型："朋友圈、公众号、小程序、视频号"，如果搜索学术期刊的公众号，选择"公众号"输入检索词，然后单击"搜索"即可。

3 国外著名的开放获取期刊检索实例

3.1 arXiv. org

arXiv. org 受到美国国家科学基金会和美国能源部资助，于 1991 年 8 月，由美国洛斯阿拉莫斯（Los Alamos）国家实验室建立。其建设目的在于促进科研成果的交流与共享、帮助科研人员追踪本学科最新研

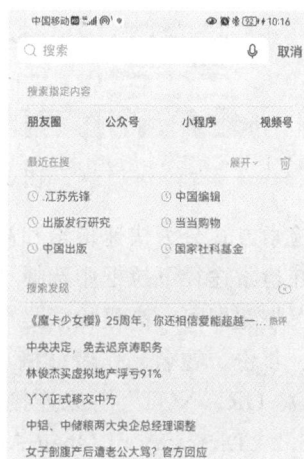

图 5-7 微信检索界面

究进展、避免研究工作重复等。主站点设在康奈尔大学（arxiv. org），在世界各地设有 9 个镜像站点。其中中国的镜像站点设置在中国科学院理论物理研究所，网址是 cn. arXiv. org。机构库的全文文献提供 PS、PDF、DVI 等多种格式，需要安装对应的全文浏览器才能阅读。建议使用者阅读时，单击"PDF"或"other"选项，选择常用的 PDF 格式浏览全文。该库使用文责自负的原则，研究者按照一定的格式将论文进行排版后，通过 www 页面、FTP 方式和 Email 等方式，按照学科类别上传到相应的库中。被收录的论文可以随时受到同行的评论，论文作者也可以对这种评论进行反驳。论文作者在将论文提交的同时，也可以将论文提交学术期刊正式发表。论文一旦在某种期刊上发表，该论文记录需要加入正式发表期刊的有关信息。

目前，arXiv. org 收录了包含物理学、数学、计算机科学、定量生物学、计量金融学、统计学等 6 个学科的内容。

arXiv. org 提供两种论文检索方式：主题分类浏览方式和检索方式。

主题分类浏览方式提供展开式三级主题分类表，在 6 个学科下，每个子学科后面以"includes"方式列举其子主题。单击这些子学科和子主题会打开新的界面窗口，它按日期提供电子预印本的链接，逐级展开就能看到电子预印本的标题、摘要列表，通过该列表能够链接到文献全文；也可以通过单击主页上的每个学科后面的"new""recent""current month"等选项直接进入标题、摘要列表的界面窗口。

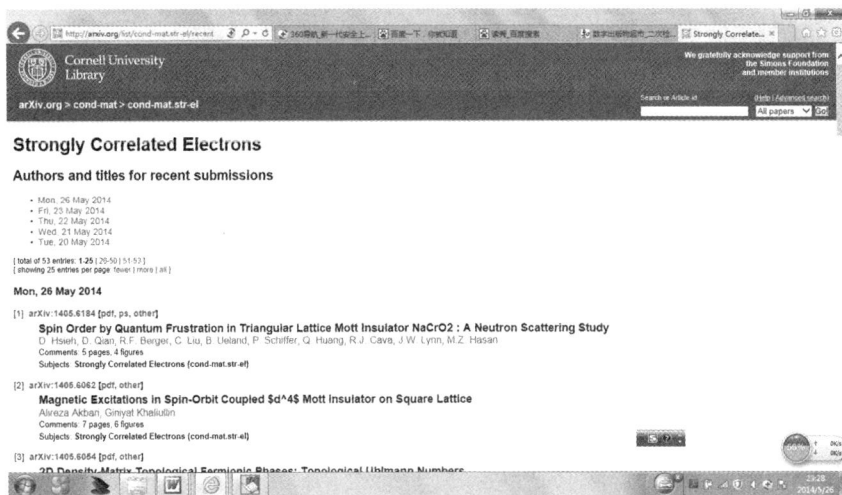

图 5 - 8　arXiv. org 题名、摘要列表界面

检索方式分为快速检索和高级检索。快速检索是单击主页右上方的检索框输入检索内容，在检索途径下拉框中选择"所有文献、题名、摘要、作者、全文"等选项，然后单击"GO"按钮即可。高级检索是单击"Advanced search"按钮，进入高级检索界面。它支持主题、年份、题名、作者、摘要等为关键词的检索途径，各项之间可以用布尔逻辑符号"AND、OR、NOT"等来连接。

3.2　Directory of Open Access Journals（简称 DOAJ）

DOAJ 是由瑞典隆德大学图书馆（Lund University Libraries）主办、OSI 和 SPARC

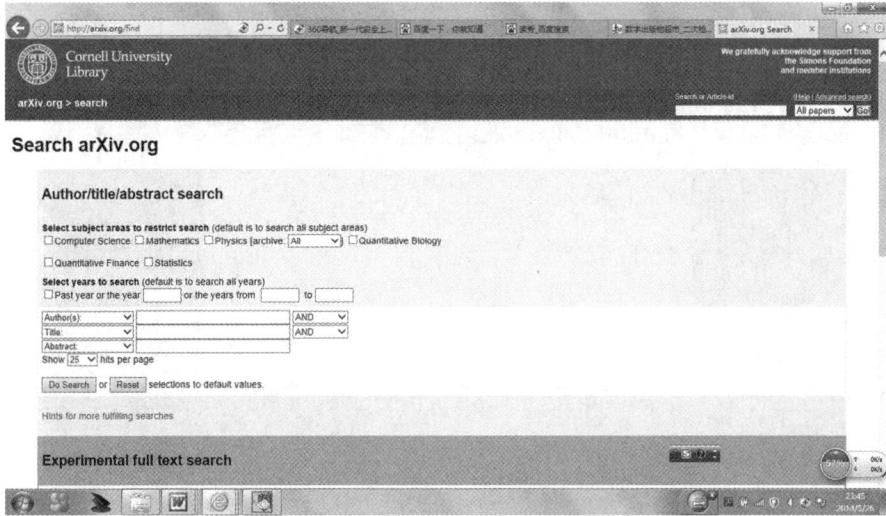

图 5 - 9　arXiv. org 高级检索界面

协办，对互联网上的 OA 期刊进行收集并整理而成的一份具有国际权威性的、随时更新的开放期刊目录。该网站成立于 2003 年 5 月，他们的目标是覆盖所有学科和语种的开放获取期刊。其网址为 www.doaj.org。截至 2022 年 8 月，网站共收录 130 多个国家或地区的18152 种期刊，开放获取资源 7875019 条。DOAJ 收录的均为学术性、研究性的同行评审期刊，具有免费、全文、高质量的特点，对学术研究有很高的参考价值。网站提供快速检索和高级检索两种方式，快速检索模式下可以按照期刊或文章进行检索；在高级检索模式下还提供按学科、期刊国别、语言、出版者、年代等进行预览和检索。

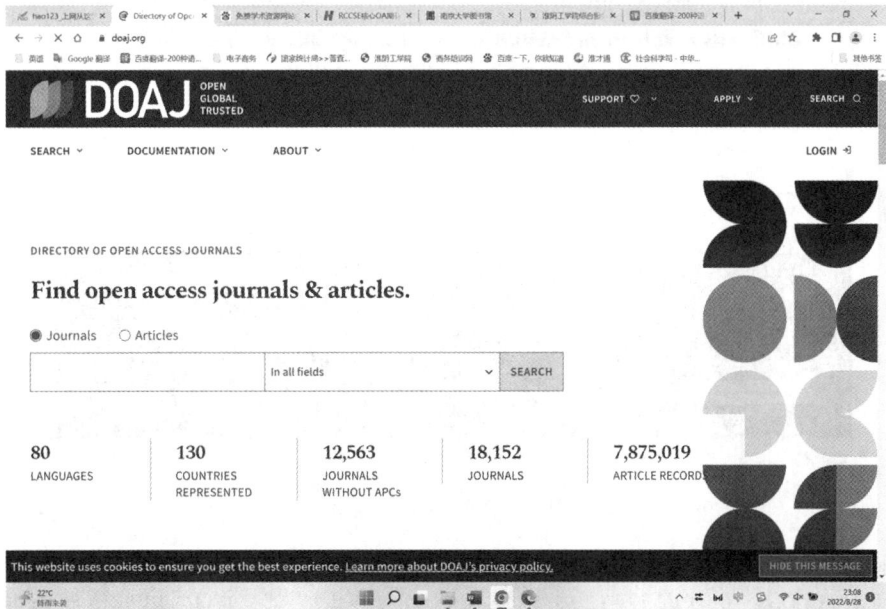

图 5 - 10　DOAJ 主页

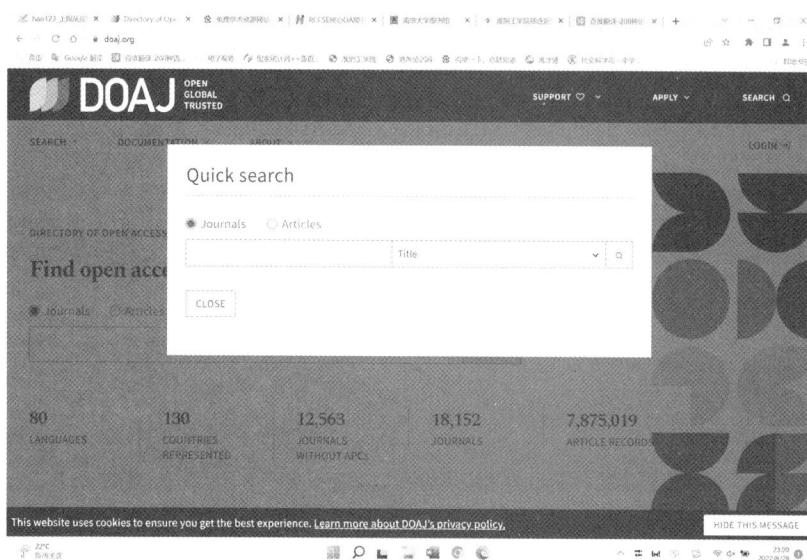

图 5 - 11　DOAJ 高级检索界面

3.3　BioMed Central（www.biomedcentral.com）

BioMed Central（生物医学中心，简称 BMC），是最重要的开放存取杂志出版商之一，主要在互联网上提供经同行评议的免费存取的生物医学类研究论文。

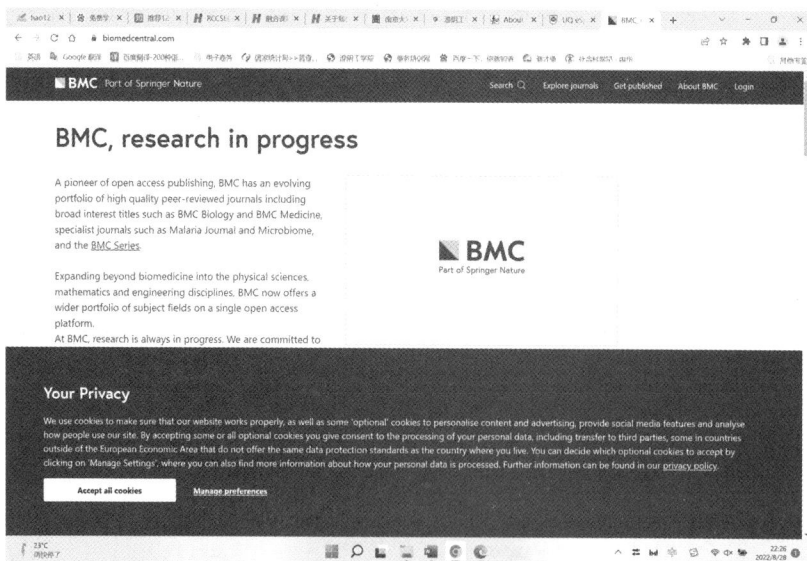

图 5 - 12　BMC 主页

目前 BMC 已经拥有 266 种开放存取期刊，收录的期刊范围涵盖了生物学、生物医学和医学的主要领域，包括麻醉学、生物化学等多个分支学科。BMC 提供快速检索、高级检索方式以及按期刊字母顺序和学科主题浏览方式等。

第三节　机构知识库信息检索

随着计算机、网络和数字化技术的迅速发展，大学和研究机构、教师与研究人员普遍利用计算机来处理各种信息，从而使原生数字化资料（Born－digital material）急剧增长。这些原生数字化资料包括已发表或未发表的期刊论文、会议论文、专著、学位论文、科技报告、通讯、文件、教学课件、软件、数据库、PPT、声像资料、动画、图片等，是大学和研究机构的重要学术资源。它们通常分散保存于个人或院系、研究所（室）的计算机上。这种保存方式，既不利于共享利用，也容易因各种原因而丢失。同时，计算机硬、软件发展迅速，分散保存的数字资源，在若干年之后，可能不为更新后的硬、软件所支持。如何长期保存、有效管理和充分利用这些学术资源，给大学和研究机构图书馆提出了新的挑战。

另一方面，传统的印刷型书刊大幅度涨价，使得大学和研究机构图书馆采购印刷型书刊的成本大幅度上升，让大学和研究机构的文献经费负担日益沉重。学术信息主要是由大学和研究机构产生的，而大学和研究机构却需要向出版商支付越来越高昂的费用来采购这些信息，这显然是不合理的。学术传播方式上的变革，将是大学和研究机构应对上述挑战的必然要求。由于大学和研究机构是学术信息的产生源，而且这些学术信息又分散存储在研究人员和师生员工、院系或研究所（室）的计算机上，加之受 OA 运动的影响，大学和研究机构将这些分散存储的学术信息集中起来，便构成所谓的机构知识库（Institutional Repository，简称 IR）。

关于机构知识库，国内对此名称没有统一，如机构典藏、机构仓储、机构库等不同译法。我们认为，将 Institutional Repository 译成机构知识库更适合一些，使得普通用户在字面上就可以理解，这对于一个面向众多用户的服务系统是很重要的。而用仓储、典藏这些名称，前者系计算机专业术语，后者系图书馆学术语，都太过专业化。机构库的译法又不够专指，还可能产生普通仓库的歧义。况且，Repository 一词在现代英语中本身就有知识库、智囊团的意思。同理，本文把 Open Access 译为开放获取，而国内目前对这个概念有开放访问、开放利用、开放存取等不同译法。

1　机构知识库概述

机构知识库是伴随着开放获取运动出现的一个新概念，人们一般认为其是一种基于机构的系统和服务，用以收集、组织、存储、分享本机构的知识资产。近年来，国外对这一领域的研究逐渐升温，而且随着理论研究的深入和相关软件的出现，已经有相当多的科研机构（特别是大学）建设了自己的机构知识库。目前，机构知识库已成为国外科研机构关注的重要项目，并且在完成基础建库的基础上探索进一步完善服务，在国内也逐渐引起人们的重视。那么，机构知识库具体含义是什么呢？到目前为止，机构知识库还没有统一的定义。很多学者、专家给出了不同的定义。

美国网络信息联盟（Coalition for Networked Information）的常务理事克利福德·林

奇（Clifford A. Lynch）从服务体系的角度认为："机构知识库是由大学向其社区成员提供的一整套服务，并对其机构内和社区内所产生的数字资源进行管理与分发"。

SPARC（the Scholarly Publishing and Academic Resources Coalition）组织的高级顾问雷姆·克罗（Raym Crow），从机构知识库具有机构性、学术性、积累和持久性、开放和互操作性等功能上，指出："机构知识库是对重新改造的学术交流体系的补充，是对机构品质的一个明确体现"，并认为机构知识库是对一个机构内院系成员与学生所产生的智力成果进行收集保存的数字知识库，可以被机构内外的终端用户所获取，不存在获取障碍，也就是说机构知识库是收集与保存一所或多所高校研究成果的数字资源集合。

1.1　机构知识库的特点

尽管不同学者对机构知识库含义的认识与表述还不尽相同，但仔细分析可以发现机构知识库具有如下特点：

① 机构知识库是一个机构或多个机构长期保存学术数字资源的工具，并能提供一些便于学术交流的服务措施。

② 机构知识库的构建主体和收藏的地域界限是机构，即它的建立和运行是以机构为轴心和主线的，在此方面区别于学科或专题知识库。此处的机构既可以是实体的，如一个大学、研究所、多个大学等，也可以是虚拟的，如网络上的电子联合实验室、E－研究院等。

③ 网络是机构知识库建设和运行的基础，通过互联网才能实现数字资源的提交、交流和共享，实现它的运营和管理。

④ 开放性原则是机构知识库操作和运行的重要原则，即要保证与其他机构知识库之间的互通互联、相互访问和利用，还能彼此兼容。

⑤ 它用来进行学术资源的收集、存储和发布，是一个大学或机构学术传播过程的组成部分。

综上所述，我们认为，机构知识库是利用网络及相关技术，依附于特定机构而建立的数字化学术数据库，它收集、整理并长期保存该机构及其社区成员所产生的学术成果，并将这些资源进行规范、分类、标引后，按照开放标准与相应的互操作协议，允许机构及其社区内外的成员通过互联网来免费地获取使用。

1.2　机构知识库的功能

机构知识库作为一个大学或研究机构内部的知识和信息存储与利用的枢纽，学者赵继海认为其主要有以下功能：

① 学术传播。学术传播是建立 IR 的初衷之一。根据林奇的观点，学术传播（Scholarly communication）的概念要比学术出版（Scholarly publishing）宽泛得多，后者是前者的组成部分之一。因此，IR 不能简单地理解为取代学术出版，它将原来不作为正式出版物的各种知识、信息通过网络发布，而且具有知识、信息集成的功能。

② 电子出版。IR 将各种不同类型的知识和信息内容撷取，按照统一的格式（如 PDF）发布，因而具有电子出版（ePublishing）的功能。通过 IR，可以将原先无法进入正式出版途径的大量知识信息得以发布交流。

③ 长期保存。IR 为大学或研究机构的知识、信息提供一个长期保存的安全场所，从而克服各部门以及个人分散保存信息的弊端和风险。通过长期的积累，IR 将成为一个大学或研究机构的知识宝库。

④ 知识管理。通过 IR 的集中式数字对象管理和相互链接，存储其中的信息和知识可以方便、快捷、高效、免费地为用户所利用。

⑤ 促进教育。大学的师生可以利用 IR 丰富的教学信息资源，提高教学效果。学生可通过 IR 的各类课件进行自主学习、作业和考试，教师可通过 IR 交流、完善教学课件和教学方法，科研人员可通过 IR 进行继续教育和进修提高。

⑥ 科研评价。IR 可作为对教师和研究人员科研活动的评价工具，可以使大学或研究机构方便地了解他们的研究成果。

⑦ 共享利用。IR 是学术资源开放利用的重要工具。不同的大学和研究机构，通过建立共享利用机制，在权利义务平衡的前提下，相互开放学术资源，对于加强校际学术交流、降低学术信息利用成本具有非常重要的作用。

⑧ 提高声望。IR 是对外进行学术交流的重要窗口，可以展示一个大学或研究机构的学术成果，提高论著的被引用率，扩大在学术界的影响力。通过构建 IR，图书馆可进一步发挥在学术传播、信息存储和知识服务中的作用，提升图书馆在大学和研究机构中的学术地位。

1.3　机构知识库与开放存取期刊的对比分析

机构知识库和开放获取期刊是开放存取的两种主要实现途径。两者对用户来说都是免费的，即无论何时何地用户都能通过互联网免费自由地获取两者上的学术资源（全文信息）。对在两者上存储文章的科研者或作者来说，他们的目的不是为了获取版税或付费，而是为了扩大自己的学术影响力，尽快将自己的学术成果提供给所有潜在用户存取和利用。两者的平台都具有开放性，即能够与其他相关平台进行相互链接、相互访问，还能够提供信息互动交流的空间和数字资源的自由存储方式。两者的存在和发展为构建以科研人员为中心的学术交流体系发挥了重要作用。尽管两者是开放获取的两种相辅相成的实现途径，但是两者之间也存在一些差异，主要表现在经济成本、质量控制、存储对象、知识产权等几个方面。

（1）经济成本的差异

机构知识库一般由研究所、学术团体、大学等机构借助原有的硬件设施创建，在硬件投资上基本不用再另外投入，只需支付机构知识库系统的运行费用。机构知识库大多实行自行提交、自行存档和自行管理的原则。它具有高度自动化的上传、存储、管理功能，同时不对提交的论文实施同行评审制度，因此其运行成本相对比较低。而开放存取期刊则采用同行评审制度，并对提交论文进行编辑和排版，因此其系统维护成本相对比较高。另外，大部分开放存取期刊不仅出版电子期刊，还同时出版纸质版本，这样又增加了它的成本。

（2）质量控制的不同

机构知识库在学术文章控制上采用公众审查（public peer review）模式。公众审查就是同行可以对进入机构知识库的学术论文发表评论，与作者进行双向交流。这种模式不是学术论文进入机构知识库的必经途径，所以容易造成学术论文数量泛滥、质量良莠不齐等问题。机构知识库对论文质量的控制还采用发散性评论系统，这种系统不能对论文的优劣作出判断，因为所有用户都可以对论文进行评价，其中不具备专业学术背景的人无法对一篇学术论文做出有价值的评议，具备专业学术背景的人要对一篇学术论文做出有价值的评议，需要花费大量的时间和精力，一般情况下也不会出现有价值的评价。而开放存取期刊的质量控制采用的是同行评审（peer review）模式。同行评审是学术论文发表的先决条件，学科领域的权威学者作为审稿人对学术论文提出经过深思熟虑的评审意见，合格的发表，不合格的不发表，使发表的学术论文有较高的学术价值。

（3）存储对象的不同

机构知识库一般存储某所大学或某个研究机构科研人员生产的学术成果。虽然各个机构知识库收藏内容范围的界定并非完全一致，但整体说来，机构知识库中存储的是教师和学生的智力成果或科研人员的科研成果，成果内容繁多，可以是研究资料、教学资料、实验和观察数据、记录和反映机构历史活动的文件，也可以是期刊论文的预印本和已发论文、技术报告、官方报告（white papers）、研究数据、工作进程和重要图片资料等。而开放获取期刊存储的内容主要是学术论文，相对来说形式单一。机构知识库不仅可以存储文本资源，还可以存储图片、音频、视频等形式的资源，而开放存取期刊只能存储文本型资源。机构知识库能够提供多样化的存储格式，比如 PDF、DOC、XLS、PPT 等，而开放存取期刊则只提供 PDF 格式。因此，机构知识库能够存储多样化的资源内容及类型，并兼容多种存储格式。

（4）知识产权方面的不同

机构知识库中的预印本，版权归作者拥有，不存在争议。但是后印本在知识产权方面存在一些问题。论文一旦在传统期刊上发表，商业出版者为了自身的利益，往往要求作者将论文的版权一并交给出版者。这样作者就不能把论文在机构知识库中发表。而开放存取期要求作者保留版权，同时也要求作者在提交论文的时候遵守某些协议，目前最常见的是创作共用许可协议。创作共用许可协议是知识共享组织面向公众发布的一套版权许可证，它实际上也是一种版权标志。符合知识共享组织要求的学术信息资源（如学术论文等）都可以使用该标志，使用该标志就意味着作者同意知识共享组织版权许可条款。为作品选择一个创作共用许可协议并非代表作者放弃了自己的版权，而是意味着作者的部分权利在某些条件下可以提供给一些接受者。

2　国内著名的机构知识库检索平台

2.1　北京大学机构知识库（ir. pku. edu. cn）

北京大学机构知识库收集并保存北京大学教师和科研人员的学术与智力成果，为北京大学教师、科研人员和学生的学术研究和学术交流提供系列服务，包括存档、管理、发布、检索和开放共享。对用户来说，提供免费的浏览、检索、在线阅读、下载等服务。

该知识库提供 5 种浏览功能，如院系单位、作者、题名、主题、出版日期浏览等，该功能允许用户以特定的方式浏览条目的列表。

图 5-13　北京大学机构知识库

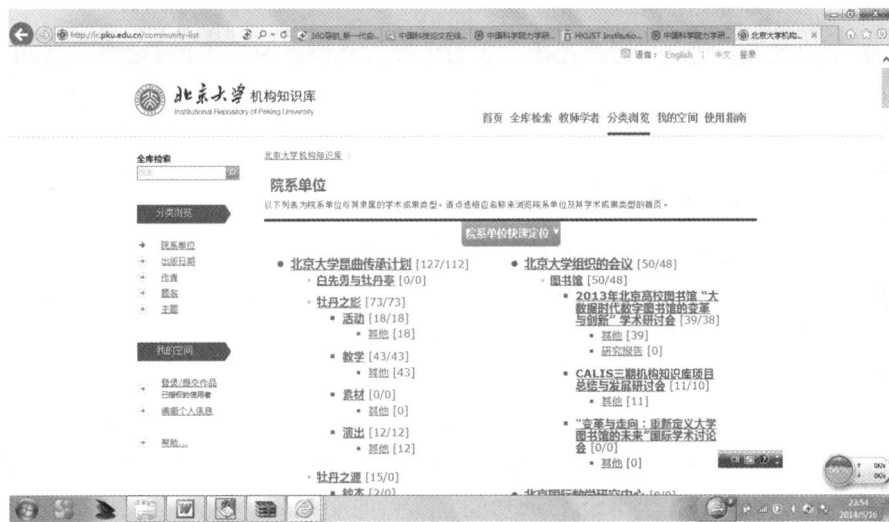

图 5-14　北京大学机构知识库浏览功能

　　知识库支持多种检索功能，可以检索机构知识库中的全部数据，并获取全文。如检索王子舟老师在知识库中存储的文献，可以在主页上的检索框中输入或点击首页右上角"全库检索"按钮，进入检索页面，在检索框中输入"王子舟"，进行检索，就可检索到知识库中存储王子舟老师的作品。如要进一步查找王老师的作品，还可在此基础上，进行精炼检索，按照作者、主题、文献类型、提交时间、题名等进行分类，并在每一类别下面的子类后显示该子类所含条目的个数。

2.2　厦门大学学术典藏库（dspace.xmu.edu.cn/dspace/）

　　厦门大学学术典藏库（Xiamen University Institutional Repository，XMUIR）主要是

图 5-15 北京大学机构知识库"王子舟"的检索结果

用来长期存储和展示厦门大学师生具有较高学术价值的学术著作、期刊论文、工作文稿、会议论文、科研数据资料，以及重要学术活动的演示文稿等的学术信息交流平台。通过此平台，可以用来：①免费提供长期保存厦门大学师生学术资料的场所；②展示厦门大学师生学术成果，加快学术传播，促进知识共享等；③方便校内外及国内外同行之间的学术交流，提高学术声誉；④推进知识开放获取（Open Access）运动。截至 2022 年 8 月，该学术典藏库共收录 202243 条数据。

厦门大学学术典藏库提供基本检索、高级检索和按照社群、发布日期、作者、题名、主题等浏览方式。基本检索是在主页的右上方的搜索框中输入检索词，单击"Go"按钮，即可打开检索结果窗口界面，对此检索结果还可以使用过滤器进行筛选。高级检索模式下，可以选择搜索的范围（49 个社群），再输入检索词，还可以添加过滤条件，即综合应用"题名""作者""发布日期""主题"等检索选项，中间用"包含""等于""ID""不包含""不等于""非 ID"等符号连接，然后单击搜索按钮即可。另外，该学术典藏库提供中文和英文两种界面，还提供 RSS 订阅功能。

2.3 香港科技大学机构知识库（repository.ust.hk/ir/）

香港科技大学机构知识库是由香港科技大学图书馆用 Dspace 软件开发的一个数字化学术成果存储与交流知识库，于 2003 年创建，是香港地区成立的第一个机构知识库。收录了该校教学科研人员和博士生提交的论文（包括已发表和待发表）、会议论文、预印本、博士学位论文、研究与技术报告、工作论文和演示稿全文等。截至 2022 年 8 月，学术成果产出 113234 条，全文下载 2861816 条。其中会议论文、学位论文及期刊论文的收藏量占到了总库的 85% 以上。该知识库对用户的使用提供浏览方式和检索方式两种。浏览方式分为按院系/机构（Communities & Collections）、题名（Titles）、按作者（Authors）和提交时间（By Date）进行浏览。检索途径有普通检索和高级检索。在窗口的左上角的"Search"搜索框中，输入检索词，单击"Go"按钮就可进行普通检索。高级检索模式下，首先要选择检索领域，然后在任意字段、作者、题名、关键词、文摘、标识符等检索途径中输入检索词，它们之间可以使用逻辑符"AND""OR"和"NOT"进行连接。

图 5-16　厦门大学学术典藏库基本检索结果图

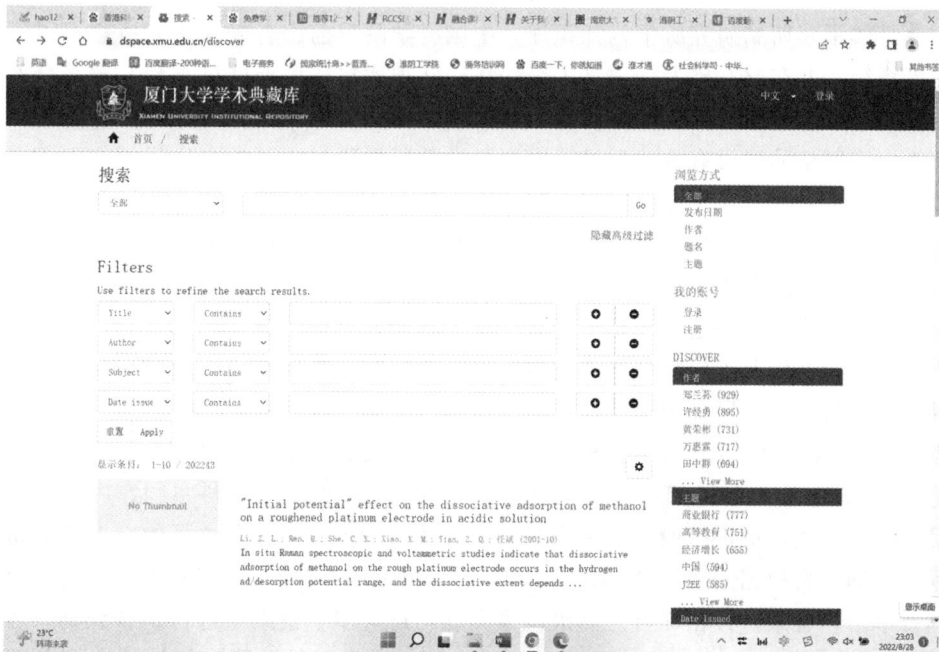

图 5-17　厦门大学学术典藏库高级检索界面

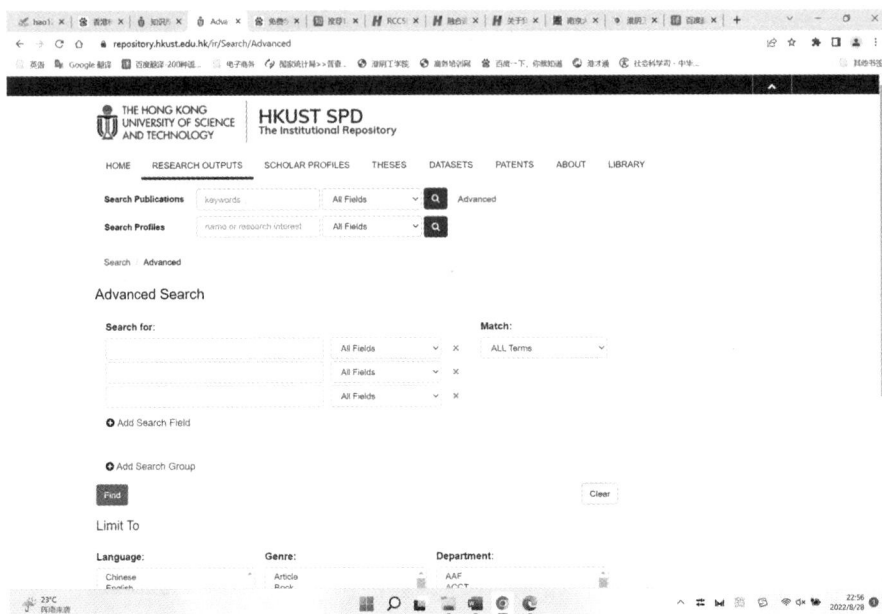

图 5-18　香港科技大学机构知识库的高级检索模式

2.4　中国科学院机构知识库网格（www.irgrid.ac.cn）

2008 年起，由中国科学院国家科学图书馆部署，启动了中国科学院机构知识库网格建设计划。该计划由祝忠明带领兰州分馆信息系统部团队承担总体框架及系统平台的研发和应用，国家科学图书馆学科馆员团队负责面向研究所的宣传推广服务，研究所图书馆及相关团队具体承建所属研究所机构知识库。中国科学院目前已有多家研究所建立了所级机构知识库系统，并在此基础上，建立了全院机构知识库集成服务网络平台，覆盖全部开放服务的研究所机构知识库，提供全院科研成果的一站式检索和发现服务。

该知识库网格的建设有效地促进了中国科学院所属研究所各类有价值的知识资产的系统收集、集中管理和长期保存，克服部门和个人分散保存的弊端以及由此造成的机构知识资产流失，保障其持续共享利用；积极推动公共资金资助科研成果的开放共享，保障国家知识资产的自主保存和永久利用。它收集、发布与保存中国科学院机构知识库网络的数字化研究成果。用户可以在这里找到中国科学院下属研究所的论文、工作文档、预印本、技术报告、会议论文以及不同数字格式的数据集。它的内容是围绕研究所知识库来进行组织的，其下属的每个研究所知识库按照该研究所的部门和专题结构进行组织。

截至 2022 年 8 月 28 日，中国科学院机构知识库服务网格共收录期刊论文 908684 条，会议论文 139822 条，专利 114490 条，其他 132784 条。提供按学科主题、内容类型、所有条目等浏览方式，提供一般检索和高级检索方式。一般检索是在主页的右上角的检索框中输入检索词，再根据需要从"ALL""题名""作者""刊名"等 11 个检索选择项中选择，然后单击"检索"按钮即可。高级检索允许用户对多个检索项进行组合查询，各检索项间可用 AND、OR、NOT 等逻辑符合相连。另外，中国科学院机构知识库服务网格还提供利用排行、统计图片等功能。

图 5-19 一般检索方式

图 5-20 高级检索方式

3 国外主要机构知识库检索平台

3.1 eScholarship 知识库（escholarship. org/homepage. html）

eScholarship 知识库是加利福尼亚大学图书馆利用 Bepress 软件构建的，现已成为世界著名的机构知识库之一，为推动学术研究的自由发展、改变学术交流模式起到了重大作用。2000 年 7 月，加利福尼亚大学为了建立以数字化为基础的学术交流体系，推动学术创新、方便学术交流，与图书馆合作共同创立 eScholarship 项目。该项目意在利用新技术，发展一个在经济上能够长期运行的模式，完善学术交流体系中学术资源生产、评议、管理、传播和保存等环节的运行。该机构知识库主要收集加利福尼亚大学各个院系的论文、工作报告、图书、会议等学术资源，到 2022 年 8 月为止，共发表公布 344531 条记录，共被浏览阅读 115305177 次。

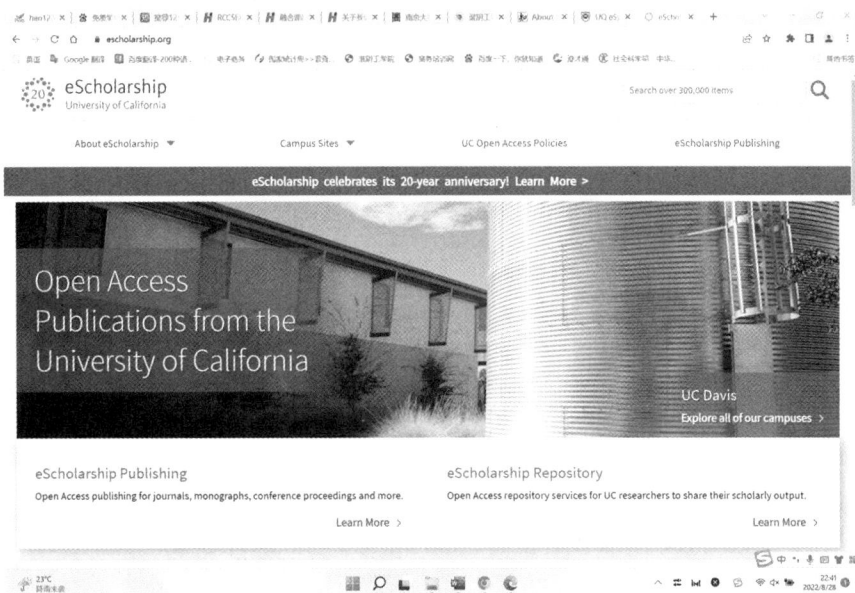

图 5 - 21　eScholarship 主页

该知识库针对全世界用户，提供按最新添加、院系、期刊、图书、作者、日期等方式的浏览，提供快速检索和高级检索，检索后还可按照一定条件进行分类，比如按照图书分类。

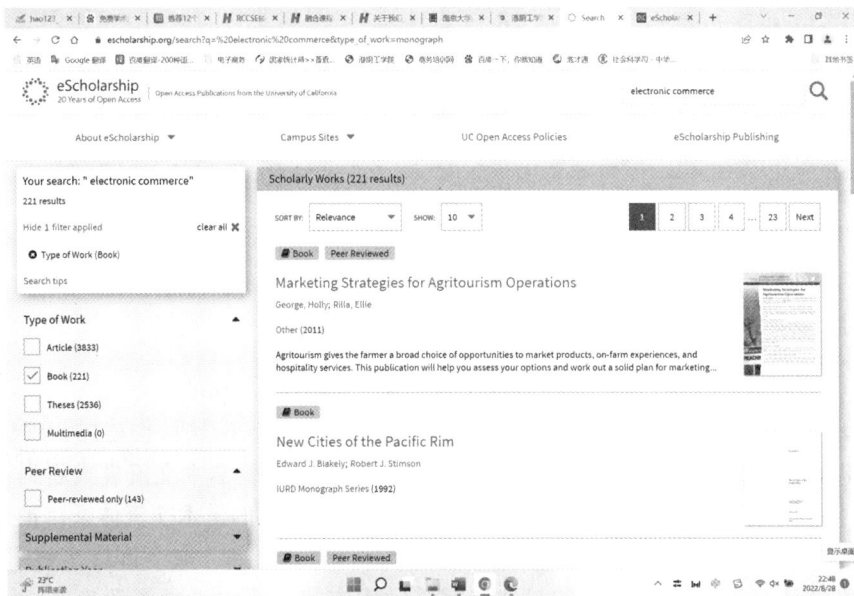

图 5 - 22　高级检索界面

3.2　DigiNole Commons（diginole. lib. fsu. edu）

DigiNole Commons（Virtual Repository for Electronic Scholarship）是佛罗里达州立大学图书馆为师生的学术研究和科研工作提供保存与开放存取服务而建立的机构知识库。其建设目的是为佛罗里达州立大学的各个院系及其研究人员提供对自己的研究成果和教学资料实施自我存档和自我管理的全面服务。从存储对象来看，DigiNole Commons 知识库不仅存储论文的预印本，而且也涉及其他几乎任何基于电子格式的学术内容，包括工作文档、政策和行政文件、会议论文等文献。

该知识库提供按照系部、研究机构、学位论文等形式的浏览，提供一般检索和高级检索两种检索途径。一般检索是在主页的右上角的检索框输入检索词，然后单击"Search"按钮；高级检索检索模式下检索途径有摘要、主题、作者、机构、题名、文献类型等，它们之间可以用"AND""OR""NOT"等逻辑符相连，还可设置日期范围、搜索限制、类别和保存方式等检索条件。

3.3　OpenDOAR（www. opendoar. org）

OpenDOAR（The Directory of Open Access Repositories），开放获取知识库名录，2005 年 2 月由英国的诺丁汉大学和瑞典的隆德大学共同创建，由 OSI、JISC（英国联合信息系统委员会）、CURL（研究图书馆联盟）、SPARC 欧洲部等机构资助，提供有关机构知识库、学科资源库等资源的目录列表。用户可以通过知识库的地点、类型、收藏资料类型等方式检索和使用这些知识库。目前，开放获取知识库名录提供知识库检索和内容检索。截至 2022 年 8 月，共有 5918 个知识库被收录。用户可以选择知识库的学科类别、主题类型、机构类型、国家、语言等检索选项。进行内容检索时，在检索框中直接输入检索词，然后单击检索按钮即可。开放获取知识库名录还提供知识库列表浏览功能，还可按照国家和地区进行更进一步的浏览。

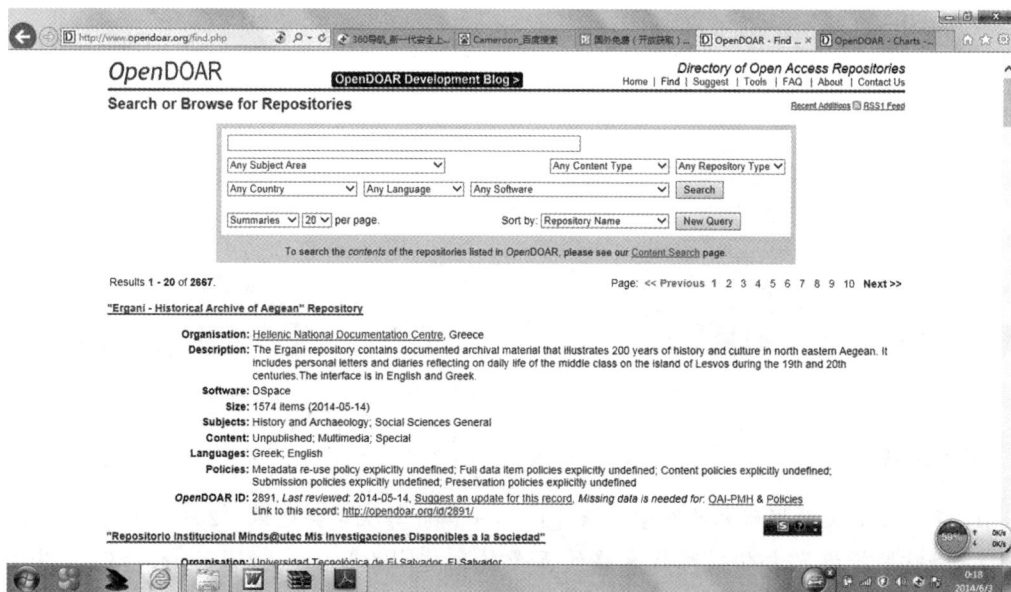

图 5 - 23　知识库检索

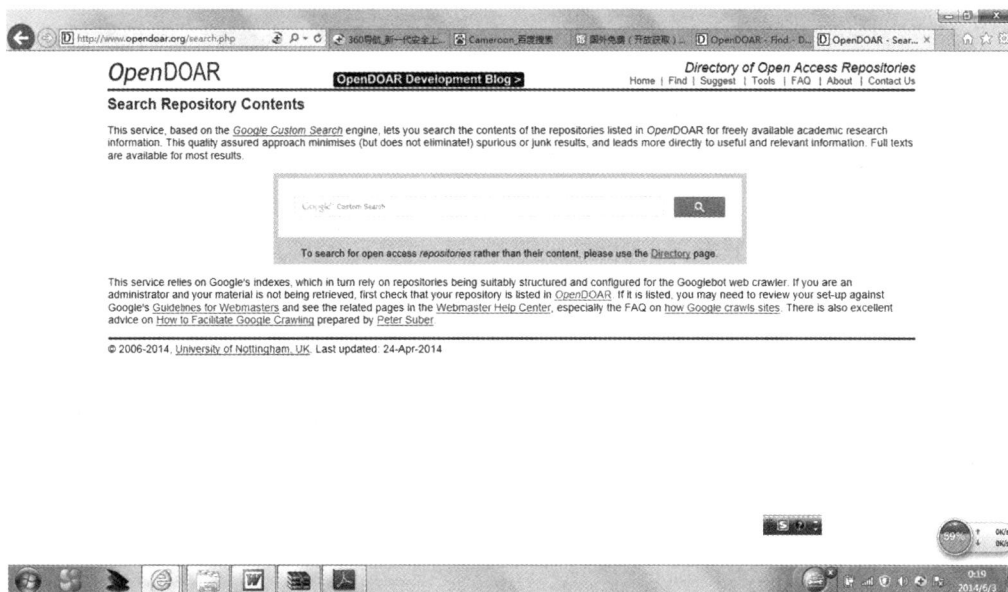

图 5-24　内容检索

图 5-25　知识库列表

参考文献

1. 李国杰. 大数据研究的科学价值 [J]. 中国计算机学会通讯，2012（9）：8-15.

2. 海量数据爆发大数据时代来临的五个转变 [EB/OL]. [2012-08-01]. http：Mlabs. chinamobile. com/news/76217.

3. McKinsey Global Institute. Big Data：The Next Frontier for Innovation，Competition and Productivity［EB/OL］.［2012－8－11］.http：//www. mckinsey. com/insights/mgi / research / technology ＿ and ＿ innovation / big ＿ data ＿ the ＿ next ＿ frontier ＿ for ＿ innovation.

4. KOVACS D K. Scholarly E － conferences on the Academic Networks：How Library and Information Science Professional Use Them［J］.Journal of the American Society for Information Science，1995（4）：224－253.

5. 马文峰.人文社会科学信息检索［M］.北京：国家图书馆出版社，2004.

6. 刘嘉.网络环境下的学术资源［J］.中国图书馆学报，1999（6）：53－58.

7. 杨学春.开放存取的理论基础——兼论许可协议［D］.华东师范大学，2008.

8. 欧阳雪梅等.OA运动的发展历程剖析［J］.编辑之友，2007（3）：73－76.

9. 赵继海.机构知识库：数字图书馆发展的新领域［J］.中国图书馆学报，2006（2）：33－36，50.

10. 柯平，王颖洁.机构知识库——大学图书馆的新平台［J］.新世纪图书馆，2007（1）：5－8，99.

11. 马红.比较OA期刊与OA知识库实现途径的差异分析［J］.现代情报，2008（2）：203－204，28.

12. 李宇佳，王威，张珂.基于Kano模型的学术期刊微信公众号服务功能优化研究［J］.中国科技期刊研究，2022（12）：1684－1691.

第六章　文化信息检索

文化是民族的血脉，是人民的精神家园。文化具有构建民族心理、造就民族性格、形成民族传统、塑造民族精神的作用。当今世界，文化地位和作用更加凸显，文化越来越成为民族凝聚力和创造力的重要源泉、越来越成为综合国力竞争的重要因素、越来越成为经济社会发展的重要支撑，丰富精神文化生活越来越成为我国人民的热切愿望。为了满足公民日益增长的精神文化需求，2021年3月11日第十三届全国人民代表大会第四次会议批准发布《中华人民共和国国民经济和社会发展第十四个五年规划和2035年远景目标纲要》（以下简称《纲要》），提出"提升公共文化服务水平"和"健全现代文化产业体系"，要"完善公共文化服务体系"和"扩大优质文化产品供给"，具体体现为"创新实施文化惠民工程，提升基层综合性文化服务中心功能，广泛开展群众性文化活动。推进公共图书馆、文化馆、美术馆、博物馆等公共文化场馆免费开放和数字化发展。发展档案事业。深入推进全民阅读，建设'书香中国'"和"实施文化产业数字化战略，加快发展新型文化企业、文化业态、文化消费模式，壮大数字创意、网络视听、数字出版、数字娱乐、线上演播等产业"。2021年4月29日文化和旅游部发布《"十四五"文化和旅游发展规划》，5月6日发布《"十四五"文化产业发展规划》，6月10日发布《"十四五"公共文化服务体系建设规划》。2022年5月，中共中央办公厅、国务院办公厅印发了《关于推进实施国家文化数字化战略的意见》（以下简称《意见》），提出"统筹推进国家文化大数据体系、全国智慧图书馆体系和公共文化云建设，增强公共文化数字内容的供给能力，提升公共文化服务数字化水平"和"加快文化产业数字化布局，在文化数据采集、加工、交易、分发、呈现等领域，培育一批新型文化企业，引领文化产业数字化建设方向"。

第一节　文化信息概述

文化是一个民族的精神和灵魂，是国家发展和民族振兴的强大力量。文化自信是更基本、更深沉、更持久的力量。增强文化自信，是数字时代国家文化战略建设的重要工作。

1　文化信息概述

1.1　文化和文化信息

"文化"一词的西方对译为culture，来源于拉丁文，而这一概念在世界各民族的早期词汇中便已出现。在我国，"文""化"二字在甲骨文中就已出现，《周易·贲卦》中有"观乎人文，以化成天下"的说法，文化即由其中的"人文化成"简化而来，意思是指人类区别于动物的一切活动及其成果。西汉时，"文""化"合为一词。据不完全统计，各类不同的文化定义已有200多个。而且，现代意义上的文化与初始的用法相去甚远，但它们却有着共同性，即文化是由人所创造的、为人特有的东西，一切文化都是属人的，是人类精神的、观念的范畴，是人类本质的对象化和行为化，"自然"的东西不属于文化。

目前学术界关于文化一般有广义和狭义之分。《辞海》中对文化的解释是"广义上是指人类社会历史过程中所创造的物质财富和精神财富的总和。狭义是指社会的意识形态，以及与之相适应的制度和组织结构。"文化是人类社会所特有的现象，是以人的活动方式以及由人的活动所创造的产物，文化是一个复杂而独特的系统。人类活动作用于自然界，产生了物质文化；作用于社会，产生了制度文化；作用于人本身，产生了精神文化。因此，文化系统包括三大子系统：物质文化子系统、制度文化子系统和精神文化子系统。文化具有满足、认识、改造、组织、整合、教化、选择、向心等八大功能，具有民族性与人类性、时代性与永恒性、继承性与变异性、人为性与群体性、普同性与多样性、功能性与系统性的特征。

文化信息就是人们从事文化生产和文化活动所利用或可资利用的各种信息资源。从内涵上看，文化资源不仅是指物质财富资源，同时也是指精神财富资源。文化信息资源包含了由人类在过去和现在所创造或继承的，反映了某一群体价值观、信仰、态度、习俗、惯例和行为方式的，有形与无形的，具有文化价值和经济价值的，可以转化为某一产业或影响其他产业效率与效益的资源。总体上看，文化信息资源主要包括文化产品信息资源和文化服务信息资源。

1.2 文化信息的类型

党的十六大第一次把文化区分为文化事业和文化产业。党的十六届三中全会又提出要促进文化事业和文化产业协调发展，并且分别提出了公益性文化事业和经营性文化产业的改革任务。文化事业强调意识形态属性，满足人们基本的文化权益；文化产业更多强调产业经济属性，满足人们多方面的精神文化需求。文化事业体现公益性和公共性，文化产业体现经营性和市场性。文化事业着重在于强化基础，文化产业着重在于提升扩张。文化事业主要由政府来负责，文化产业主要由企业和个体来承担。文化事业主要运用行政手段和法律手段进行推动，文化产业主要运用经济手段调控、产业政策规范、法律手段制约、市场机制调节等手段多管齐下。2021年3月11日发布的《纲要》，提出"提升公共文化服务水平"和"健全现代文化产业体系"，结合以上的分析可以看出国内对文化信息的划分，文化信息资源的类型主要包括公共文化信息和文化产业信息。

（1）公共文化信息

公共文化信息是公益性的，不以营利为目的，提供的是公共文化产品。目标是提高民众精神文化素养、满足人们精神文化需求，旨在由政府为全社会提供公共文化产品和文化服务。主要包括图书馆、博物（纪念）馆、档案馆、美术馆、文化馆（站）、艺术馆、重点文物保护单位、文化艺术科研机构等。它们担负着传播知识、宣传教育、向人民群众提供精神文化产品、提高全民族科学文化水平的重任。

（2）文化产业信息

文化产业信息是经营性的，以营利为目的，提供的是私人文化产品。联合国教科文组织把文化产业定义为"按照工业标准生产、再生产、储存以及分配文化产品和服务的一系列活动"。根据国家统计局《文化及相关产业分类（2012年）》的规定，我国文化及相关产业是指为社会公众提供文化产品和文化相关产品的生产活动的集合，文化产品的生产主要包括新闻出版发行服务、广播电视电影服务、文化艺术服务、文化信息传输服务、文化创意和设计服务、文化休闲娱乐服务、工艺美术品的生产，本书所论述的文化产业信息主要对应的是新闻出版信息和广播电视信息。

2　文化数字化

2022年5月26日，中共中央办公厅、国务院办公厅印发的《意见》提出到"十四五"时期末，基本建成文化数字化基础设施和服务平台，形成线上线下融合互动、立体覆盖的文化服务供给体系。到2035年，建成物理分布、逻辑关联、快速链接、高效搜索、全面共享、重点集成的国家文化大数据体系，中华文化全景呈现，中华文化数字化成果全民共享。《意见》提出了8项重点任务：一是统筹利用文化领域已建或在建数字化工程和数据库所形成的成果，关联形成中华文化数据库；二是夯实文化数字化基础设施，依托现有有线电视网络设施、广电5G网络和互联互通平台，形成国家文化专网；三是鼓励多元主体依托国家文化专网，共同搭建文化数据服务平台；四是鼓励和支持各类文化机构接入国家文化专网，利用文化数据服务平台，探索数字化转型升级的有效途径；五是发展数字化文化消费新场景，大力发展线上线下一体化、在线在场相结合的数字化文化新体验；六是统筹推进国家文化大数据体系、全国智慧图书馆体系和公共文化云建设，增强公共文化数字内容的供给能力，提升公共文化服务数字化水平；七是加快文化产业数字化布局，在文化数据采集、加工、交易、分发、呈现等领域，培育一批新型文化企业，引领文化产业数字化建设方向；八是构建文化数字化治理体系，完善文化市场综合执法体制，强化文化数据要素市场交易监管。

第二节　公共文化信息检索

2011年11月，文化部、财政部联合发布《关于进一步加强公共数字文化建设的指导意见》，提出"公共数字文化建设作为公共文化服务体系建设的重要组成部分，是数字化、信息化、网络化环境下文化建设的新平台、新阵地，是利用信息技术拓展公共文化服务能力和传播范围的重要途径"。公共数字文化建设包括数字化平台、数字化资源、数字化服务等基本内容，重点实施文化共享工程、数字图书馆推广工程和公共电子阅览室建设计划三大公共数字文化惠民工程，在此基础上，逐步拓展范围，带动数字美术馆、数字文化馆、数字博物馆等建设，大力整合汇聚非物质文化遗产、国有艺术院团、民间文艺社团等方面的数字化资源，不断丰富和加强公共数字文化建设，从而丰富公共文化服务内容，整合公共文化服务资源，创新公共文化服务手段，提高公共文化服务水平，完善公共文化服务体系。2019年4月，文化和旅游部办公厅发布《公共数字文化工程融合创新发展实施方案》，提出"在保持现有机构稳定的基础上，将原来的全国文化信息资源共享工程、数字图书馆推广工程、公共电子阅览室建设计划，统称为公共数字文化工程"。

2016 年 12 月通过的《中华人民共和国公共文化服务保障法》规定"公共文化服务，是指由政府主导、社会力量参与，以满足公民基本文化需求为主要目的而提供的公共文化设施、文化产品、文化活动以及其他相关服务"。根据国家政策法规的规定及其各公共文化设施拥有的文化信息资源内容，网络公共文化信息检索主要包括文化共享工程信息检索、公共图书馆信息检索、博物馆信息检索、国家档案馆信息检索和全民阅读信息检索。

1　文化共享工程信息检索

2002 年 4 月，文化部、财政部联合发布《关于实施全国文化信息资源共享工程的通知》。同年 6 月，文化部印发《全国文化信息资源共享工程管理暂行办法》（以下简称《办法》），指出全国文化信息资源共享工程是一项利用现代高新技术手段，整合中华优秀传统文化和全国各类文化信息资源，通过通信网络为社会公众享用的文化工程，遵循公益性为主、社会效益第一的原则。办法规定"共享工程资源建设实行统一规划、统一标准、宏观协调，避免重复建设"。从 2002 年起全国各地开始了全国文化信息资源工程建设，包括国家中心和分中心建设。其中在国家图书馆建立全国文化信息资源共享工程国家中心，在各省、自治区、直辖市建立"共享工程"分中心。

1.1　国家公共文化云（www.culturedc.cn）

文化和旅游部全国公共文化发展中心（以下简称"发展中心"）2004 年 5 月成立，前身为文化部全国文化信息资源建设管理中心，主要承担全国文化信息资源共享工程建设的规划设计、组织实施与协调管理工作。发展中心主要承担全民艺术普及等公共文化服务相关任务，以及推动全国文化馆（站）数字化建设、面向基层开展公共数字文化服务等相关工作。具体职责包括：承担公共文化服务体系建设和旅游公共服务相关工作任务的组织实施；组织开展全国性群众文化活动，推动全民艺术普及工作，协调推进文化馆行业建设；开展公共文化云平台的建设、管理及服务推广工作，整合利用全国群众文化活动资源；组织推进全国文化馆（站）数字化建设，参与推动公共数字文化工程融合发展，面向基层开

图 6-1　国家公共文化云首页

展公共数字文化服务；协调搭建全国及区域性公共文化和旅游产品推广采购平台，推动文化馆文创产品体系建设；承担中国文化馆协会日常工作；完成文化和旅游部交办的其他工作。

图 6-2　国家公共文化云其他网络检索方式

1.2　国内省级公共数字文化信息检索

截至 2022 年 7 月 31 日，国内开通公共数字文化服务的省级平台有 29 个，部分省市提供 App 和微信检索，有的还有短视频，只有福建和山西没有检索公共数字文化的平台。

表 6-1　国内省级公共数字文化网络信息检索

序号	省份	名称	网站	App	微信
1	安徽	安徽文化云	www. ahswhg. cn	√	√
2	北京	北京群众文化云	www. bjwhy. org. cn		
3	重庆	重庆群众文化云	www. cqqyg. cn	√	√
4	甘肃	甘肃省公共文化服务云	www. gssggwhfwy. cn		√
5	广东	文化在线	www. gdscc. cn		√
6	广西	广西公共文化云	www. gxpcc. net	√	√
7	贵州	多彩贵州文化云	gz. ctwenhuayun. cn		
8	海南	海南省公共文化云	whyweb. hilib. com		
9	河北	河北公共文化云	www. hebqyg. cn		
10	河南	百姓文化云	www. hnbxwhy. com	√	√
11	黑龙江	黑龙江公共文化云	www. ljcc. org. cn		√
12	湖北	湖北省公共数字文化服务平台	ggwh. library. hb. cn		
13	湖南	湖南公共文旅云	hnggwhy. wentiyun. cn		√
14	吉林	吉林文化云	jlstccs. chaoxing. com		
15	江苏	江苏公共文化云	www. jsggwhy. com	√	√
16	江西	江西省公共文化服务平台	jxfarm. dichuang. cc		

（续表）

序号	省份	名称	网站	App	微信
17	辽宁	文化辽宁	www.wenhualn.cn		√
18	内蒙古	内蒙古文化云	www.nmglib.com	√	√
19	宁夏	宁夏数字网	www.nxdcn.cn		
20	青海	青海公共文化云	www.qhswhy.com		
21	山东	山东公共文化云	sdpcc.com	√	√
22	陕西	陕西公共文化数字平台	sxswhg.org.cn		√
23	上海	上海数字文化网	whgx.library.sh.cn		
24	四川	四川公共文化云	www.scc.org.cn		√
25	天津	天津文化信息资源共享工程	gxgc.tjl.tj.cn		
26	西藏	西藏数字文化网	www.tdcn.org.cn		
27	新疆	新疆文化云	www.xjqzwh.cn	√	√
28	云南	云南公共文化云	www.ynggwhy.cn		√
29	浙江	智慧文化云	why—test.hz.backustech.com		√

2　公共图书馆信息检索

根据 2017 年 11 月全国人大常委会通过的《中华人民共和国公共图书馆法》（以下简称《公共图书馆法》）的规定，公共图书馆是指向社会公众免费开放，收集、整理、保存文献信息并提供查询、借阅及相关服务，开展社会教育的公共文化设施，是社会主义公共文化服务体系的重要组成部分，应当将推动、引导、服务全民阅读作为重要任务。县级以上人民政府应当设立公共图书馆，设立公共图书馆应当具备下列条件：①章程；②固定的馆址；③与其功能相适应的馆舍面积、阅览座席、文献信息和设施设备；④与其功能、馆藏规模等相适应的工作人员；⑤必要的办馆资金和稳定的运行经费来源；⑥安全保障设施、制度及应急预案。公共图书馆应当按照平等、开放、共享的要求向社会公众提供服务，应当免费向社会公众提供下列服务：①文献信息查询、借阅；②阅览室、自习室等公共空间设施场地开放；③公益性讲座、阅读推广、培训、展览；④国家规定的其他免费服务项目。2019 年 9 月 9 日，在国家图书馆建馆 110 周年之际，习近平总书记给国图 8 位老专家回信，指出"图书馆是国家文化发展水平的重要标志，是滋养民族心灵、培育文化自信的重要场所"。公共图书馆馆藏资源丰富，通过网络可以检索公共图书馆收藏的各种类型的信息资源。

根据我国文化和旅游部 2022 年 6 月 29 日发布的《2021 年文化和旅游发展统计公报》（以下简称《公报》）显示，截至 2021 年末，全国共有公共图书馆 3215 个，从业人员 59301 人。全国公共图书馆实际使用房屋建筑面积 1914.24 万平方米，全国图书总藏量 126178.02 万册，阅览室座席数 134.42 万个，计算机 224473 台，其中供读者使用的电子阅览终端 139417 台。全国平均每万人公共图书馆建筑面积 135.51 平方米，全国人均图书藏量 0.89 册，全年全国人均购书费 1.57 元。全年公共图书馆实际持证读者 10313.93 万人，书刊文献外借 58730.15 万册次，外借人次 23809.24 万，全年共为读者举办各种活动 202568 次，参加人次 11892.49 万。2021 年末，全国共 2636 个县（市、区）建成图书馆总分馆制。

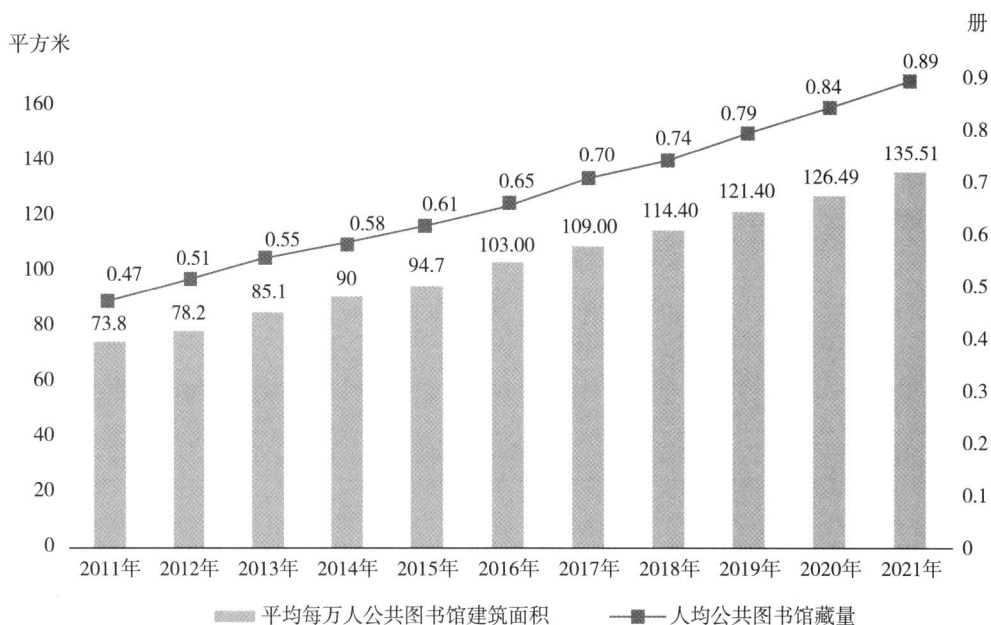

图 6-3　2011－2021 年全国公共图书馆人均资源情况

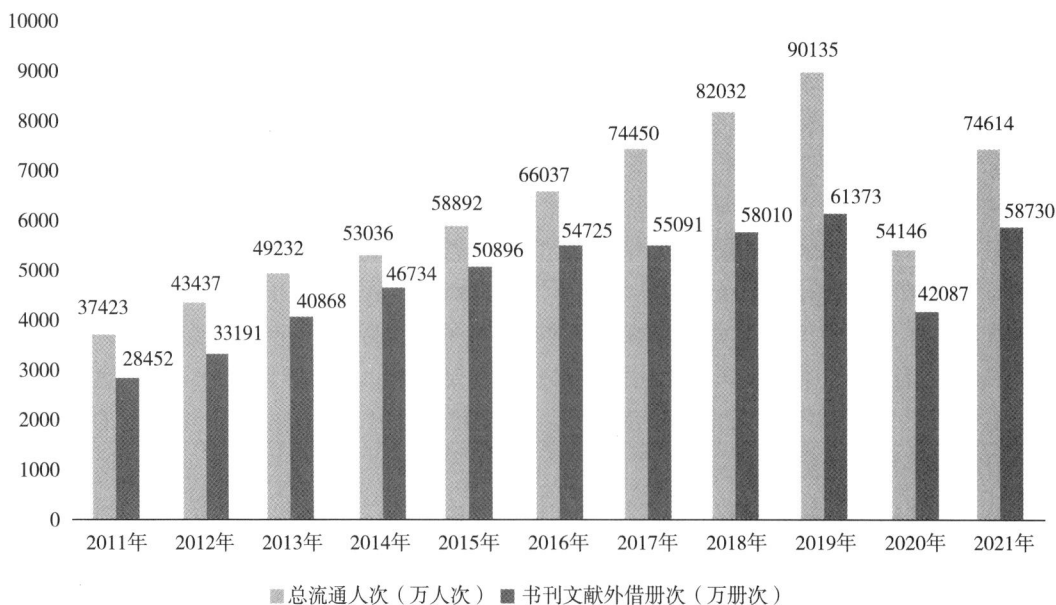

图 6-4　2011－2021 年全国公共图书馆总流通人次及书刊外借册次

2.1　中国国家图书馆（www.nlc.cn）

国家图书馆，主要承担国家文献信息战略保存、国家书目和联合目录编制、为国家立法和决策服务、组织全国古籍保护、开展图书馆发展研究和国际交流、为其他图书馆提供业务指导和技术支持等职能。国家图书馆具有公共图书馆的功能，中国国家图书馆是国家总书库、国家书目中心、国家古籍保护中心以及国家典籍博物馆。中国国家图书馆履行国内外图书文献收藏和保护的职责，指导协调全国文献保护工作；为中央和国家领导机关、社会各界及公众提供文献信息和参考咨询服务；开展图书馆学理论与图书馆事业发展研究，指导全国图书馆业务工作；对外履行有关文化交流职能，参加国际图联及相关国际组织，开展与国内外图书馆的交流与合作。

中国国家图书馆前身是京师图书馆。20 世纪初，在变法图强和西学东渐的背景下，有识之士奏请清政府兴办图书馆和学堂，以传承民族文化，吸收先进科学。1909 年 9 月 9 日清政府批准筹建京师图书馆，馆舍设在北京广化寺，1912 年 8 月 27 日开馆接待读者。1916 年起正式接受国内出版物的呈缴本，标志着开始履行国家图书馆的部分职能。百余年来，京师图书馆先后更名为国立北平图书馆、北京图书馆，1998 年 12 月 12 日改称国家图书馆。国家图书馆总馆北区、总馆南区、古籍馆三处馆舍并立，总建筑面积 28 万平方米，居世界国家图书馆第三位。2019 年 9 月 9 日，在国家图书馆建馆 110 周年之际，习近平总书记给国图 8 位老专家回信，强调"国家图书馆在传承中华文明、提高国民素质、推动经济社会发展等方面发挥了积极作用"，"希望国图坚持正确政治方向，弘扬优秀传统文化，创新服务方式，推动全民阅读，更好满足人民精神文化需求，为建设社会主义文化强国再立新功"。

图 6-5　国家图书馆首页

2.2　国内省级公共图书馆信息检索

截至 2022 年 7 月 31 日，我国内地 31 个省级图书馆都已开通网站服务。2017 年《公共图书馆法》的通过，为公共图书馆建设和发展提供了有力保障，目前国内省级图书馆普遍提供（网上）讲座、（网络）展览、阅读推广、政府信息公开等服务。

表 6－2　国内省级图书馆网络信息检索

序号	名称	网站	App	微信	微博	抖音
1	安徽省图书馆	www. ahlib. com	√	√	√	
2	重庆图书馆	www. cqlib. cn		√	√	
3	福建省图书馆	www. fjlib. net		√	√	
4	甘肃省图书馆	www. gslib. com. cn		√		√
5	广东省中山图书馆	www. zslib. com. cn	√	√	√	
6	广西壮族自治区图书馆	www. gxlib. org. cn	√	√	√	
7	贵州省图书馆	www. gzlib. com. cn	√	√	√	
8	海南省图书馆	www. hilib. com		√	√	
9	河北省图书馆	www. helib. net		√		
10	河南省图书馆	www. henanlib. com		√		
11	黑龙江省图书馆	www. hljlib. org. cn		√	√	
12	湖北省图书馆	www. library. hb. cn	√	√		√
13	湖南省图书馆	www. library. hn. cn		√		
14	吉林省图书馆	www. jllib. com	√	√	√	
15	江西省图书馆	www. jxlibrary. net	√	√		√
16	辽宁省图书馆	www. lnlib. com		√		
17	南京图书馆	www. jslib. org. cn		√	√	
18	内蒙古图书馆	www. nmglib. com		√		√
19	宁夏图书馆	www. nxlib. cn		√	√	
20	青海省图书馆	www. qhlib. org		√		
21	山东省图书馆	www. sdlib. com		√		
22	山西省图书馆	lib. sx. cn		√		
23	陕西省图书馆	www. sxlib. org. cn	√	√	√	
24	上海图书馆	library. sh. cn	√	√	√	
25	首都图书馆	www. clcn. net. cn	√	√		√
26	四川省图书馆	www. sclib. org		√		
27	天津图书馆	www. tjl. tj. cn		√		

（续表）

序号	名称	网站	App	微信	微博	抖音
28	西藏图书馆	www.tdcn.org.cn/library				
29	新疆图书馆	www.xjlib.org	√			
30	云南省图书馆	www.ynlib.cn		√		
31	浙江图书馆	www.zjlib.cn	√	√	√	

3 博物馆信息检索

国际博物馆协会制定的《博物馆职业规范条例》明确指出：博物馆是非营利性的，要为社会和社会发展服务。博物馆要以发挥教育和社会作用为宗旨，必须是开放机构和社会教育的来源之一。博物馆最初萌发于人们的收藏意识，在4000多年前，埃及和美索不达米亚的统治者就注意寻找保藏珍奇物品。现代意义的博物馆在17世纪后期出现，1753年，大英博物馆建立，它成为世界上第一个对公众开放的大型博物馆。1946年，国际博物馆协会在法国巴黎成立，1974年协会对博物馆进行了明确的定义，公益性成为它的首要职责。从1977年开始，国际博物馆协会把每年的5月18日确定为"国际博物馆日"，并且每年都会确定一个主题。人是需要体验、需要感知、需要交流的，图书馆、博物馆是一个国家必备的，是判断一个国家文明程度的重要标志。现代意义上的博物馆是收藏、保护、研究、展示人类活动和自然环境的见证物，并为公众提供知识、教育和欣赏的非营利性社会服务机构，同时也是一个国家和民族的物质与精神文化遗存宝库。在不同主题博物馆中保存和展示着过去的文明、技术、生命和自然现象。根据2015年1月国务院通过的《博物馆条例》规定，博物馆是指以教育、研究和欣赏为目的，收藏、保护并向公众展示人类活动和自然环境的见证物，经登记管理机关依法登记的非营利组织。博物馆包括国有博物馆和非国有博物馆。利用或者主要利用国有资产设立的博物馆为国有博物馆；利用或者主要利用非国有资产设立的博物馆为非国有博物馆。设立博物馆，应当具备下列条件：①固定的馆址以及符合国家规定的展室、藏品保管场所；②相应数量的藏品以及必要的研究资料，并能够形成陈列展览体系；③与其规模和功能相适应的专业技术人员；④必要的办馆资金和稳定的运行经费来源；⑤确保观众人身安全的设施、制度及应急预案。博物馆馆舍建设应当坚持新建馆舍和改造现有建筑相结合，鼓励利用名人故居、工业遗产等作为博物馆馆舍。新建、改建馆舍应当提高藏品展陈和保管面积占总面积的比重。博物馆提供的社会服务主要有：举办陈列展览、社会教育与服务活动、教育教学和社会实践活动、开发文创产品、专业领域理论及应用研究等。

据我国文化和旅游部2022年6月29日发布的《公报》显示，截至2021年末，全国共有博物馆5772个，博物馆文物藏品4664.83万件（套）。2022年7月8日，中国国家博物馆创建110周年之际，习近平总书记给中国国家博物馆的老专家回信，强调指出"博物馆是保护和传承人类文明的重要场所，文博工作者使命光荣、责任重大。希望同志们坚持正确政治方向，坚定文化自信，深化学术研究，创新展览展示，推动文物活化利用，推进文明交流互鉴，守护好、传承好、展示好中华文明优秀成果，为发展文博事业、为建设社会主义文化强国不断作出新贡献”。

数字博物馆，即以数字化的技术和形式向社会公众传播自然或文化遗产相关知识的信息服务系统。目前数字博物馆主要可以分为综合类博物馆、社会科学类博物馆、自然科学类博物馆、古遗址类、名人故居类和文化艺术类等数字博物馆。数字博物馆的特点为：数字化的藏品资源表达，跨时空的藏品资源展示，不同领域藏品资源的整合，藏品资源的全球共享，信息资源的个性化服务。数字博物馆在信息社会可以起到以下作用：以数字化形式收藏、保护文物标本和其他实物资料，以数字化方式对公众进行知识传播与教育，成为科学成果交流的信息平台，实现与欠发达地区的资源共享，有助于消除中西部教育水平差距。数字博物馆的功能有：通过多层面的信息采集形成综合信息资源库，藏品信息的有效访问与查询，藏品信息的发布与传递，数字藏品信息的安全保护，数字藏品信息资源的系统管理。

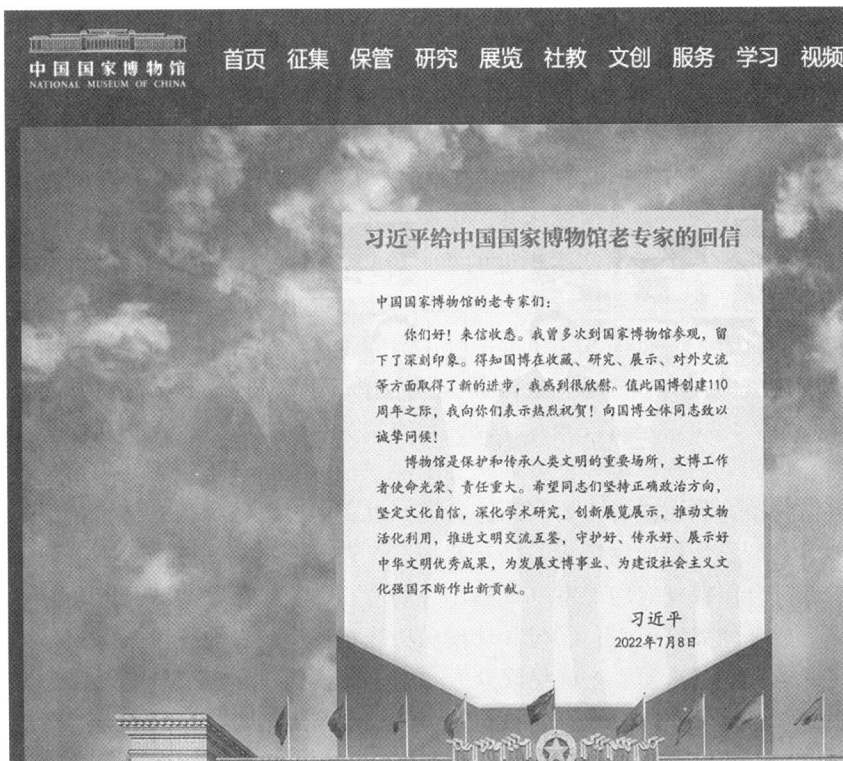

图 6-6　中国国家博物馆首页

3.1　中国国家博物馆（www.chnmuseum.cn）

中国国家博物馆的前身是 1912 年 7 月设立的国立历史博物馆筹备处。中华人民共和国成立后，在天安门广场东侧新建中国革命博物馆和中国历史博物馆，2003 年两馆合并组建中国国家博物馆，是世界上单体建筑面积最大的博物馆。2012 年改扩建后正式对外开放，现有藏品 140 余万件，涵盖古代文物、近现代文物、图书古籍善本、艺术品等多种门类。其中，古代文物藏品 81.5 万件（套），近现代文物藏品 34 万件（套），图书古籍善本 24 万余件（册），共有一级文物近 6000 件（套）。

除了网站，检索中国国家博物馆的网络平台有：国家博物馆 App、"国博导览"小程序、国家博物馆官方微信服务号、"国家博物馆"官方微博，同时有在人民号、头条号、学习强国、哔哩哔哩、快手、抖音等平台运营的中国国家博物官方账号。此外，还有"National Museum Of China"英文版官方微信服务号以及 Meta（原 Facebook）和 Instagram 官方账号。

图 6-7　中国国家博物馆融媒矩阵

根据中国国家博物馆 2022 年 6 月 15 日发布的《中国国家博物馆数据报告（2021 年度）》显示：在公众服务方面，2021 年，国家博物馆共计开放 311 天。观众预约系统接受预约 2377629 人次。通过热线电话提供观众咨询 1395 通，服务台接受观众咨询 127458 起。在陈列展览方面，2021 年国家博物馆共举办展览 64 个，包括基本陈列、专题展览、临时展览和巡展，其中新举办展览 42 个。临时展览包括主题展 7 个、精品文物展 6 个、历史文化展 7 个、考古发现展 6 个、科技创新展 1 个、经典美术展 7 个、美术交流展 4 个。巡展共 10 个，分别在广东、江苏、香港和澳门展出。在藏品征管方面，2021 年全年共新征集各类实物资料 26364 件（套）（含照片），新征集海外中国文物及外国文物 6061 件（套），完成 1.8 万余件（套）馆藏文物定级，完成文物评估项目 58 项 2097 件（套），文物养护项目 10 项 827 件（套），文物保护修复项目 33 项 104 件（套），文物复制/传拓项目 36 项 1030 件（套）。全年完成馆藏文物三维数据采集 1000 件，藏品二维影像采集约 4340 余张，28 个展览全景数据及三维数据采集。为展览策划、书籍出版、学术研究、新闻宣传、文物复制、线上展览等提供数据授权 329 项，逾 1.8TB，包括文物三维模型 52 件（套）、二维图像 31815 张。在科研活动方面，2021 年，国家博物馆申报馆外课题 86 项，立项 14 项，结项 12 项。全年出版展览图录 13 种，出版学术著作 27 种，发表学术论文 339 篇、标准 6 种、软件著作权 3 种。在社教传播方面，2021 年，累计提供公益公务讲解 3317 批次，服务观众 119161 人；志愿讲解 668 批次，共计 1036 小时。在文创开发方面，全年自主研发"国博衍艺"新品 60 余款，200 余个单品。

3.2　故宫博物院（www.dpm.org.cn）

故宫博物院，是一座特殊的博物馆。成立于 1925 年的故宫博物院，建立在明清两朝皇宫——紫禁城的基础上。经历六百年兴衰荣辱，帝王宫殿终于向公众敞开。故宫博物院拥有绝无仅有的独特藏品，是世界上规模最大、保存最完整的木结构宫殿建筑群。它是中华民族的骄傲所在，也是全人类的珍贵文化遗产。故宫博物院网站开通于 2001 年 7 月 16 日，截止到 2017 年，共上百名专业人员为该网站提供了稿件；网站刊载文字 665 万余字；收录各类藏品影像 51400 多张。2017 年 5 月全新改版的故宫博物院网站上线试运行。改版后的网站更加突出了为莅临故宫博物院参观的观众服务、为中国传统文化爱好者服务、为历史文化和博物馆专业人员服务的宗旨，使网站成为人们了解故宫博物院、亲近中华传统文化的最佳捷径。

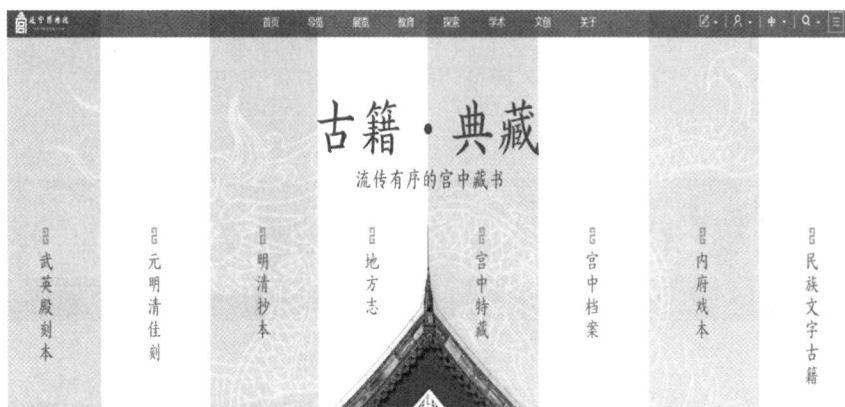

图 6-8　故宫博物院首页

图 6-9　故宫博物院其他网络检索途径

3.3　国内省级博物馆信息检索

截至 2022 年 7 月 31 日，国内省级博物馆已基本开通网站提供服务，有的博物馆还开通了学习强国、B 站、头条号、喜马拉雅等账号。

表 6-3　国内省级博物馆网络信息检索

序号	名称	网站	App	微信	微博	短视频	多语种
1	安徽博物院	www.ahm.cn			√		√
2	重庆中国三峡博物馆	www.3gmuseum.cn	√	√	√		√
3	福建博物院	www.fjbwy.com		√	√		√
4	甘肃省博物馆	www.gansumuseum.com		√	√		√
5	广东省博物馆	www.gdmuseum.com		√	√		√
6	广西壮族自治区博物馆	www.gxmuseum.cn		√	√		
7	贵州省博物馆	www.gzmuseum.com		√			√
8	海南省博物馆	www.hainanmuseum.org		√			√
9	河北博物院	www.hebeimuseum.org.cn		√	√	√	√
10	河南博物院	www.chnmus.net	√	√	√	√	√

（续表）

序号	名称	网站	App	微信	微博	短视频	多语种
11	黑龙江省博物馆	www.hljmus.org.cn		√			
12	湖北省博物馆	www.hbww.org	√	√			√
13	湖南省博物馆	www.hnmuseum.com		√	√		√
14	吉林省博物院	www.jlmuseum.org		√	√		√
15	江西省博物馆	www.jxmuseum.cn					
16	辽宁博物馆	www.lnmuseum.com.cn		√			√
17	南京博物院	www.njmuseum.com		√			√
18	内蒙古博物院	www.nmgbwy.cn		√			
19	宁夏博物馆	www.nxbwg.com		√			
20	青海省博物馆	www.qhmuseum.cn		√			
21	山东博物馆	www.sdmuseum.com		√	√	√	√
22	山西博物院	www.shanximuseum.com		√	√		
23	陕西历史博物馆	www.sxhm.com	√	√		√	
24	上海博物馆	www.shanghaimuseum.net	√	√	√		√
25	四川博物院	www.scmuseum.cn		√	√		
26	首都博物馆	www.capitalmuseum.org.cn		√	√		√
27	天津博物馆	www.tjbwg.com		√	√	√	√
28	西藏博物馆	www.tibetmuseum.com.cn					√
29	新疆博物馆	www.xjmuseum.com.cn			√		
30	云南省博物馆	www.ynmuseum.org		√			
31	浙江省博物馆	www.zhejiangmuseum.com		√	√	√	√

4　国家档案馆信息检索

　　档案，是指过去和现在的机关、团体、企业事业单位和其他组织以及个人从事经济、政治、文化、社会、生态文明、军事、外事、科技等方面活动直接形成的对国家和社会具有保存价值的各种文字、图表、声像等不同形式的历史记录。档案馆是党和国家的科学文化事业机构，是永久保管档案的基地，是科学研究和各方面工作利用档案史料的中心。国家鼓励档案馆开发利用馆藏档案，通过开展专题展览、公益讲座、媒体宣传等活动，进行爱国主义、集体主义、中国特色社会主义教育，传承发展中华优秀传统文化，继承革命文化，发展社会主义先进文化，增强文化自信，弘扬社会主义核心价值观。2021年7月6日中国第一历史档案馆新馆开馆之际，习近平总书记对档案工作作出重要批示，提出"档案工作存史资政育人，是一项利国利民、惠及千秋万代的崇高事业。希望你们以此为新起点，加强党对档案工作的领导，贯彻实施好新修订的档案法，推动档案事业创新发展，特别是要把蕴含党的初心使命的红色档案保管好、利用好，把新时代党领导人民推进实现中华民族伟大复兴的奋斗历史记录好、留存好，更好地服务党和国家工作大局、服务人民群众！"国家各级综合档案馆是传承继承发展中国文化的重要场所，对文化传承发展和保存中国记忆至关重要。根据国家统计局的统计显示，截至 2021 年底，我国共有国家综合档案馆 3320 个，国家专门档案馆 256 个，部门档案馆 130 个，企业档案馆 118 个，文化事业档案馆 312 个。

4.1 中国第一历史档案馆 （www.fhac.com.cn）

中国第一历史档案馆（以下简称一史馆）成立于 1925 年，是专门负责收集管理明、清两朝及以前各朝代中央机构形成档案的中央级国家档案馆，是中国历史上第一个现代意义的专业档案机构，也是世界了解、研究中国历史的重要场所。馆藏明清档案共有 77 个全宗，总数量 1000 多万件，居世界同期历史档案馆藏量前列，与殷墟甲骨、敦煌写经、居延汉简一起被誉为中国近代四大文化发现。具有以下特点：①时间跨度长。最早的形成于明朝初期的 1371 年，最晚的形成于 1943 年，时间跨越 570 多年。②内容丰富。涵盖了政治、经济、军事、文化、艺术、民族、宗教、外交、科技、天文、地理、气象、重大事件、重要典章制度、重要历史人物等诸多方面，是明清两朝历史的真实记录与凭证，也是研究和纂修清代历史的第一手资料。③文种繁多。馆藏明清档案有 100 多个文种，按照用途可以归为四大类，分别是：制、诏、诰、敕等皇帝诏令文书，题、奏、表、笺等臣工奏章，咨、呈、移、札等各衙署来往文移和公务档册。④文字多样。馆藏明清档案中有汉、满、蒙、藏、托忒、日、俄、英、法、德等约 20 种中外文字。特别是汉字文书中的楷书、行书、草书、篆书等各种字体，具有很高的艺术水平和鉴赏价值。除了网站，一史馆还有微信公众号提供检索。

图 6-10 中国第一历史档案馆首页

4.2 中国第二历史档案馆 （www.shac.net.cn）

中国第二历史档案馆是集中典藏中华民国时期（1912—1949）历届中央政府及直属机构档案的中央级国家档案馆。馆址在南京市中山东路 309 号，原为"中国国民党中央党史史料陈列馆"旧址，于 1936 年建成。档案库房、阅览大厅和业务大楼等建筑均为 1950 年代后仿照民国建筑风格相继建成。为集中管理国民政府遗留在南京的档案，1951 年 2 月 1 日中国科学院近代史研究所南京史料整理处成立，其后又从成都、重庆、昆明、广州和上海等地接收了大量国民政府中央机构的档案，奠定了馆藏档案的基础。1964 年 4 月，南京史料整理处改隶国家档案局，更名为中国第二历史档案馆。中国第二历史档案馆设有保管处、利用处、整理编目处、史料编辑处、研究室（民国档案杂志社）、技术处、信息化处和全国民国档案资料目录中心等业务机构，专门从事民国档案的收集、保管、保护、整理、编目、接待利用和编研出版等工作，结合缩微复制、数字化扫描等手段，对馆藏档案进行研究、开发与利用。

图 6-11 中国第二历史档案馆首页

4.3 国内省级综合档案馆信息检索

截至 2022 年 7 月 31 日，国内 31 个省级综合档案馆全部开通了网站提供信息服务。其中，有的提供中文简体、繁体以及英文版服务，黑龙江还有俄文版服务，另有部分档案馆开通了无障碍浏览（老年模式）。绝大部分省级档案馆开设了微信公众号提供服务，部分省级档案馆还有微博号（江苏、山东、陕西和四川），陕西档案馆还有头条号。

表 6-4 国内省级国家档案馆网络信息检索

序号	名称	网站	微信	简/繁/英	无障碍浏览
1	安徽档案信息网	www.ahsdag.org.cn	√		
2	北京档案信息网	www.bjma.gov.cn	√	√	√
3	重庆档案信息网	jda.cq.gov.cn	√		
4	福建档案信息网	www.fj—archives.org.cn	√		
5	甘肃档案信息网	www.cngsda.net	√		√
6	广东省档案馆	www.da.gd.gov.cn	√		
7	广西档案信息网	www.gxdag.org.cn	√		
8	贵州档案方志信息网	www.gzdafzxx.cn	√		

（续表）

序号	名称	网站	微信	简/繁/英	无障碍浏览
9	海南省档案信息网	archives. hainan. gov. cn			√
10	河北省档案馆	www. hebdag. org. cn	√		
11	河南档案信息网	www. hada. gov. cn	√		
12	黑龙江档案信息网	www. hljdaj. gov. cn	√	√	
13	湖北档案信息网	www. hbda. gov. cn	√		
14	湖南省档案馆	sdaj. hunan. gov. cn	√		√
15	吉林省档案信息网	www. jlsda. cn			
16	江苏省档案信息网	www. dajs. gov. cn	√		
17	江西档案信息网	www. jxdag. gov. cn	√		
18	辽宁省档案馆	www. lnsdag. org. cn	√	√	
19	内蒙古档案	www. archives. nm. cn	√	√	
20	宁夏档案服务网	www. nxda. org. cn			
21	青海档案网	www. qhda. net	√		
22	山东档案信息网	dag. shandong. gov. cn	√		
23	山西省档案馆	www. sxsdaj. gov. cn	√		
24	陕西档案信息网	daj. shaanxi. gov. cn	√		
25	上海档案信息网	www. archives. sh. cn	√		
26	四川档案	www. scsdaj. gov. cn	√		
27	天津档案方志网	www. tjdag. gov. cn	√	√	
28	西藏档案网	da. xzdw. gov. cn			
29	新疆档案信息网	www. xjaa. gov. cn	√		
30	云南档案网	www. ynda. yn. gov. cn		√	√
31	浙江档案服务网	www. zjdafw. gov. cn	√		√

5 全民阅读信息检索

2012 年党的十八大报告首次把"开展全民阅读活动"纳入社会主义文化强国建设，2022 年党的二十大报告进一步提出"深化全民阅读活动"。2014 年全民阅读第一次写入政府工作报告，从 2014 年"倡导全民阅读"到 2022 年"深入推进全民阅读"，"全民阅读"一词已连续九年进入政府工作报告。2022 年 4 月 23 日，首届全民阅读大会在北京召开。习近平总书记发来贺信，提出"阅读是人类获取知识、启智增慧、培养道德的重要途径，可以让人得到思想启发，树立崇高理想，涵养浩然之气。中华民族自古提倡阅读，讲究格物致知、诚意正心，传承中华民族生生不息的精神，塑造中国人民自信自强的品格。希望广大党员、干部带头读书学习，修身养志，增长才干；希望孩子们养成阅读习惯，快乐阅读，健康成长；希望全社会都参与到阅读中来，形成爱读书、读好书、善读书的浓厚氛围"。阅读是理解和传承文化的主要途径，通过阅读，能促进社会主义文化大发展和大繁荣。

5.1 中国全民阅读网 （www.nationalreading.gov.cn）

中国全民阅读网由国家新闻出版署主管，中宣部机关服务中心（信息中心）主办，全面提供阅读方面的信息服务。

图6-12 中国全民阅读网首页

5.2 国内省级全民阅读信息检索

在党和国家重视全民阅读的大背景下，国内各省分别成立了全民阅读（活动）领导小组（组委会）办公室，组建了全民阅读促进会，开通了全民阅读网，举办书香节，全方位大力推动、倡导和深入推进全民阅读。

表6-5 国内省级全民阅读网络信息检索

序号	省名	名称	网站
1	安徽	安徽全民阅读网	www.ahread.com
2	重庆	书香重庆网	www.sxcq.cn
3	广西	八桂书香网	www.gxbgsx.cn
4	湖北	书香荆楚	www.readhb.com
5	江苏	书香江苏	www.sxjszx.com.cn
6	江西	书香赣鄱	sxgp.jxnews.com.cn
7	新疆	新疆全民阅读网	www.xjyuedu.com
8	浙江	书香浙江	zj.chineseall.cn

第三节 文化产业信息检索

现代社会，文化产业所创造的价值在GDP构成中的比重越来越大。文化产业是极具发展潜力的朝阳产业，是新的经济增长点。"十三五"期间，我国文化产业繁荣发展，2015年至2019年，全国文化及相关产业增加值从2.7万亿元增长到超过4.4万亿元，年均增速接近 13％，占同期国内生产总值比重从 3.95％上升到 4.5％，文化产业在促进国民经济转型升级和提质增效、满足人民精神文化生活新期待、提高中华文化影响力和国家文化软实力等方面发挥了重要作用。到 2025 年，文化产业体系和市场体系更加健全，文化产业结构布局不断优化，文化供给质量明显提升，文化消费更加活跃，文化产业规模持续壮大，文化及相关产业增加值占国内生产总值比重进一步提高，文化产业发展的综合效益显著提升，对国民经济增长的支撑和带动作用得到充分发挥。展望 2035 年，我国将建成社会主义文化强国，国家文化软实力显著增强，文化产业整体实力和竞争力将大幅跃升，文化产业发展质量效益、城乡居民文化消费水平将迈上新的台阶，文化产业对国民经济发展的支撑和带动作用将达到新的高度。

1　综合文化产业信息检索

1.1　中国文化产业网（www.cnci.net.cn）

中国文化产业网由深圳报业集团、深圳国际文化产业博览交易会有限公司联合打造运营。作为国家级权威文化产业门户网站，以文博会为平台，网站重点打造 9 个栏目，依次为：政策法规、政策解读、政府在线、新闻评论、行业资讯、名人名家、文化专题、地方动态、文化项目。

目前中国文化产业网提供中文、英文两种版本。内容范围涵括了文化产业核心层、外围层、相关层各主要行业，体现了独家、专业、权威的特点。全国文化产业项目服务工程建设一直是网站的重点与热点，文化产业项目投融资项目库及文化产品和服务资源库正不断丰富，受到越来越多的海内外关注。网站英文版致力于为国内外的文化产业供应商、采购商提供一个发布供求信息及展销的平台，也为国外相关投融资机构提供了一个了解中国文化产业权威国家政策法规和最新文化产业市场动态的官方窗口。网站每天 24 小时为海内外文化企业提供专业诚信交易服务，永不落幕的网上文博会正日益深化。目前，中国文化产业网网民 IP 覆盖国内包括香港、澳门、台湾以及西藏、新疆、内蒙古等在内的 34 个省、自治区、直辖市及特别行政区，境外 IP 覆盖亚洲、欧洲、大洋洲、非洲和拉丁美洲 190 多个国家与地区，其中欧美主要发达国家访问量占境外 IP 比例 50％以上。

图 6-13　中国文化产业网首页

1.2　中国文化传媒网（www.ccdy.cn）

中国文化传媒网是中华人民共和国文化和旅游部主管、中国文化传媒集团主办的大型综合类文化和旅游新闻资讯门户网站。中国文化传媒网于 2000 年创办，2010 年 3 月中国文化传媒网名称正式启用。中国文化传媒网紧紧围绕文化和旅游领域热点，立足文旅行业，面向社会文化，24 小时为全球用户提供全面及时的文化和旅游资讯。网站以原创文化和旅游类新闻见长，突出文化艺术、旅游领域焦点新闻的深度、广度报道，内容包括权威发布国家文化和旅游政策、快速报道全球文化和旅游动态、国内外突发文化和旅游事件独家报道、文化和旅游热点、文化和旅游现象解析透视、专家访谈等。中国文化传媒网是国内最大最权威的文化和旅游门户类网站，它包含文旅要闻、文旅观察、文旅产业、公共服务、文旅市场、文旅执法、非遗、旅游、文旅号、地方新闻、环球文旅、舆情等 15 个频道，通过文、图、音、视频等形式全面展示娱乐、历史、艺术、美术、旅游、非遗等文化信息。提供海量文化类资讯，实时反馈当今热点文旅现象、解读文旅产业、文旅法规政策、多形式网民互动、大量原创视频信息报道等都是中国文化传媒网的特色。

图 6-14　中国文化传媒网首页

1.3　省级文化产业信息检索

截至 2022 年 8 月中旬，国内省级开通文化产业网站信息检索的有 8 个，有的还提供微信公众号服务。

表 6-6　国内省级文化产业网络信息检索

序号	省份	名称	网站	微信
1	安徽	安徽文化产业发展网	www.ahcid.com	
2	甘肃	甘肃文化产业网	www.gansuci.com	√
3	广西	广西文化产业网	www.gxwhcy.com	
4	湖北	湖北文化产业网	www.hbwhcyw.com	√
5	内蒙古	内蒙古文化产业网	www.nmgwhcy.org.cn	
6	山西	山西文旅产业网	www.sx—ci.cn	√

（续表）

序号	省份	名称	网站	微信
7	陕西	陕西文化产业网	www. shaanxici. cn	
8	天津	天津文化产业网	www. tjwhcy. gov. cn	

2 新闻出版网络信息检索

新闻出版是文化产业的重要组成部分，本部分主要以新闻和出版网络信息检索为主展开论述。

2.1 新闻网络信息检索

根据 2023 年 2 月国家新闻出版署发布的《2021 年新闻出版产业分析报告》（以下简称《报告》）显示，2021 年，全国共出版报纸 1752 种，实现营业收入 579.2 亿元，报刊出版集团共 43 家。本部分新闻网络信息以官方发布的新闻为主，保证网络新闻信息的真实、可靠和权威，主要从中央和地方两个方面展开，中央新闻网络信息检索包括国家级通讯社和报社的网络信息，地方主要以省级党委机关报（日报）发布的网络新闻信息展开。国家级新闻网络信息检索除了开通网站提供网络信息检索，另外大都开通了 App 和微信公众号。

（1）国家级新闻信息检索

① 新华网（www. xinhuanet. com）。新华网是国家通讯社新华社主办的综合新闻信息服务门户网站，是中国最具影响力的网络媒体和具有全球影响力的中文网站。新华社是中国国家通讯社和世界性通讯社，前身是 1931 年 11 月 7 日在江西瑞金成立的红色中华通讯社，1937 年 1 月在陕西延安改为现名。新华社建立了覆盖全球的新闻信息采集网络，形成了多语种、多媒体、多渠道、多层次、多功能的新闻发布体系，集通讯社供稿业务、报刊业务、电视业务、经济信息业务、互联网和新媒体业务等为一体，每天 24 小时不间断用中文、英文、法文、俄文、西班牙文、阿拉伯文、葡萄牙文和日文 8 种文字，向世界各类用户提供文字、图片、图表、音频、视频等各种新闻和信息产品。作为新华社全媒体新闻信息产品的主要传播平台，新华网拥有 31 个地方频道以及英、法、西、俄、阿、日、韩、德、葡等多种语言频道，日均多语种、多终端发稿达 1.5 万条。新华网是全球网民了解中国最重要的窗口，致力于为全球网民提供最权威最及时的新闻信息服务，用户遍及 200 多个国家和地区。

图 6-15 新华网首页

② 中国新闻网（www. chinanews. com）。中国新闻网由中国新闻社主办，为中央重点新闻网站。中国新闻社是中国两家国家通讯社之一，成立于 1952 年 10 月 1 日，前身为

1938 年成立的国际新闻社。中新社在境内 31 个省区市均建有分社，在美国、加拿大、英国、法国、德国、比利时、俄罗斯、韩国、日本、澳大利亚、泰国、哈萨克斯坦、中国香港等国家和地区建有 21 个境外分社，用户遍及五大洲 100 多个国家和地区。近年来，中新网加快媒体融合发展步伐，形成了以网站、客户端、社交媒体账号为主体的全媒体传播矩阵，中新网旗下有中新视频、中新经纬、中国侨网、侨宝客户端、中国华文教育网、中新英文网等媒体矩阵。

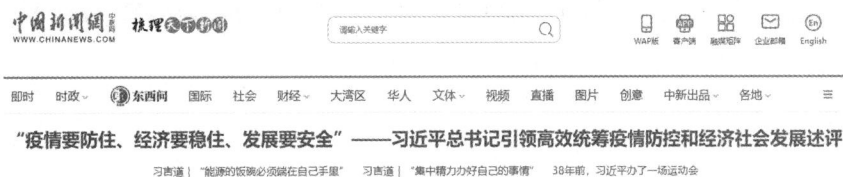

图 6-16　中国新闻网首页

③ 中国网（www.china.com.cn）。中国互联网新闻中心是多语种全媒体报道解读新时代中国的国家权威网络传播平台，成立于 2000 年，所属中国网是中央重点新闻网站。中国网以 10 个语种、11 个文版对外权威发布中国主题信息，访问用户覆盖 200 多个国家和地区；运维"习近平外交思想和新时代中国外交"专题网站、国新办英文网站、中国发展门户网等；打造以"中国 3 分钟"等多语种短视频为龙头的国际传播产品矩阵，运营社交媒体账号；自主开发 20 余个客户端产品。

图 6-17　中国网首页

④ 人民网（www.people.com.cn）。人民网是"网上的人民日报"，是人民日报社控股的文化传媒上市公司，1997 年 1 月 1 日正式上线。在国内设有 33 个分支机构，在境外设立了 15 个公司或办事处，拥有人民在线、海外网、环球网、人民健康、人民视听、人民信息技术、人民视讯、人民创投、人民体育、人民科技等多家控股公司。

图 6-18　人民网首页

⑤ 光明网（www.gmw.cn）。光明网是光明日报主办的思想理论文化领域的中央重点新闻网站。光明日报创刊于 1949 年 6 月 16 日，是中共中央主办，以知识分子为主要读者对象的思想文化大报。

图 6-19　光明网首页

（2）省级日报新闻信息检索

地方省级的党委机关报基本都开通了相应的网站提供新闻网络信息查找。

表 6-7　国内省级日报网络信息检索

序号	省份	名称	网站	App	微信	微博
1	安徽	安徽新闻网	www.ahnews.com.cn	√	√	√
2	北京	京报网	www.bjd.com.cn	√	√	√
3	重庆	重庆日报网	www.cqrb.cn	√		√
4	福建	东南网	www.fjsen.com	√	√	√
5	甘肃	每日甘肃网	www.gansudaily.com.cn	√		√
6	广东	南方网	www.southcn.com		√	
7	广西	广西新闻网	www.gxnews.com.cn	√	√	√
8	贵州	当代先锋网	www.ddcpc.cn	√	√	√
9	海南	海南日报	hnrb.hinews.cn	√	√	√
10	河北	河北新闻网	www.hebnews.cn	√	√	√
11	河南	河南日报网	www.henandaily.cn	√	√	√
12	黑龙江	黑龙江新闻网	www.hljnews.cn		√	√
13	湖北	荆楚网	www.cnhubei.com	√	√	√
14	湖南	湖南日报	hnrb.voc.com.cn	√	√	√
15	吉林	大吉网	www.dajilin.com	√		√
16	江苏	新华报业网	www.hinews.cn	√		
17	江西	大江网	www.jxnews.com.cn	√	√	
18	辽宁	北国网	www.lnd.com.cn		√	√
19	内蒙古	内蒙古新闻网	www.nmgnews.com.cn	√	√	√
20	宁夏	宁夏新闻网	www.nxnews.net	√	√	√

（续表）

序号	省份	名称	网站	App	微信	微博
21	青海	青海羚网	www. qhlingwang. com	√	√	√
22	山东	大众网	www. dzwww. com		√	√
23	山西	山西新闻网	www. sxrb. com	√	√	
24	陕西	群众新闻网	www. sxdaily. com. cn	√	√	√
25	上海	上观新闻	www. jfdaily. com	√		√
26	四川	四川日报网	www. scdaily. cn			
27	天津	天津日报数字报	epaper. tianjinwe. com			√
28	西藏	中国西藏新闻网	www. xzxw. com	√	√	√
29	新疆	新疆日报	xjrb. ts. cn			
30	云南	云南日报网	www. yndaily. com	√	√	√
31	浙江	浙江在线	www. zjol. com. cn	√		

2.2　出版信息检索

出版活动，包括出版物的出版、印刷或者复制、进口、发行。出版物，是指报纸、期刊、图书、音像制品、电子出版物等。出版活动传播和积累有益于提高民族素质、有益于经济发展和社会进步的科学技术和文化知识，弘扬民族优秀文化，促进国际文化交流，丰富和提高人民的精神生活。据《报告》显示，2021 年，全国出版、印刷和发行服务实现营业收入 18564.7 亿元。其中全国共出版新版图书 22.5 万种，重印图书 30.4 万种，实现营业收入 1082.2 亿元。全国共出版期刊 10185 种，实现营业收入 224.6 亿元。全国共出版音像制品 8172 种，实现营业收入 30.5 亿元。全国共出版电子出版物 8199 种，实现营业收入 20 亿元。全国印刷复制实现营业收入 13301.4 亿元，出版物发行实现营业收入 3239.2 亿元，出版物进出口经营单位实现营业收入 87.7 亿元。截至 2021 年底，全国共有经国家出版管理部门或省级出版管理部门批准的出版传媒集团 121 家，其中图书出版集团 39 家、发行集团 28 家、印刷集团 11 家。2021 年，国内其中 35 家图书出版集团共实现主营业务收入 2110 亿元。

（1）中国出版集团（cn. cnpubg. com）

中国出版集团是经中共中央、国务院批准于 2002 年 4 月 9 日成立的国家级出版机构。2004 年 3 月 25 日，国务院授权成立中国出版集团公司。2018 年，改制为中国出版集团有限公司。集团以出版物生产和销售为主业，是集纸质出版、数字出版、版权贸易、出版物进出口贸易、印刷复制、出版物流与发行、艺术品经营、翻译和大数据服务、信息服务、科技开发、金融投资于一体的出版集团。拥有各级子公司、控股公司等法人企业 198 家，拥有各级各类出版机构 40 家，每年出版图书和音像、电子、网络等出版物 2 万余种，出版期刊报纸 58 种；每年从事版权贸易 2000 多种，每年进出口各类出版物 20 多万种。

图 6 - 20   中国出版集团首页

（2）中国教育出版传媒集团（www.cepmg.com.cn）

中国教育出版传媒集团成立于 2010 年 12 月，控股企业包括中国教育出版传媒股份有限公司、人民教育出版社、高等教育出版社、语文出版社、中教华影电影院线股份有限公司、中国教学仪器设备有限公司、中国教育图书进出口有限公司等，以图书、期刊、电子音像产品、数字出版物出版和销售为主业，兼营电影院线、影视节目投资制作和图书、期刊、教学仪器设备进出口等业务，属中央国有大型文化企业。

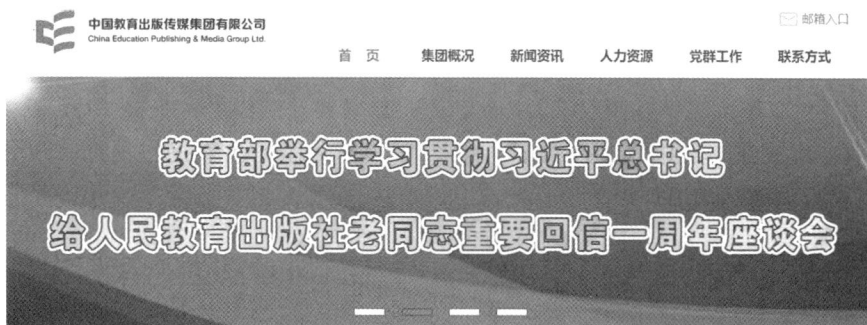

图 6 - 21   中国教育出版传媒集团首页

（3）中国外文出版发行事业局（www.cicg.org.cn）

中国外文出版发行事业局，简称中国外文局，对外称中国国际传播集团，前身是成立于 1949 年 10 月的中央人民政府新闻总署国际新闻局，是承担党和国家对外宣介任务的国际传播机构。中国外文局下辖 21 家直属单位，主管 2 家全国性社会团体。在 14 个国家和地区设有 26 家驻外机构，每年以 40 余种文字出版 3000 余种图书，以 14 个文种编辑 36 本多语种期刊，书刊发行到世界 180 多个国家和地区，网络受众遍及世界各地。除了网站，中国外文局还有微信公众号和微博号。

图 6-22　中国外文出版发行事业局

（4）国内省级出版集团信息检索

截至 2022 年 7 月底，我国内地成立的省级出版集团有 26 家提供网站信息检索，有的还有微信公众号和 App。

表 6-8　国内省级出版集团网络信息检索

序号	省份	名称	网站	微信
1	安徽	安徽出版集团	www.apgmart.com	√
2	北京	北京出版集团	www.bph.com.cn	
3	重庆	重庆出版集团	www.cqph.com	√
4	福建	海峡出版发行集团	www.hxebook.com	
5	甘肃	读者出版集团	www.duzhepg.com	√
6	广东	广东省出版集团	www.gdpg.com.cn	√
7	广西	广西出版传媒集团	www.gxcbcmjt.com	√
8	贵州	贵州出版集团	www.gzpg.com.cn	√
9	河北	河北出版传媒集团	www.hbp.cn	√
10	河南	中原出版传媒集团	www.ccpmg.com.cn	√
11	黑龙江	黑龙江出版集团	www.hljcbcm.com	√
12	湖北	长江出版传媒集团	www.cjcb.com.cn	
13	湖南	中南出版传媒集团	www.zncmjt.com	
14	吉林	吉林出版集团	www.jlpg.cn	
15	江苏	凤凰出版传媒集团	www.ppmg.cn	
16	江西	江西省出版集团	www.jxpp.com	
17	辽宁	辽宁出版集团	www.lnpgc.com.cn	√
18	内蒙古	内蒙古出版集团	www.im—pg.com	
19	宁夏	黄河出版传媒集团	www.yrpubm.com	√
20	山东	山东出版集团	www.sdpress.com.cn	√

（续表）

序号	省份	名称	网站	微信
21	山西	山西出版传媒集团	www.sxpmg.com	√
22	陕西	陕西新华出版传媒集团	www.sxxhpm.com	√
23	上海	上海世纪出版集团	www.shcpg.cn	√
24	天津	天津出版传媒集团	www.tjcbcm.com	
25	云南	云南出版集团	www.ynpublish.com	
26	浙江	浙江出版联合集团	www.zjcb.com	√

3 广播电视信息检索

根据国家广播电视总局规划财务司 2022 年 4 月 25 日发布的《2021 年全国广播电视行业统计公报》显示，2021 年全国制作广播节目时间 812.71 万小时，播出时间 1589.49 万小时。制作电视节目时间 305.96 万小时，播出时间 2013.99 万小时。2021 年全国广播电视行业总收入 11488.81 亿元，其中，广播电视和网络视听业务实际创收收入 9673.11 亿元，财政补助收入 968.76 亿元，其他收入 846.94 亿元。截至 2021 年底，全国开展广播电视和网络视听业务的机构约 6 万家。其中，广播电台、电视台、广播电视台等播出机构 2542 家，持证及备案网络视听机构 675 家，超过 2000 家县级融媒体中心取得网络视听节目许可证，从事广播电视节目制作经营机构超过 5 万家。本部分内容主要以国家级广电和省级广电网络信息检索展开论述。

3.1 国家广电信息检索

（1）央广网（www.cnr.cn）

央广网是由中央广播电视总台主办的，中国最大的音频广播新闻网站，是中央重点新闻网站和中国最具影响力的网络媒体之一，旨在通过互联网"让中国的声音传向世界"。

图 6-23　央广网首页

（2）国际在线（www.cri.cn）

国际在线是由中央广播电视总台主办的以"国际传播"为特点的中央重点新闻网站，于 1998 年 12 月 26 日正式发布。国际在线目前通过 44 个语种以及广客闽潮 4 种方言对全球进行传播，是中国使用语种最多的国际化新媒体平台。

图 6-24　国际在线首页

（3）央视网（www.cctv.com）

央视网是中央广播电视总台主办的中央重点新闻网站，是拥有全牌照业务资质的大型互联网文化企业。

图 6-25 央视网首页

3.2 省级广电信息检索

截至 2022 年 7 月底，国内 31 个省、自治区、直辖市广电都开通了网站提供信息检索，有的还有 App、微信公众号和微博。

表 6-9 国内省级广电网络信息检索

序号	省份	名称	网站	App	微信	微博
1	安徽	安徽网络广播电视台	www.ahtv.cn	√		
2	北京	北京广播电视台	www.brtv.org.cn			
3	重庆	重庆网络广播电视台	www.cbg.cn			
4	福建	福建网络广播电视台	www.fjtv.net			
5	甘肃	甘肃网络广播电视台	www.gstv.com.cn	√	√	
6	广东	广东网络广播电视台	www.gdtv.com.cn	√	√	√
7	广西	广西网络广播电视台	www.gxtv.cn	√		
8	贵州	贵州网络广播电视台	www.gzstv.com			
9	海南	海南广播电视总台	www.bluehn.com			
10	河北	河北网络广播电视台	www.hebtv.com	√	√	√
11	河南	河南网络广播电视台	www.hntv.tv			
12	黑龙江	黑龙江网络广播电视台	www.hljtv.com	√	√	√
13	湖北	湖北网络广播电视台	news.hbtv.com.cn	√	√	√
14	湖南	湖南卫视	zixun.hunantv.com			√
15		芒果广播网	hwww.hnradio.com			
16	吉林	吉林网络广播电视台	www.jilintv.cn			
17	江苏	江苏网络广播电视台	www.jstv.com	√		√
18	江西	江西网络广播电视台	www.jxntv.cn	√	√	√
19	辽宁	辽宁广播电视台	www.lntv.cn			
20	内蒙古	内蒙古网络广播电视台	www.nmtv.cn	√	√	√
21	宁夏	宁夏网络广播电视台	www.nxtv.com.cn	√	√	√

（续表）

序号	省份	名称	网站	App	微信	微博
22	青海	青海长云网	www. qhbtv. com			
23	山东	山东广播电视台	v. iqilu. com	√	√	
24	山西	山西网络广播电视台	www. sxrtv. com		√	
25	陕西	陕西网络广播电视台	www. snrtv. com			√
26	上海	上海广播电视台	www. smg. cn			
27	四川	四川广播电视台	www. sctv. com	√		
28	天津	天津广播电视台	tjtv. enorth. com. cn			
29	西藏	中国西藏之声网	www. vtibet. cn	√		
30	新疆	新疆广播电视台	www. xjtvs. com. cn	√	√	√
31	云南	云视网	www. yntv. cn	√	√	
32	浙江	新蓝网	www. cztv. com	√	√	√

参考文献

1. 文化和旅游部财务司 . 中华人民共和国文化和旅游部 2021 年文化和旅游发展统计公报［EB/OL］.［2022－07－15］. https：//zwgk. mct. gov. cn/zfxxgkml/tjxx/202206/t20220629 _934328. html.

2. 中国国家博物馆 . 中国国家博物馆数据报告（2021 年度）［EB/OL］.［2022－07－15］https：//www. chnmuseum. cn/zx/gbxw/202206/t20220615 _256393. shtml.

3. 国家新闻出版署 . 2020 年新闻出版产业分析报告［EB/OL］.［2022－07－29］. https：//www. nppa. gov. cn/nppa/upload/files/2021/12/910c52660b947756. pdf.

4. 国家广播电视总局 . 2021 年全国广播电视行业统计公报［EB/OL］.［2022－08－09］. http：//www. nrta. gov. cn/art/2022/4/25/art _113 _60195. html？xxgkhide＝1.

第七章　休闲购物信息检索

第一节　休闲购物信息概述

为了推动各地制定鼓励居民旅游休闲消费的政策措施，国务院曾于2013年3月印发了《国民旅游休闲纲要（2013－2020年）》，自纲要实施以来，我国旅游休闲环境持续优化，公共服务体系更加完善，产品和服务质量显著提升，与相关业态融合程度不断加深，旅游休闲内容持续拓展延伸。为加快推进国民旅游休闲高质量发展，更好满足人民群众的美好生活需要，2022年7月，经国务院同意，国家发展改革委、文化和旅游部联合印发《国民旅游休闲发展纲要（2022－2030）》，旨在进一步优化我国旅游休闲环境，完善相关公共服务体系，提升产品和服务质量，丰富旅游休闲内涵，促进相关业态融合。

1　休闲信息概述

随着科学技术的发展以及劳动生产率和收入水平的提高，我国居民的闲暇时间明显增加，休闲消费和休闲服务也逐渐受到大众普遍关注。尽管如此，现代城市生活的节奏不断加速，工作压力、生活压力、学习压力让人们的闲暇时间越来越碎片化，人们在对日常休闲需求越来越多样的同时，也更加重视闲暇时间的规划与利用效率的提升。

1.1　休闲信息的内涵

休闲是一个复合概念，不同的研究者根据其特定的社会价值观和道德伦理观，对休闲有着不同的理解。西方学者将休闲定义在时间（time）、活动（activity）、存在状态（state of being）和心态（state of mind）等四种基本语境中。美国休闲学研究专家杰弗瑞·戈比（Geoffrey Godbey）认为休闲是从文化环境和物质环境的外在压力中解脱出来的一种相对自由的生活，它使个体能以自己所喜爱的、本能地有价值的方式，在内心之爱的驱动下行动，并为信仰提供一个基础。国内学者主要从时间角度、活动角度、哲学和文化角度或时间、体验和活动三者融合的角度来定义休闲。学者刘海春认为休闲就是生命个体摆脱外界的束缚而处于一种自由状态下追求身心愉悦、幸福满足和自我发展的一切有益于身心健康的内心体验与行为方式的总和。

本章所探讨的"休闲信息"，即是指在人们期望得到精神放松、身心愉悦以及自我满足的目的时，所需要搜集的消息或情报，并以此为线索，寻求满足自身休闲需求的途径或场所。

1.2 休闲信息的种类

对于休闲信息的分类，并没有十分严格的划分标准。"休闲信息"包含的内容极为广泛，从广义层面上讲，凡是能满足人们休闲需求的信息，均属于休闲信息的范畴；从狭义层面上来看，休闲信息主要是指人们日常生活中休闲娱乐活动信息，包括图片、影视、音乐、体育、文学、旅游、户外活动等等。

按休闲信息的供给形式，可将其划分为三种类别：自给、公共和商业。

① "自给性休闲信息"是指自我供给的休闲信息，如听音乐、读书等。一般而言，此类活动对社会性设施和服务的依赖程度较低，消费者凭借其在市场上购买来的书籍、音像设备等实物产品，进行个体性、私人性和自给性的生产与消费过程。

② "公共性休闲信息"是指博物馆、美术馆、科技馆、公园、图书馆、活动中心等公共物品所供给的信息。在现实社会中，作为纳税人的公民对于此类公共性休闲信息的获取是通过部分付款来实现的。

③ "商业性休闲信息"是商业机构和组织提供的以营利为目的的休闲产品、设施和服务信息，包括旅游、招待、体育、户外娱乐、大众传媒（如：流行音乐、影碟、电视、广播、杂志和书籍等）的大部分信息，从而满足社会大众休闲需要。

2 购物信息概述

随着电子商务的迅速发展，网络环境下的商品信息不断泛滥，加大了用户检索自身所需购物信息的成本。加之国内外搜索引擎技术的迅猛发展与用户购物信息检索效率低下的矛盾，使得培养用户购物信息检索的能力显得十分必要。中国互联网络信息中心2023年8月发布的第52次《中国互联网络发展状况统计报告》指出，截至2023年6月，我国网络购物用户规模达8.84亿，占网民整体的81.6%。2019年10月发布的《中国网民搜索引擎使用情况研究报告》显示，搜索引擎已成为查询专业信息的重要工具，搜索引擎服务在网络购物场景下的使用率已达52.8%。搜索引擎已经成为商家与消费者对接的重要渠道，随着搜索引擎在企业推广营销中的地位越来越重要，搜索引擎具有的营销价值不断提升。然而较为庞大的购物信息检索的需求与相对较差的购物信息检索体验形成强烈对比，购物信息检索服务水平和能力亟待提高。

2.1 购物信息检索服务类型与使用

和实体店购物不同的是，网络购物者都是利用计算机和网络来浏览所需要的商品，面对众多的购物网站就像面对琳琅满目的商品一样，加上缺乏现实购物过程中的视觉和触觉体验，网络购物者很难挑选到合适的商品，因此，一个购物网站的商品搜索引擎配置就显得十分重要。目前，提供购物信息检索服务的主要包括：一是通用搜索引擎提供的购物搜索服务，如百度、谷歌、搜狗等；二是购物网站提供的站内搜索服务，如淘宝搜索，主要针对阿里巴巴旗下的淘宝网进行站内搜索，为用户提供C2C的购物搜索结果；三是比较购物搜索引擎网站，如谷歌和有道提供的购物搜索服务，可以在一个搜索结果中同时获得包括商品价格、买家评论、商品售卖等信息。在网民常用购物搜索网站类型中，首选在购物网站内搜索商品相关信息，其次为综合搜索引擎，比例最小的是垂直购物搜索。在购物搜索这一块，自从亚马逊、淘宝、eBay、京东等大型购物平台崛起，平台内商品日益丰富，其信息的参考价值很大，网民逐渐转变成直接通过平台站内搜索信息，这给综合搜索和购物类垂直搜索带来的冲击较大。网络服务提供商 Cloudflare 根据网站访问量，统计了2021年全球访问量最大的10个在线购物网站，分别是亚马逊、淘宝网、eBay、Walmart（沃尔玛）、京东、Shopify（加拿大在线平台）、Bestbuy（百思买）、Target（塔吉特）、Rakuten（乐天）、The Home Depot（家得宝）。其中，淘宝网和京东是我国网民搜索商品相关信息的主要网站。

2.2　购物网站类型与特征

电子商务的范围很广，可应用于小到家庭理财、个人购物，大至企业经营、国际贸易等诸多方面。一般可分为企业对企业（Business to Business，简称 B2B 模式），和企业对消费者（Business to Consumer，简称 B2C 模式）两种模式。另外消费者对消费者（Consumer to Consumer，简称 C2C 模式）这种模式现在也在快速增长。B2B 的典型是阿里巴巴、百纳网、中国网库、中国制造网、瀛商网、中国114黄页网、太平洋门户网等。B2C 网站的典型有淘宝商城、QQ 商城、当当网、卓越网、亚马逊、京东商城等。同时淘宝网、易趣网等也包括 C2C 模式。另外还有企业对政府模式（B2G）、企业对职业经理人模式（B2M）等。

然而从购物网站类型而言，可以划分为两个大类：平台型电商和垂直型电商，其中平台型电商的典型是淘宝和天猫商城，而垂直型电商的典型则是京东商城。平台型电商由平台提供统一的检索服务，而商品信息则是由各自商家自行添加，无法制定统一的标准，故而尽管其搜索引擎效用较高，但是在商品信息分类上则表现出不足。与之不同的是，京东这一类垂直型电商一体化的管理方式，一定程度上保证了分类信息检索和搜索引擎检索体验的一致性，具体表现在商品的分类信息较为完善。

早有学者针对 Yahoo!、Google、Baidu 三个搜索引擎进行了有效性比较，发现不同类型搜索引擎检索中文电子商务产品链接的有效性存在一定差异：其中，Yahoo! 目录的有效性要高于 Google 和 Baidu，Google 和 Baidu 之间并不存在明显的有效性差异。由此可见，购物信息检索的有效性一定程度上由其信息组织的程度所决定，目录式的信息组织方式在购物信息检索中的效率较高。这也与垂直型电商的信息检索发展模式较为一致，对商品信息进行多层级、多类型的信息标示，侧重商品分类，以多条件式的选择帮助用户进行信息检索。

2.3　购物信息检索发展与趋势

电子商务购物网站和一般网站相比具有其独特性，即为了直接呈现商品的信息，都是用图片作为信息载体。商品信息本身具有自身的特性，如对时间的敏感性和对色彩的依赖性，像衣服、鞋子等视觉依赖性强的商品的季节性变化，导致图像数量和图像信息数量的飞速增长，采用上述两种检索方式存在着以下问题：①商品销售方对商品信息分类的多样性。销售人员是网上信息的发布者，他们不可能按照有关分类法来进行信息的分类，都是根据自己的理解和喜好对图片文件加注标签，具有很强的主观性，因而必然会出现标引词的多样性，增加了检索的范围。②消费者对商品信息标签理解的歧义性，即由于个人感知的差异，不同的人对待相同的图像可能就会有不同的理解。③视觉依赖性强的商品类型划分不同，即对于这种视觉依赖性强的商品，不同的角度划分就会导致所属的类型不同。

④商品信息标注的不完全性，即商品的文本标注不能全部反映图像的内容。

面向购物的信息检索呈现出六个研究热点和发展方向：

（1）移动搜索

移动搜索是指用户利用手机、平板电脑等移动终端，以无线上网、短信息、语音通话等手段对互联网上的信息内容进行检索，实现快速、准确地获取信息资源的一种搜索方式。艾瑞咨询2014年中国移动购物用户调研报告显示，相比于2012年，2013年中国移动设备用户使用移动购物的比例由46.1％上升到61.9％，比例明显提升。与此同时，"只用移动设备查询浏览过相关商品信息，但没直接买过商品"的用户比例由30.8％下降为19.3％。自2019年以来，新冠疫情的影响推高了移动购物的使用情况，通过移动设备购物的消费者数量达到了创纪录的高度。App Annie、Liftoff和Poq联合发布的报告《2021移动购物：永不止步》显示，截至2021年第一季度，使用移动设备购物的时长同比增长49％。

（2）语义搜索

以往的搜索引擎根据用户提交的关键词，通过对网页之间的链接进行分析来完成搜索。这种搜索引擎只能根据用户提交的关键词进行搜索，因此用户只能自主地不断对提交的关键词进行调整来呈现最佳的搜索结果。语义搜索则是指搜索引擎不仅要理解用户所提交的检索语句的字面意义，而且能够透过现象看本质，准确地理解用户输入这些检索语句最终想要得到什么结果，并根据理解来进行搜索，从而向用户提供更准确的搜索结果。

（3）智能搜索

智能搜索引擎是人工智能与搜索引擎的全新结合。智能搜索引擎建设的目的是能够根据用户提出的检索请求，从海量的网络信息中检索出用户最可能需要的信息呈现给用户。智能搜索引擎除了具有传统的搜索引擎的功能外，还能够理解用户使用的自然语言，自动分析用户筛选检索结果的习惯，推断用户检索偏好，并对检索结果进行自动筛选。

（4）图像搜索

图像搜索引擎在电子商务中的应用越来越广泛。图像搜索是一种颠覆性的搜索方式，它是通过提取图片中的视觉特征，和大数据规模的图像视觉特征库进行快速比对，进而找到特征最接近图片的搜索服务。提供图像搜索服务的网站有两类：一类是以百度、Google、有道等为代表的专业搜索引擎，搜索面广，搜索结果信息庞杂；另外一类就是以淘淘搜等专业图像搜索服务为代表的网站，主要应用于网购领域的服务方向，为用户提供网购方面的体验。淘淘搜原名搜图购，2010年4月获得阿里巴巴集团战略投资，5月更名为淘淘搜。事实上，图像搜索早就已经受到各大搜索引擎和电子商务网站的重视，2010年，谷歌投资1亿美元对图像购物搜索引擎like.com进行收购，并由此而引发了一场基于视觉的图片购物搜索热潮。移动互联网的发展以及智能手机的普及更促进了图像购物搜索的发展，人们可以随时随地使用手机拍照进行图像购物搜索。

（5）垂直购物搜索

大多数搜索引擎是综合性搜索引擎，搜索结果过于全面、宽泛，没有对信息进行筛选，这与用户越来越重视的搜索个性化原则相违背，人们迫切地需要更加专业化的垂直搜索引擎。垂直搜索引擎就有针对性地为某一特定领域、某一特定人群或某一特定需求提供专门的信息检索服务，以满足用户个性化的信息需求。为了提高网站访问流量，各个专业的电子商务网站纷纷推出自己的购物搜索引擎，比如谷歌推出购物搜索进入国内市场，借助其成熟的搜索技术以及独特的购物搜索体验，迅速成为覆盖面最广的购物搜索引擎。网易有道推出有道购物搜索，并推出了与之相对应的客户端软件有道购物助手，成为购物搜索领域的新生力量。购物搜索引擎的检索结果来自被收录的电子商务网站，当用户检索某个商品时，所有销售该商品的网站上的产品记录都会被检索出来，用户可根据产品价格、对网站的信任度和偏好等因素来选购商品。一般来说，购物搜索引擎本身并不出售商品。

（6）比价搜索

价格是购物信息检索中较为特殊的属性，其对用户购物行为有着决定性的影响力。比价搜索引擎是搜索引擎的一种细分，它是从比较购物网站发展而来。比较购物网站最初的设想，是为用户提供从多种在线零售网站中进行商品价格、网站信誉、购物便利性等方面的比较资料。比价搜索引擎的检索结果更集中、更全面，它与一般搜索引擎的区别在于其除了能够搜索商品、展示商品介绍等信息外，还能对商品价格等信息进行比较，并对商家信誉进行对比，方便用户做出购买决策。目前网络上比较权威的比较购物搜索网站有谷歌购物（Google Shopping）等，这些网站通过提供比较购物服务为买家提供更加全面的商品信息，为用户进行网络购物带来了更多的方便。

第二节　休闲信息检索

随着搜索引擎、门户网站以及社交网络的大量出现，人们对于休闲信息的获取方式开始呈现网络化、自主化的发展趋势，自给自足式的网络休闲信息获取逐渐成为主流。本节主要探讨的是基于网络环境的休闲信息检索，并将网络休闲信息分为三类，一类为"娱乐休闲信息"，主要包括网络读物、网络图片、网络音乐、网络影视信息；一类为"旅游休闲信息"；另一类为"体育休闲信息"。

1　娱乐休闲信息检索

除了文字形式的娱乐休闲信息外，随着多媒体技术、网络技术以及数字化处理技术的发展，互联网上的休闲数字多媒体信息有了爆炸性的增长。数字多媒体信息以其独特的直观性、可视性、丰富性的特点，不仅改变了人们信息获取的途径，而且改变了人们的休闲、娱乐、生活、工作和思考的方式。帮助用户更精确地搜索数字多媒体信息，已成为网络技术人员不断探究的课题。日常生活中，多媒体图片、音乐、影视是网络娱乐休闲信息的主要内容与载体，并且占据了人们绝大部分的休闲时间。

1.1　休闲文字信息检索

（1）起点中文网（www.qidian.com）

起点中文网创立于 2002 年 5 月，是国内领先的原创文学网站，隶属于引领行业的正版数字阅读平台和文学 IP 培育平台阅文集团旗下。起点中文网是目前国内用户数量最大、收藏最为全面、受关注度最高的阅读和写作平台，以发布娱乐文学为主，创新推出了付费阅读模式。起点中文网的作品内容多元，站内作品涵盖了玄幻、奇幻、武侠、仙侠、都市、现实、军事、历史、游戏、体育、科幻、悬疑、轻小说等文学领域几乎所有门类，具有极大的影响力，适合多元用户群。2022 年 5 月，起点中文网在成立二十周年之际宣布新的品牌主张"每一本好书，都是新的起点"，并以"让好书生生不息"为品牌使命。

图 7-1　起点中文网首页

　　起点网主要提供分类目录式搜索，站内文学作品被划分为"玄幻、奇幻、武侠、仙侠、都市、现实、军事、历史、游戏、体育、科幻、诸天无限、悬疑、轻小说"等 14 种类型，读者可根据自身喜好以及个人兴趣选择作品阅读。除此之外，该网站还提供了如热门作品、新作推荐、完本精品、月票榜、畅销榜、书友榜、阅读指数榜等特色功能。在分众服务方面，该网站还特别针对女性读者开辟了"起点女生网"专区，以满足女性读者的需求。

　　起点网的"起点搜书"，是该网站的统一检索入口，提供书名、作者等检索类型，主要通过键入关键字检索。另外，读者可根据个人需求，通过限制检索条件，达到筛选的目的，筛选字段包括类型、状态、字数、是否免费、全部标签等。

图 7-2　"起点搜书"检索页面（1）

图 7-3　"起点搜书"检索页面（2）

（2）多看（www.duokan.com）

多看科技成立于 2010 年 2 月，现为小米科技旗下成员企业，创始人有金山董事长、小米手机的创始人雷军、新东方的徐小平老师、雷石公司董事长王川等。2012 年被小米公司全资收购，成为小米旗下成员企业。多看是一家汇聚 IT 界各路精英、专注于电子书阅读器开发与应用推广的创业型公司，以帮助用户"多看书、多交朋友"为宗旨，不断满足用户需求，为世界各地的用户提供最好的中文电子书阅读产品，追求把产品做到极致，不断完善和加强软件开发力度，力求提供最友好的阅读体验，为喜爱电子书的用户带来新的阅读享受和欢乐。

图书检索方面，多看阅读提供分类导航式检索入口，其将站内作品划分为小说、杂志、两性情感、经管、计算机、科学与自然、文学、少儿、生活、传记、旅游、成功励志、历史、政治与军事、艺术、社会科学、法律、教育、青春与动漫、外语、资讯及其他、原创文学等 22 大类，读者可根据该分类导航，进行层阶式搜索。另外，多看阅读还提供了如书名、作者、关键字检索以及榜单排名、精品推荐等功能，帮助读者快速定位查找所需图书。

图 7-4　多看阅读 Web 版首页

读者交互体验方面，多看阅读提供了优秀的阅读体验，如专业级的版面设计、多样化的字体排版，以及精美的高清图片、优雅的图文绕排和绚丽的全屏插图等，为读者带来超越纸书的视觉享受。读者在阅读的过程中，可随时进行注解批注、插入书签、撰写书评等，并与在线读者及时互动与交流。另外，读者还可在线免费试读所有作品，真正让读者找到逛书店的感觉。

平台建设方面，多看阅读不仅提供了 PC 端的 Web 网页，其在移动平台（如智能手机、平板电脑、Kindle 等）同样提供了基于 Andriod、iOS、Kindle 系统的多看阅读客户端 App。多看阅读客户端具有丰富的手势操作、目录导航、添加或者删除书签、撰写书摘以及批注、书籍管理、调节亮度、更改字体、修改阅读背景等功能。借助强大的云服务，多看阅读客户端还可以帮助读者利用个人账号轻松同步、备份并还原在不同平台上的阅读进度、书签、书摘、批注、个人设置等信息，实现无障碍的跨平台阅读。

图 7-5　多看阅读 iOS 版客户端界面

图 7-6　多看阅读 Andriod 版客户端界面

图 7-7　多看阅读 Kindle 版客户端界面

（3）豆瓣读书（book. douban. com）

豆瓣读书为豆瓣网的一个子栏目，2005 年正式上线，具综合商业性网站和社交网络的优势，集图书检索、图书信息互动、读者社区、图书商品引导购买四大功能于一体。其提供了文学、流行、文化、生活、经管、科技等六大类共 175 个图书分类标签，是目前国内收录图书信息最全、用户数量最大且最为活跃的读书网站。

豆瓣读书以书为媒介，以兴趣为黏合剂，通过人与人之间的交流互动，让兴趣爱好相同的人互相分享感悟、传递经验。这种以人为中心建立的阅读社区，是对传统门户网站或论坛以书为中心来进行商业运作或简单交流互动的一种新突破。

图 7-8　豆瓣读书首页

豆瓣读书在其首页提供了统一的图书检索入口，用户可利用书名、作者以及图书 ISBN 号进行检索。在检索结果中，用户可方便地获取所需图书的基本信息，包括作者、出版社、出版日期、定价、推荐指数，另外还可查阅图书内容简介、作者简介、目录、书评、读者评论、在线试读等信息。除此之外，豆瓣读书还提供了图书比价与购买通道服务，罗列各主要网络书城（如亚马逊、京东商城、当当网等）的价格和购买链接，供用户参考。比较特别的是，豆瓣读书还提供了"豆瓣猜"服务，它是豆瓣读书的特色功能之一，通过记录分析用户的检索、评论以及试读等站内活动记录，推测用户兴趣，并以此为根据向用户推荐图书。

在移动平台，豆瓣读书与多看阅读一样，同样推出了多平台豆瓣阅读服务，主要提供电子图书的购买与阅读体验。较多看阅读不同的是，豆瓣阅读将原创作品整合其中，用户可申请成为平台作者，投稿和发表自己的原创文学、画册、翻译、连载等作品。豆瓣阅读利用数据挖掘和算法，将作者的作品推荐给最有可能喜欢它的人，同时利用多种线上和线下传播渠道，以及读者互动、作品选读、作者访谈等方式，把原创作品介绍给更多的读者，让作者获得收益。

图 7-9　豆瓣阅读首页

图 7-10　豆瓣阅读作者申请界面

（4）纵横中文网（www.zongheng.com）

纵横中文网成立于2008年9月，是北京幻想纵横网络技术有限公司旗下的大型中文原创阅读网站，致力于本土优秀文化的传承、革鼎、激扬与全球化扩展，力求打造最具主流影响力与商业价值的综合文化平台，扶助并引导大师级作者与史诗级作品的产生，推动中华文化软实力的崛兴，也是目前网络文学圈精品作品最多、口碑最高的原创文学阅读网站。目前站内拥有海量原创图书，涵盖了奇幻、玄幻、武侠、仙侠、历史、军事、都市、娱乐、竞技、同人、科幻、游戏、悬疑、灵异、二次元等近二十种类别。其旗下原创平台"纵横动漫"，以分享、激励、挖掘中文原创漫画为主，拥有数千部国产原创漫画，从作品数量和作品质量上均超过其他原创动漫网站，被称为"中国原创动漫第一站"。

图7-11　纵横中文网首页

纵横中文网提供了简洁的检索入口，用户在首页即可利用书名、作者、关键字以及描述等信息，进行作品检索。此外，纵横中文网还开辟了华语女生网、漫画、书库、动漫、作者专区、脑洞星球等频道，方便用户选择作品并提供在线交流服务。同时，纵横中文网的作品分类系统也为用户提供了非常便捷的搜索途径，细致的分类标签极大地提升了用户检索效率，满足用户检索需求。纵横中文网还提供分众服务，除了在首页设置男生频道和女生频道以外，还特别针对女性读者开辟了"花语女生网"专区，以满足女性读者的需求。

纵横中文网漫画平台，是国内最早的专业性原创漫画平台，网站的设计和各个板块的设定都极具匠心。站内开辟了故事漫画、四格漫画、绘本、角色、单幅交流、插画海报、Cosplay等专区，同时为用户提供最新的动漫推荐、作者介绍以及排行榜服务，是广大漫友检索原创动漫的重要阵地。

图 7-12　花语女生网首页

图 7-13　纵横中文网漫画平台首页

1.2　休闲图片信息检索

（1）Google 图片（images. google. com）

Google Images 是 Google 公司于 2001 年发布的图片搜索产品，功能强大，号称"互联网上最好用的图片搜索工具"，它的响应速度有着其他搜索引擎无法比拟的优势。Google 图片数据库容量巨大，截至 2010 年，已标引约 100 亿张图片，每天访问量高达 10 亿次。

Google 图片搜索提供一般检索、高级检索、以图搜图以及语音搜索四种检索模式。一般检索模式下，用户键入所需查找图片的关键词信息即可进行搜索。在高级检索模式中，用户可以通过修改图像属性（如图片格式、尺寸、类型、来源、色系、时间、版权归属等）来限制检索结果。"以图搜图"检索模式是 Google 公司 2011 年后推出的新型检索模式，用户可输入图片网络地址或上传一张图片来进行相似图片的检索。另外，语音搜索模式主要是利用语音识别技术，将用户语音转化为检索词并进行检索的一种方式，该模式主要适合残障人士或在不易输入检索词的特殊情形下使用。Google 图片搜索的结果按照相关性排序，因此搜索出来的图片和搜索主题具有较高的相关性。需要指出的是，在使用 Google 图片搜索时，必须在"使用偏好"页上将界面语言设置为英语。

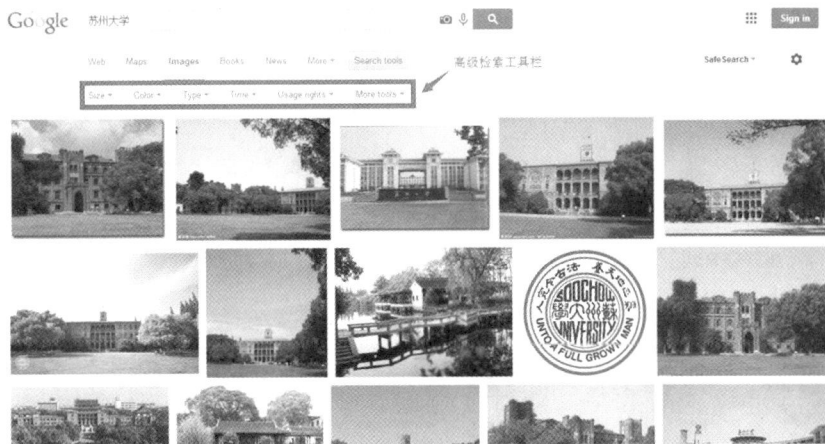

图 7 - 14　Google 图片高级检索工具栏

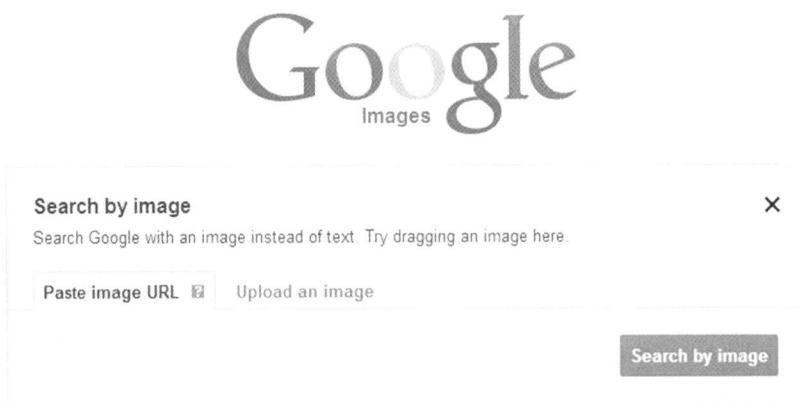

图 7 - 15　Google 图片"以图搜图"界面

其他具有图片搜索功能的引擎有：百度图片（image. baidu. com）、新浪图片（photo. sina. com. cn）、lycos（www. lycos. com）、altavista（www. altavista. com）等。

（2）ZOL 桌面壁纸（desk. zol. com. cn）

ZOL 桌面壁纸是中关村在线（ZOL）科技门户旗下的一款专业壁纸图片下载网站。该平台拥有海量优质壁纸，且每日更新。不仅壁纸图像品质上乘，其收录的壁纸类型和壁纸尺寸同样丰富。目前，该平台提供适配各类型电脑、笔记本、iPad、手机等全平台的壁纸免费下载服务。

ZOL 桌面壁纸提供简单检索和分类检索两种搜索模式。简单检索为关键词检索，主要利用壁纸名称或与壁纸内容相关词进行检索。另一种为分类检索，ZOL 桌面壁纸为用户提供了壁纸分类、壁纸尺寸、壁纸色系、壁纸格式四大类共 41 种分类标签。用户可根据个人壁纸使用平台、屏幕尺寸、兴趣、颜色偏好等进行筛选。

图 7 - 16　ZOL 桌面壁纸首页

1.3　音乐信息检索

Allmusic（www. allmusic. com）成立于 1995 年，源于 1991 年的 All Music Guide（AMG，后为 All Media Guide），由流行文化维护者迈克尔·厄勒温（Michael Erlewine）与数学家兼哲学博士弗拉基米尔·波格丹诺夫（Vladimir Bogdanov）创立，现属于 Rovi公司。其网站数据量丰富，是一个关于音乐的元数据库，目的是成为音乐消费者的导览，并为用户提供 12 项服务，包括新发行的音乐、歌手排行榜、音乐基调、乐器等等。

Allmusic 提供分类目录浏览和高级检索两种检索方式。分类目录浏览时，网站将音乐划分为流派、情绪、主题三大类，并细分成 23 小类，如布鲁斯/爵士/摇滚、浪漫/苦涩、夏天/雨天等等。每个类型中都包含简要介绍、不同流派以及代表性歌手。在高级检索中，用户可结合检索词，并对音乐流派/风格、发行时间、推荐指数、记录形式、专辑情绪、主题、作者等内容进行限制搜索。用户可从检索结果中获得音乐家照片、出道时间、音乐流派、风格、自传、听众评价以及获奖情况等信息，帮助用户更好地了解音乐家及其作品。

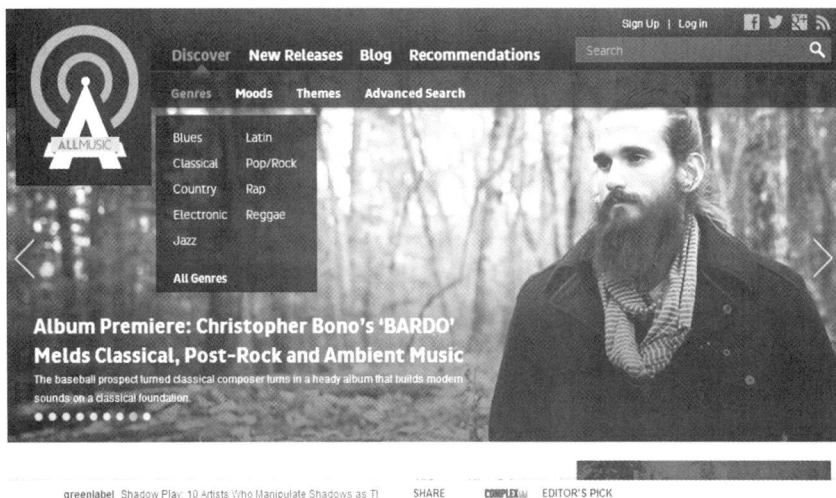

图 7 - 17 　Allmusic 分类目录浏览

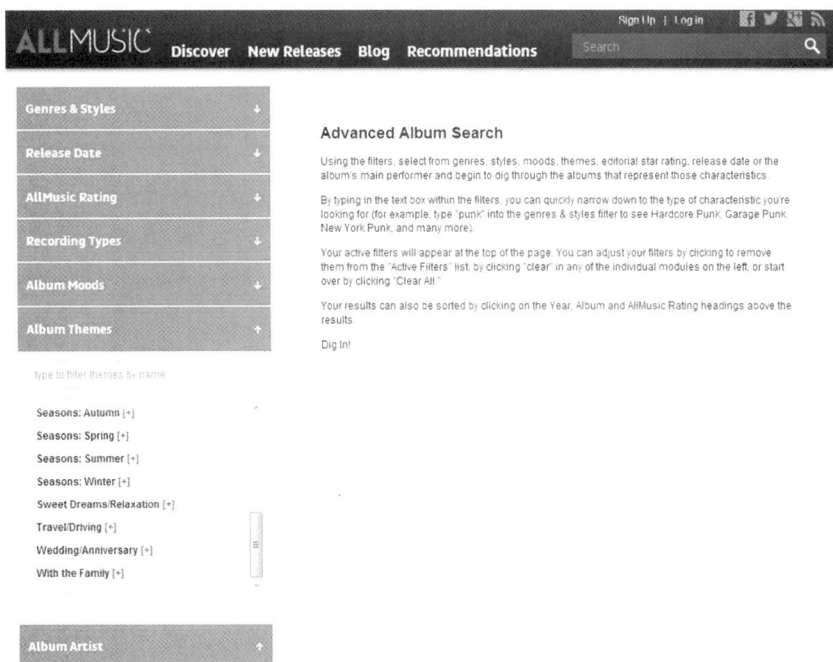

图 7 - 18 　Allmusic 高级检索界面

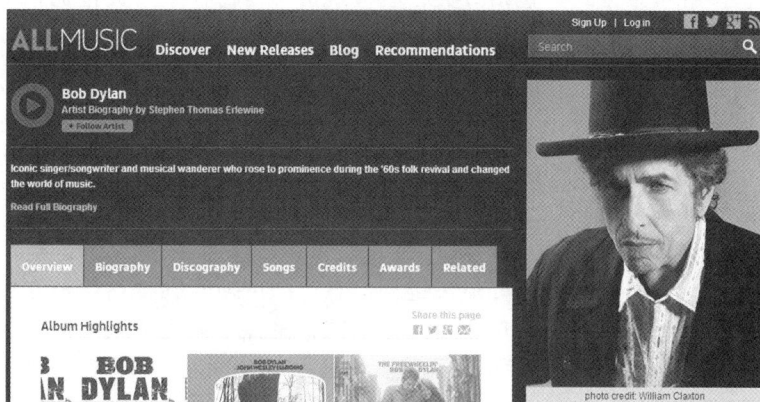

图 7-19　Allmusic 检索结果界面

1.4　影视信息检索

（1）优酷（www.youku.com）

优酷网由古永锵于 2006 年创立，以"快者为王"为产品理念，注重用户体验，并不断完善服务策略，其"快速播放，快速发布，快速搜索"的产品特性，充分满足了用户日益增长的多元化互动需求，使之成为中国视频网站中的领军势力，是目前国内领先的视频分享网站，也是中国网络视频行业的第一品牌。优酷现为阿里巴巴集团数字媒体及娱乐板块的核心业务之一，也是阿里巴巴集团"Double H（健康与快乐）"战略的组成部分。优酷现支持 PC、电视、移动、车载四大终端，兼具版权、合制、自制、用户生成内容（UGC）、专业生成内容（PGC）及直播等多种内容形态。

图 7-20　优酷首页

优酷网提供多种检索方式，包括分类导航检索、排行榜检索、关键词检索等。分类导航检索，将全站资源按类别划分为电视剧、电影、综艺、音乐、动漫、全部等 6 大类别，用户可在不同类别下按热播排行、地区、类型、时间、状态、付费等进行选择；同时，又按照内容将全站资源划分为资讯、拍客、纪录片、体育、汽车、科技、财经等 15 种类别，用户可根据个人兴趣选择不同内容浏览。此外，优酷还针对不同类别的影视资源的浏览播放情况，制成了播放以及搜索榜单，方便用户检索。

值得一提的是，优酷还发布了一款专业的影视综艺搜索引擎——搜库（SOKU），并提供全网视频信息检索。用户只需提供关键词信息，即可搜索到包括优酷在内的数十家视频网站的资源。在检索结果页面，用户可以浏览到该影视资源或艺术家的相关简介、最新动态、热门作品等信息，同时，还支持用户通过限制筛选条件（来源、画质、发布时间、时长等）来缩小检索范围。

图 7 - 21　搜库首页

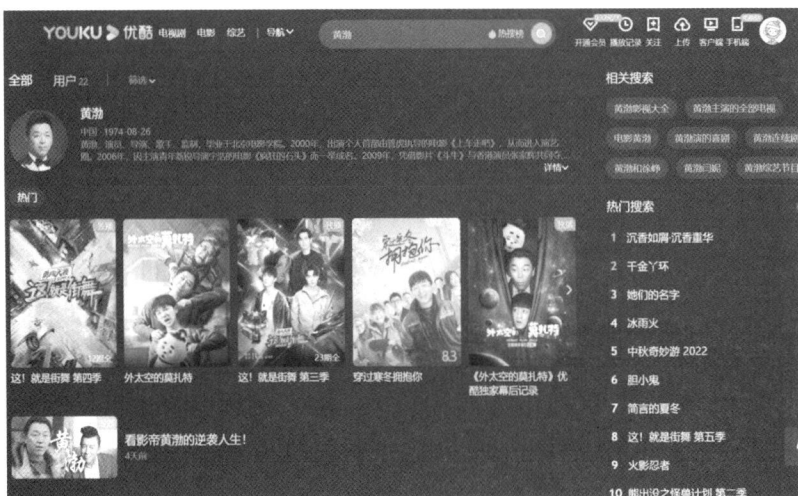

图 7 - 22　搜酷检索结果呈现界面

（2）爱奇艺 iQIYI（www. iqiyi. com）

爱奇艺是由龚宇于 2010 年 4 月创立的在线视频网站。爱奇艺以"用户体验"为使命，通过持续不断的技术投入、产品创新，为用户提供清晰、流畅、界面友好的观影体验。2013 年，百度收购 PPS 视频业务，并与爱奇艺进行合并，爱奇艺现为百度公司旗下平台。目前，爱奇艺打造涵盖电影、电视剧、综艺、动漫在内的十余种类型的丰富的正版视频内容库，并通过"爱奇艺出品"战略的持续推动，让"纯网内容"进入真正意义上的全类别、高品质时代。未来，爱奇艺将在多元化的内容储备、个性化的产品体验、定制化营销服务领域继续发力，推动视频体验革命。

图 7-23　爱奇艺首页

爱奇艺主要提供了关键词检索、分类导航检索两种检索方式。关键词搜索是指用户在爱奇艺首页的检索框输入影视名称、艺人姓名等关键词信息，就能获取相应的检索结果。爱奇艺还推出了国内最大的视频搜索引擎之一——爱奇艺搜索，涵盖全网海量视频资源，从搜索到观看无缝衔接，悦享最具品质的视频搜索体验。分类导航搜索是将爱奇艺全网资源按照类别分为电视剧、电影、综艺、儿童、动漫、游戏、娱乐、音乐等多个类目，用户可以在不同类目下通过层层点击的方式来选择所需求的影视等信息。

图 7-24　爱奇艺搜索首页

（3）Hulu（http：//www. hulu. com/）

Hulu 是由美国国家广播环球公司（NBC Universal）和新闻集团（News Crop）在 2007 年 3 月共同注册成立的一家视频网站。Hulu 中的大部分视频内容来自 260 多家媒体单位，包括 FOX、NBC、ABC、国家地理等，用户可以欣赏到这些公司的热门电视节目，也可以看到自制的视频节目以及众多的纪录片、电影等。

Hulu 网站提供关键词检索和分类目录浏览两种检索方式。其中关键词检索中的高级检索，允许用户利用多种字段进行检索，如名称、描述、编号、演员等，也可以用视频类

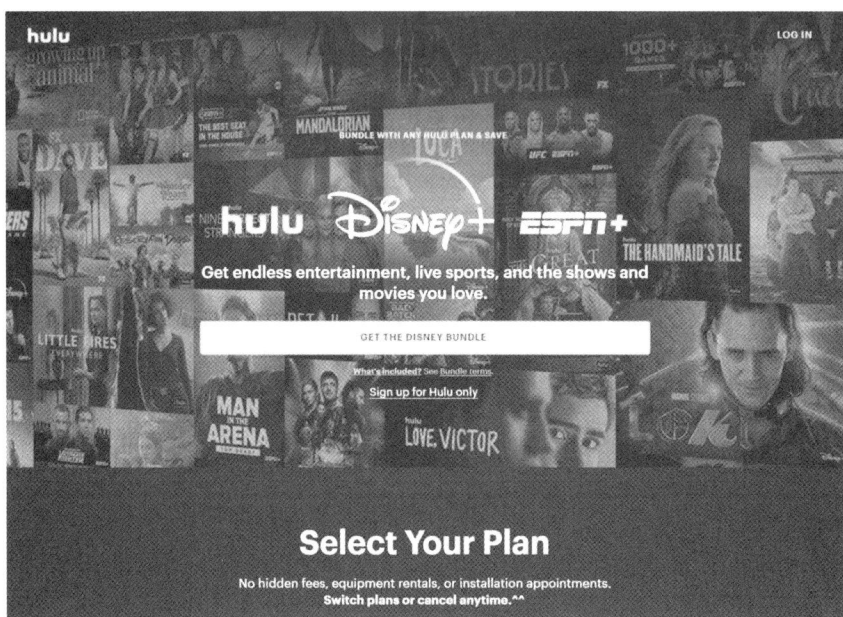

图 7 - 25   Hulu 首页

型、来源网站、播出日期等字段筛选优化检索结果。浏览查找时，用户则可以按字顺进行查找，也可利用网站提供的分类目录导航递进检索。检索结果包括视频名称、类型、来源信息，用户可按照相关度、流行度、播出时间、用户评分等角度，对检索结果进行排序。另外，该网站提供的 Popular 功能，可以为用户提供最新、最热以及评价最高的视频推荐。

2　旅游休闲信息检索

旅游休闲信息涵盖的范围广泛，涉及有关旅游筹备、出行、反馈评价、安全风险评估的各个方面。掌握旅游休闲信息，可以推动各类旅游活动的开展，如城市周边乡村度假、自行车旅游、自驾车旅游、体育健身旅游、医疗养生旅游、温泉冰雪旅游、邮轮游艇旅游、红色旅游等。下面将介绍较为常用的旅游休闲信息检索工具/平台。

同程网络科技股份有限公司简称同程旅行（www.ly.com），创立于 2004 年，总部设在中国苏州，是中国领先的休闲旅行在线服务商。同程旅行是国家高新技术企业、商务部首批电子商务示范企业，连续三年入选"中国旅游集团 20 强"，2014 年位列第 9 名，2015 年位列第 8 名，是中国在线旅游行业三大企业集团之一。目前，同程旅行以"休闲旅游第一名"为战略目标，目前在中国景点门票预订市场处于绝对领先位置，并积极布局周边游、长线游、邮轮旅游等业务板块。

同程旅行提供网页版和手机 App 版两种检索渠道。就其网页版检索而言，提供景点门票免费预订、机票预订、酒店预订以及周末游、邮轮、出境游等多种旅游产品解决方案。其中，景点门票免费预订提供景点名、城市名两种关键词检索方式以及以行政区域划分、主题游玩的目录浏览检索方式；机票预订分为国内机票与国际机票预订两种方式，通过出发城市、到达城市以及往返时间来确定机票；酒店预订可以通过地图搜索、酒店名

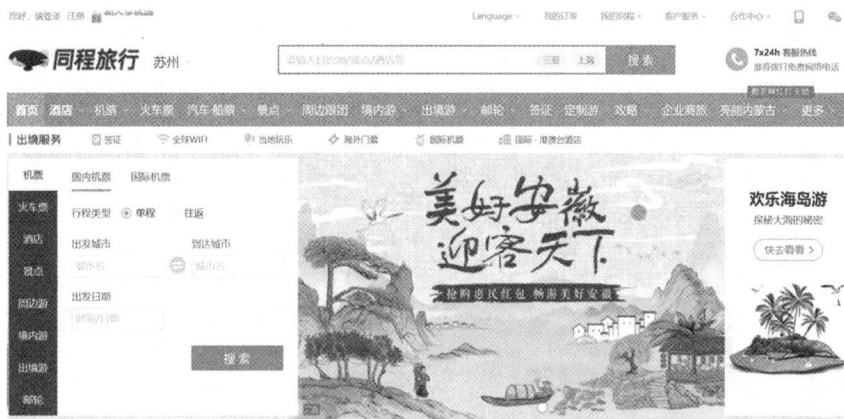

图 7-26　同程旅行首页

称、酒店品牌等多种检索方式查询，再根据用户入住的地点、时间来预订酒店；周末游、邮轮出游、出境游等旅游产品解决方案通过用户确定的出游城市推出相应方案，如路线、周边酒店、饭店等；旅游攻略提供以国家、城市、景点等目的地为关键词的检索；与此配套的，同程网亦提供签证服务，为用户出境、出国游提供签证代办及咨询。

图 7-27　同程网旅游签证界面

国内类似的专业旅游信息网站还有携程旅行网（www.ctrip.com）、e 龙旅行网（www.elong.com）、乐途旅游网（www.letour.com）、去哪儿旅行（www.qunar.com）等。

3　体育休闲信息检索

3.1　虎扑网（www.hupu.com）

虎扑成立于 2004 年，是中国一家拥有资源优势及营销实力的专业体育营销公司。虎扑旗下拥有国内最大的体育互联网平台——虎扑体育网，以及以篮球、足球、步行街、影视、电竞五大板块 300 多个话题区构成的社区 App——虎扑 App。经过十多年的发展与积累，虎扑已发展为由技术推动媒体、电商、自有赛事、投资四大业务板块联动的产业，也是中国体育文化产业领先的独角兽企业。截至 2020 年 5 月，虎扑用户数已超过 1 亿，活跃用户数达 8000 万，其中 90％以上为男性用户。目前拥有虎扑体育手机客户端（iOS&Android）、手机站等多个移动互联网产品。

图 7-28　虎扑首页

虎扑体育网是以足球、篮球、赛车、网球等为主的专业体育网站，专为各种体育爱好者所打造，主要由新闻、图片、视频、比赛、赛程、直播、周边产品、体育数据等栏目组成，用户可通过不同的栏目分类检索相关的体育信息。另外，网站拥有自己的体育论坛，信息更新迅速，不仅拥有最新赛事的评论，还提供专业的数据统计与分析，对于资深球迷来说无疑具有莫大的吸引力，不仅解决了用户的体育信息需求，还给用户提供了广泛的交流平台。

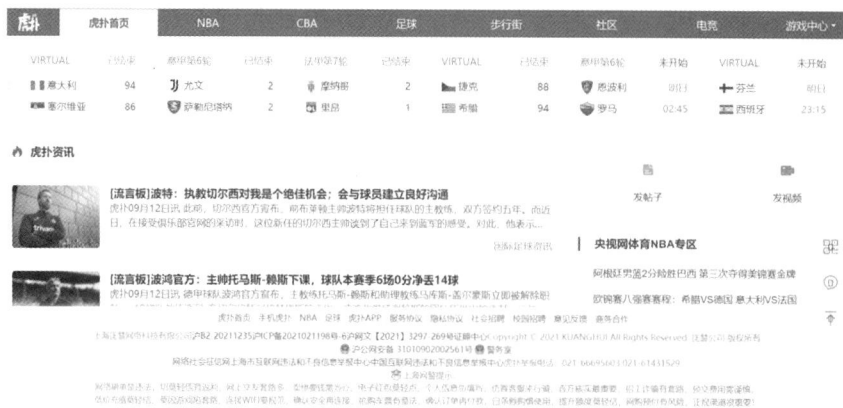

图 7-29　虎扑体育网首页

3.2 新浪体育（sports. sina. com. cn）

新浪体育频道是目前全球最大的中文体育资讯频道，全面覆盖全球各类型体育赛事，多媒体、全方位再现国内外体育信息，旗下包括国内足球、国际足球、NBA、综合体育等重头栏目，全程追踪报道各国体育明星及热门运动队，在国内外业界享有良好口碑。

图 7-30　新浪体育首页

新浪体育拥有栏目众多，主要有中国足球、国际足球、篮球、NBA、综合体育、F1、网球、高尔夫、棋牌、彩票、视频、图片等共 15 个栏目数十项子栏目。除了利用综合检索框进行关键字检索之外，用户还可通过栏目的主题分类进行信息检索。另外，新浪体育还推出了移动 App 平台，该平台以强大的体育赛事视频直播为主体，辅以迅捷专业的视频点播、文字直播、文字新闻、高清图集、数据统计等综合报道，为用户提供如个性化定制、多种提醒模式、社交分享等服务，广大体育迷可随时随地获得优质的观赛体验，并第一时间获取最新最专业最热点的体育资讯。

4　休闲类移动信息检索

回顾互联网发展浪潮，以百度、谷歌等领衔的搜索引擎提供的图文信息检索依然是当前用户获取信息的最主要来源，但在网络基础设施迅猛发展、智能手机用户快速增长的加持下，App、短视频、微信、微博等形式的信息检索异军突起。下面介绍几种较为常用的休闲类 App、短视频、微信、微博信息检索平台。

4.1　抖音（www.douyin.com）

抖音是 2016 年 9 月由字节跳动孵化的一款音乐创意短视频社交软件，也是一个全年龄的短视频社区平台，用户可以通过这款软件选择歌曲，拍摄音乐作品形成自己的作品。随着我国带宽和网络基础设施的快速发展，抖音迅速成为全民化应用，是一个承载着短视频、长视频、直播、电子商务、社交网络等多种场景的休闲平台。《报告》显示，截至 2022 年 12 月，我国网民规模达 10.67 亿，互联网普及率达 75.6％，短视频用户规模突破 10 亿，用户使用率高达 94.8％。据抖音官方数据公布，2022 年抖音日活跃用户已达 6 亿多，抖音日均视频搜索量突破 4 亿。

抖音 App 安装比较简单：打开电脑桌面或手机屏幕上的应用商店，在搜索框输入"抖音"，点击抖音短视频，最后点击安装即可。TikTok 是抖音海外版，于 2017 年 5 月上线，曾多次登上美国、印度、德国、法国、日本等地 App Store 或 Google Play 总榜的首位，截至 2021 年 12 月，TikTok 成为当年世界上访问量最大的互联网网站。

图 7-31　抖音首页

图 7-32　抖音 App logo

图 7-33　TikTok App logo

抖音检索的概念很简单，就是用户在抖音的搜索栏中检索需要的信息。每个用户在抖音平台上都是"主角"，在抖音庞大的内容广场上，用户可以在遵守规则的前提下发布特定内容。抖音的"内容搜索"具有独特价值,许多用户有检索特定内容的习惯,抖音平台就会根据不同的检索需求向用户推荐合适的内容,以满足用户的检索需求,并开发视频内容的流量渠道。这种检索机制能够提高内容曝光率,有针对性地吸引粉丝。正是由于这种检索机制,抖音广告具有较强的变现能力,能够根据用户的特定需求有针对性地推荐个性化的内容和商品。

4.2 酷狗音乐（www.kugou.com）

2004年酷狗音乐上线,成为我国第一个音乐网站,它是我国极具技术创新基因的数字音乐交互服务提供商,致力于为互联网用户和数字音乐产业发展提供完善的解决方案。酷狗音乐给予用户人性化功能,实行多源下载,提升下载速度,在国内最先提供在线试听功能。

酷狗音乐微信公众号是 kugouwx,添加微信公众号的方法为:点击"微信",登录自己的微信号,进入微信主页面;在主页面点击右上角的加号,点击"添加朋友"选项,进入搜索界面;点击"公众号",在输入框输入"酷狗音乐",点击搜索按键,在搜索结果里找到"酷狗音乐"公众号并点击"关注"即可。用户既可以通过微信公众号点歌听歌,也可以通过酷狗音乐的微信小程序搜索歌曲名称播放收听。

图 7-34 酷狗音乐主页

2008年,酷狗音乐发布了移动客户端 App,下载用户增长迅猛。酷狗移动端 App 提供的服务包括:DIY 的个人数字专辑、引领资讯潮流的酷狗音乐、全天候在线直播的音乐电台以及手机音乐播放器等,资讯、视听、互动,使用户能够在酷狗音乐里享受到一体化的娱乐服务。

图 7-35 酷狗音乐
App logo

4.3 哔哩哔哩（www.bilibili.com）

哔哩哔哩（英文名称 bilibili,简称 B 站）于 2009 年 6 月创建,早期是一个 ACG（动画、漫画、游戏）内容创作与分享的视频网站。经过十多年的发展,围绕用户、创作者和内容,构建了一个源源不断产生优质内容的生态系统，B站已经涵盖了7000多个兴趣圈层的多元文化社区，是我国年轻世代高度聚集的文化社区和视频网站。

哔哩哔哩弹幕网（bilibili.com）官方客户端，专注于ACG相关内容的在线视频分享，目前有十个分区：番剧、动画、游戏、娱乐、电影、电视剧、音乐、科技、鬼畜、舞蹈。除了搬运分享以外，也有很多同人创作的作品和原创视频在这里首发。哔哩哔哩的特色是悬浮于视频上方的实时评论，即"弹幕"。弹幕给用户一种"实时互动"的错觉，用户可以在观看视频时发送弹幕，其他用户发送的弹幕也会同步出现于视频上方。哔哩哔哩的检索方法简单：打开哔哩哔哩、点击搜索框、输入要检索视频的关键词后进行搜索；在检索结果里可以点击上方的选项卡进行切换，查看不同分类结果；同时可以在上方综合中设置条件进行筛选。

图7-36　哔哩哔哩首页

哔哩哔哩App是一款免费看剧的影视资源平台，拥有热门的电视剧、电影、综艺、美剧、日剧、韩剧等各种影视剧，每天更新的视频都会提前展示，提供给用户免费观看，给用户提供极致体验。哔哩哔哩微信公众号是bilibiliwx，于2019年6月由"哔哩哔哩弹幕网"认证。Bibilili（哔哩哔哩）小程序是基于视频分享的互联网社区，集结了海量精彩内容，有番剧、国创、纪录片、动画、音乐等21个分区。哔哩哔哩弹幕网的官方微博是https：//weibo.com/

图7-37　哔哩哔哩App

bilibiliweb，拥有粉丝近450万，也是用户访问哔哩哔哩、观看视频、浏览文章的重要渠道之一。

4.4　携程网（www.ctrip.com）

携程网，又称携程旅行网，是我国一家在线票务服务公司，成立于 1999 年，总部设在上海。携程网拥有国内外六十余万家会员酒店可供预定，是我国领先的酒店预订服务中心。作为我国领先的在线旅行服务公司，携程网成功整合了高科技产业和传统旅行业，除了酒店预订外，还向超过 2000 万会员提供机票预订、度假预订、商旅管理、特约商户及旅行资讯在内的全方位旅行服务，被誉为互联网和传统旅游无缝结合的典范。

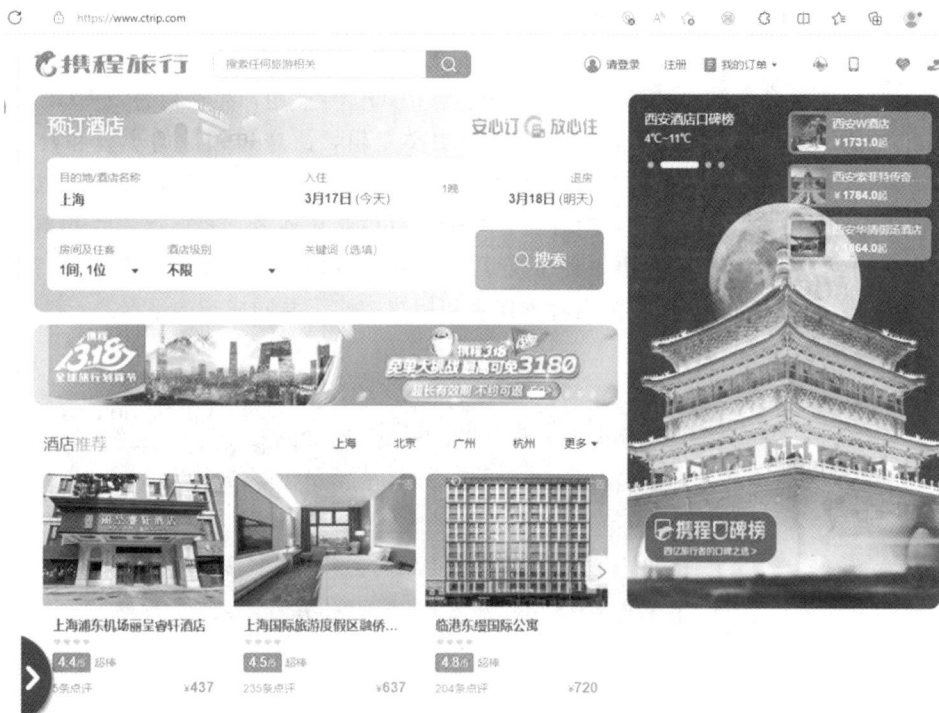

图 7-38　携程网首页

携程网 App 是携程网官方出品的为旅游出行的用户提供酒店、机票、火车票、汽车票、景点、门票等旅游产品的订购以及美食、用车、团购、旅行攻略在内的全方位旅行服务的手机客户端，方便用户在手机上轻松定制个人相关信息，加速操作流程，使自助服务成为一种乐趣和崭新体验。携程网微信公众号是 iCtrip，用户可以随时随地通过携程微信公众号获取酒店、机票、度假、车票等的预订服务及出游咨询服务。自 2017 年初微信小程序正式发布以来，携程小程序就成为首批上线的热门品牌。携程小程序集成了酒店、机票、火车汽车票、门票、专车租车和攻略七大功能，使用率和受欢迎程度很高。有微信和携程的庞大用户体量做基础，携程以小程序作为流量入口，为用户提供更多便利服务。目前，用户可以通过在微信搜索、线下扫码、公众号关联以及分享链接的方式找到携程小程序的入口。携程小程序无需下载、安装，不占内存，有一种 App 浮层在微信之上的感觉，其整体流畅度和体验度基本达到了 App 的水准。

图 7-39 携程 App logo

图 7-40 携程微信公众号

4.5 喜马拉雅（ximalaya.com）

喜马拉雅于 2013 年 3 月上线，是我国领先的音频分享平台。喜马拉雅拥有丰富的音频内容生态，包括最头部的 PGC 专业生产内容、PUGC 专业用户生产内容及 UGC 用户原创内容；涵盖了泛知识领域的金融、文化、历史类专辑，泛音乐领域的小说和娱乐类专辑；适合少儿的教育内容，适合老人的经典内容；内容上既有音频播客的形式，也有音频直播的形式。其主要业务包括有声内容（有声书、有声剧、播客、相声评书、儿童、音乐等），教育（轻学堂、奇奇学英语、喜播教育），直播，智能硬件，创作者生态等。喜马拉雅用声音连接了全中国数亿人，为内容创作者和用户搭建了共同成长的平台。

图 7-41 喜马拉雅首页

喜马拉雅 App 是上海喜马拉雅科技有限公司开发的一款专业音频分享软件，其功能定位为用声音分享人类智慧、用声音服务美好生活，目前注册用户超过 6 亿。喜马拉雅 App 分为音频专辑、社区、社交玩法、语音直播、盈利模式、创作者扶持计划、搜索、个人中心共 8 个业务模块。经过多年的发展，喜马拉雅 App 已成为内容面面俱到的音频分享平

图 7-42 喜马拉雅
App logo

台，从有声书到包含相声、评书、二次元的多元娱乐内容，涵盖历史、人文、科技等各方面的知识专辑，再到覆盖时尚、汽车、新闻等诸多领域的生活内容。喜马拉雅 App 注重鼓励用户生产内容，还通过增加评论、热门评论、弹幕等形式鼓励用户在听的过程中参与进来。当前，从行业占有率上来看，喜马拉雅 App 遥遥领先于其他提供音频服务的 App（如荔枝、懒人听书等），这是因为喜马拉雅多元化的内容和玩法可以满足用户对音频类 App 多样化的需求。用户还可以通过喜马拉雅微信公众号（iloveximalaya）、小程序以及喜马拉雅新浪微博（weibo.com/ximala）等渠道了解和使用喜马拉雅的各项服务。

第三节 购物信息检索

随着购物网站的大量出现以及垂直购物搜索引擎技术的发展，人们对购物信息的获取，不再局限于传统超商和电视购物。随着互联网技术的发展，以直播为代表的带货模式给消费者带来更直观、更生动的购物体验，衍生出"直播＋电商"的新业态和新模式。传统电商和直播电商的主要区别在于，传统电商是以"人找货"的方式进行购物信息搜索，而直播电商本质上是一种沉浸式购物方式。本节主要介绍与信息检索关联较多的传统电商平台，主要分为三类：综合购物信息检索、比较购物信息检索和专业购物信息检索。

1 综合购物信息检索

淘宝网自 2003 年 5 月成立以来，迅速发展为我国覆盖面最广的 B2C/C2C 电子商务网站，直到 2008 年，淘宝网的各种商品信息都能通过百度检索到。然而，百度搜索引擎的竞价排名规则，导致不良商家通过技术或商业手段优化通用搜索的页面结果，来获得较高排名骗取消费者点击，不仅对其他商家的利益造成了危害，还构成了对消费者的欺诈。淘宝网认为通过屏蔽部分搜索引擎对自己的检索，可以最大限度地避免消费者上当受骗。同时百度自己的电子商务产品如百度爱采购、百度微购等陆续上线，造成百度能带给淘宝的用户数量出现大幅度滑坡。淘宝网在 2008 年 9 月 8 日就宣布屏蔽百度搜索引擎的抓取，这就使得我国用于电子商务的搜索引擎分为通用搜索引擎和电子商务网站自带搜索引擎。事实上随着淘宝网的发展及其商品数量的增加，淘宝网也逐渐成为庞大的购物信息平台。

随着淘宝网自建搜索引擎并屏蔽搜索引擎的抓取，淘宝搜索引擎成为淘宝网商品的唯一获取入口，加之淘宝庞大的商品和用户基数，其也毫无疑问成为使用率最高的购物信息检索途径，本文选取淘宝网作为一种平台型购物信息检索的案例加以探讨。

淘宝网信息检索分为三种方式，一般检索、高级检索和目录式索引。淘宝网中商品信息由各商家自行添加，这也决定了其商品信息揭示标准化的缺乏和不足，为了弥补其商品分类信息的不足，淘宝网着重建设其自建搜索引擎，具体表现在高级检索和多元化的结果筛选和排序。一方面参考传统搜索引擎的检索语言，配合自身的信息分类体系，缩小信息检索范围；另一方面辅以多元化、多种形式的限制条件，提高用户的检准率。用户通过基本条件确定所需商品种类，而后通过更多细分化的条件式，缩小目标商品范围。

由于淘宝网的平台属性，使得检索结果的准确公平显得极为重要，为了有效解决这一问题，淘宝网采用了多元化的排序标准附以自身建立的排序机制，极大程度减少人为干预。

此外，缺乏标准化的商品信息描述也体现在淘宝的分类导航上。一方面是分类标准不统一，存在着以用户人群划分、以商品类型划分、以商品属性划分并存的局面。例如淘宝对其特色服务的划分，既有以用户人群划分的情侣、中老年，也有以商品类型划分的美容护肤等。另一方面是分类标准缺乏层级，使得商品信息冗余展示。如商品的详细分类中对珠宝首饰的分类，珠宝品牌"周大福"与珠宝类型同时存在，由此可见淘宝网的商品分类通常依据单一标准，同时各标准之间缺乏相互联系。

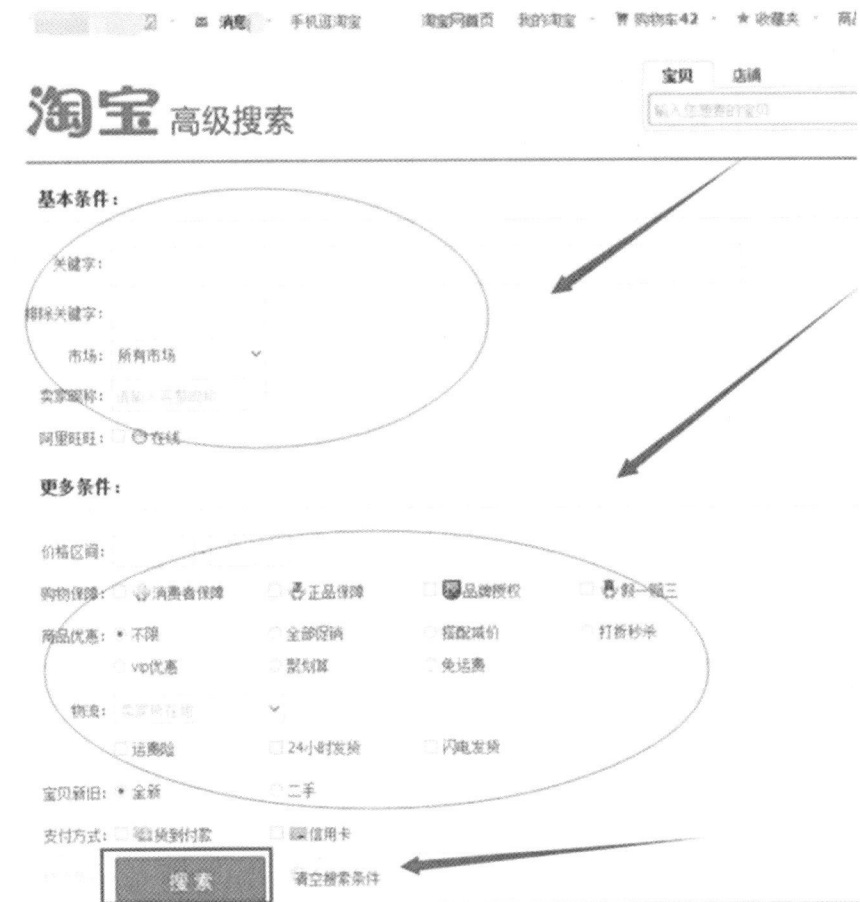

图 7-43　淘宝网高级检索

图 7-44　淘宝网排序标准与条件

图 7-45　淘宝特色服务划分　　　　图 7-46　淘宝商品详细分类

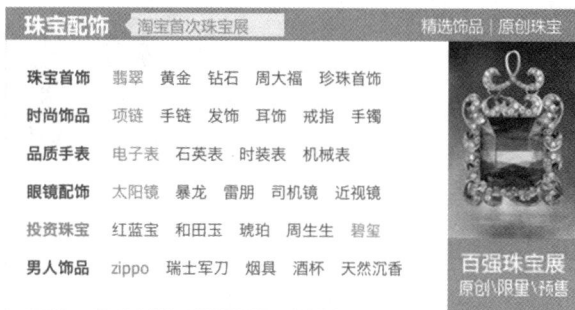

　　然而得益于阿里巴巴对支付宝这一第三方支付平台的运营，基于淘宝平台的购物中的支付体验良好，支付宝与淘宝的集成度较高。对于用户而言，用户在购物的过程中甚至可以不用跳转到支付宝页面，即可获取支付宝账户余额。综上所述，平台型购物信息检索服务中的全文搜索引擎适用于需求较为明确的用户，而其提供的目录式商品检索方式则对目标性较弱的用户有很好的适应。

2　比较购物信息检索

　　比较购物，顾名思义，是将不同的销售商家和销售平台中的卖家放在一起比较，综合商品的价格、销售方的信誉、货物送达的预计时间、货物质保方便程度等等因素来购物。比较购物网站的作用就是方便买家用户获取上述信息，为购物提供便利。

　　在国外，比较购物已经进入商业运作阶段，比较有名的网站包括 Shopping.com（www. shopping. com）、PriceSCAN（www. pricescan. com）等。其中，Shopping.com 是一家购物比较与消费者评估的网站，始于 Papricom（DealTime.com），1998 年纳胡姆·沙夫曼博士（Dr. Nahum Sharfman）和阿米尔·阿什肯纳奇（Amir Ashkenazi）创立了DealTime.com。2003 年 4 月，DealTime 收购了消费者产品评论网站 Epinions.com，9 月合并后网站更名为 Shopping.com。Shopping.com 致力于为消费者提供卓越的购物体验，为用户提供易于使用的搜索工具、引人入胜的内容和节省时间的导航，以及来自 Shopping.com 用户社区数百万用户生成的产品和商家评论。PriceSCAN 是一个查找计算机软件和硬件产品的最好价格的网站。他们从网站、提供商的商品目录以及杂志的广告等地方搜集信息，然后用一种可以搜索的表格的形式显示这些信息。

　　相对西方国家而言，我国的比较购物起步相对较晚，同时直到电子商务逐渐普及，比

239

较购物网站才发展成为一种被用户接受的综合性购物信息检索途径，其中较为有代表性的服务提供网站包括返利网等。

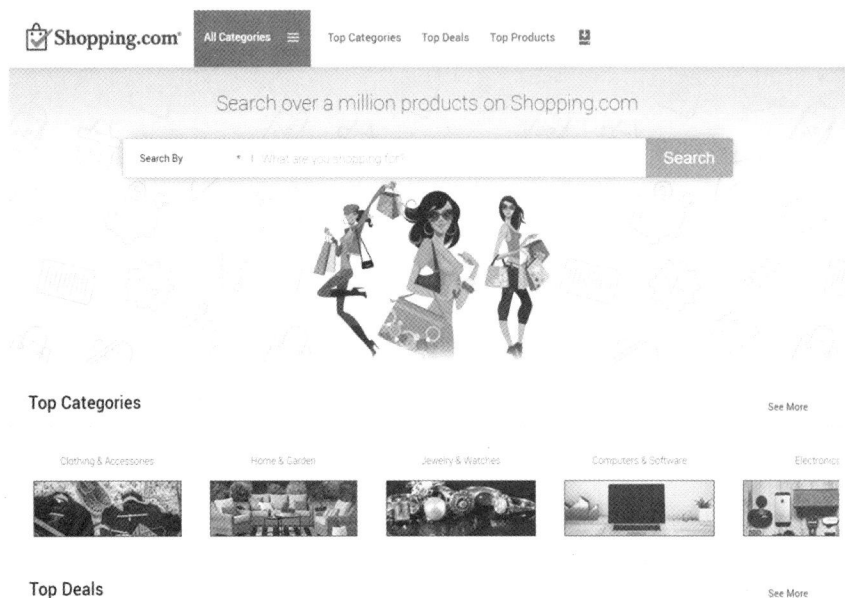

图 7 - 47　Shopping. com 首页

3　专业购物信息检索

专业购物信息检索可分为两个部分：垂直搜索引擎和垂直型购物网站。垂直搜索引擎也称为专业或专用搜索引擎，就是专为查询某一学科或主题的信息而产生的查询工具，专门收录某一方面、某一行业或某一主题的信息，对解决实际查询问题要比搜索引擎门户有效得多。垂直型购物网站与淘宝、京东等提供全网购物信息检索服务的网站不同，其所提供的购物信息检索服务，与一般网站的站内检索较为相似，同时对商品信息的充分和标准化的揭示，使得这一检索服务提供了更为细化的分类和条件。

3.1　垂直搜索引擎

垂直搜索引擎是针对某一个行业的专业搜索引擎，是搜索引擎的细分和延伸，它根据特定用户的特定搜索请求，对网站（页）库中的某类专门信息进行深度挖掘与整合后，再以某种形式将结果返回给用户。它是一种新的搜索引擎服务模式，是针对通用搜索引擎的信息源范围过于宽泛、信息量大、检索结果不精确、深入程度不够等缺点所提出来的一种新的解决方案，是针对某一特定领域、某一特定人群或某一特定需求提供的、有特定用途的信息和相关服务。其特点就是"专、精、深"，且具有行业特色。垂直搜索引擎的实际应用范围非常广泛，几乎各行各业都可以建立自己的垂直搜索引擎。而到目前为止，有很多行业也已经建立了自己的垂直搜索引擎，比如购物系统、房产搜索系统、人才猎头搜索系统等等。

随着电子商务的快速发展，Baidu、Google、Bing 等综合性搜索引擎也相继推出了其针对购物的垂直搜索引擎。2013年1月百度整合京东商城、当当网、1号店、苏宁易购等购物网站，建立了一款购物Web应用"百度微购"，力图建立除淘宝网之外的购物信息全覆盖。经过几年的运行，百度微购基本处于停滞状态。为了帮助用户直达商品信息和优质商家，也为了更好地解决企业发展难题，百度于2018年10月推出了百度爱采购（https：//b2b.baidu.com），这是一个B2B垂直搜索引擎。2019年，爱采购卖家版App上架，随后又推出百度小程序、微信小程序，达成四端覆盖，聚合全网流量。爱采购依靠百度的搜索技术，服务海量用户，并利用AI技术，极速处理信息，匹配需求线索，触达买卖双方，还可以一站直达全网商品信息，触达海量优质商家，加速商品曝光，快速促成交易，降低成本，提升盈利。

图7-48　百度爱采购首页

谷歌购物（Google Shopping）（www.google.com/shopping）由克雷格·内维尔-曼宁（Craig Nevill-Manning）创建，最初称为Froogle，2007年由于服务需要国际化，又更名为

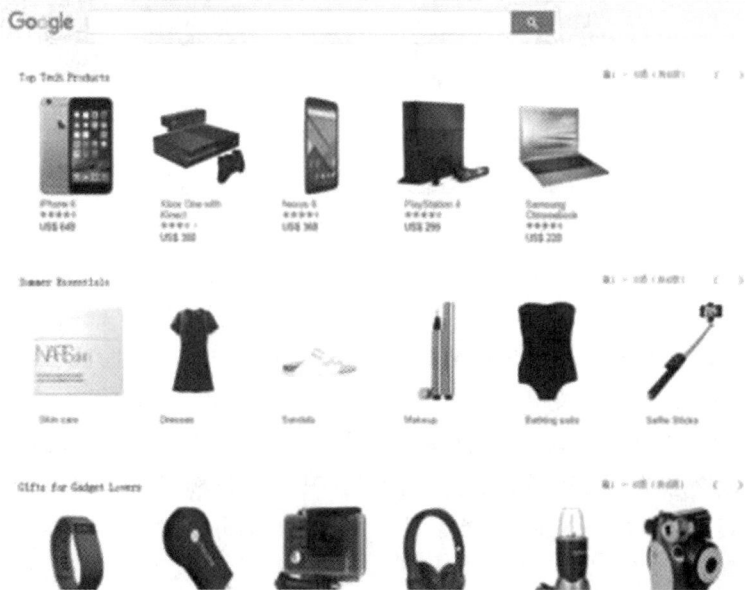

图7-49　Google Shopping搜索界面

谷歌产品搜索，2012 年重新称为谷歌购物。它允许消费者在不同零售商之间搜索、比较和购买商品，也被称为比较购物引擎（CSE）。谷歌购物的优势在于：为购物体验增添了视觉冲击力；允许商店在 Google SERP 中多次出现；转化率比谷歌网页的文字广告高 30%。

微软必应购物（Bing Shopping）是必应推出的以购物为重点的新功能，提供商品搜索以及现金返还服务（Bing Cashback），其目的是帮助用户搜索价格、评价等以获取综合性价比最高的商品，同时利用现金返还服务省钱。在 Bing 搜索引擎的最新网购功能更新中，搜索产品可以获得更多有助于消费者的信息，包括可以查看该商品的受欢迎程度、多个商家的价格以及交易情况。此外，付款的过程也得以简化，帮助消费者用最少的步骤购买到他们需要的商品。

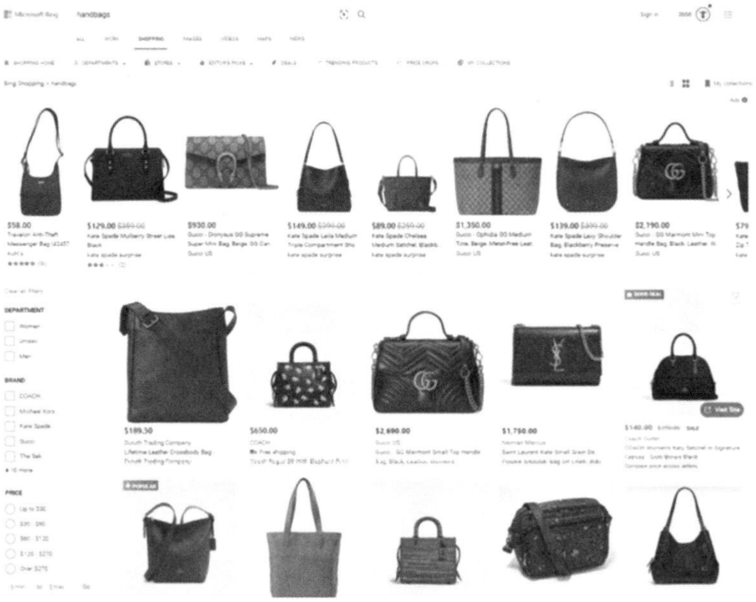

图 7-50　Bing Shopping 搜索界面

3.2　垂直型购物网站

垂直型购物网站又被称为 B2C 电子商务，它是互联网上最早产生的电子商务模式，也是目前发展最为成熟的商业模式之一，具有完备的双向信息沟通渠道、灵活的交易手段、快捷的物流配送以及低成本高效益的运作方式，吸引了业界的广泛关注。根据易观分析发布的《中国网络零售 B2C 市场季度监测报告 2022 年第二季度》数据显示，2022 年第二季度，中国网络零售 B2C 市场交易规模为 23444.7 亿元人民币，同比增长 3.1%。市场份额方面，2022 年第二季度，天猫成交总额较去年同期增长 2.2%，占据市场份额 63.1%，排名第一；京东成交总额较去年同期增长 14.3%，其市场份额为 31.0%，排名第二；唯品会排名第三，其市场份额为 3.1%；苏宁易购和小米有品分别以 1.2% 和 0.4% 的市场份额位列第四和第五。

垂直型购物网站一体化的管理模式，确保了用户信息检索体验的一致性，具体表现在良好的目录式索引以及多元化的商品筛选条件。以"电视机"为检索词分别检索京东商城和淘宝网，对比可见，京东商城对检索结果的分类类别更多，同时分类标引更为准确。相对而言，垂直型购物网站良好的目录式索引为浏览型用户提供了较好的用户体验，对使用全文搜索引擎的用户也保持了较为一致的用户体验。同时其弊端也极为明显，用户只可以检索网站内的商品，检索结果很大程度上取决于垂直型购物网站自身包含的商品数量。

图 7-51　"京东商城"检索结果

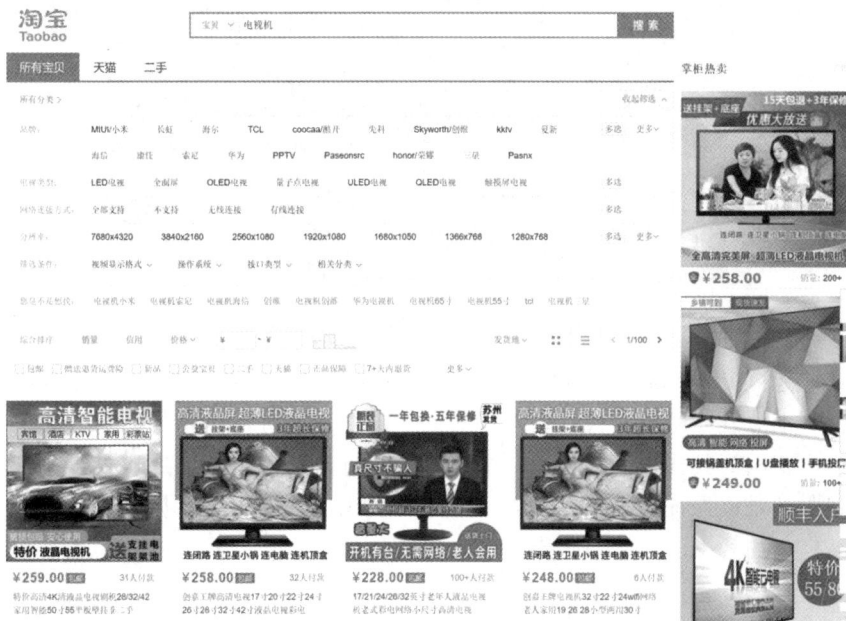

图 7-52　"淘宝网"检索结果

　　与京东较为类似的还有许多其他的垂直型购物网站，这一类垂直型购物网站通常针对更为细化的领域，例如侧重品牌折扣的唯品会、侧重包的麦包包。这些购物网站，由于其专攻某一细分领域，因而在产品分类属性划分上更占优势。

　　（1）唯品会（www.vip.com）

　　唯品会成立于 2008 年 8 月，主营业务为互联网在线销售品牌折扣商品，涵盖名品服饰鞋包、美妆、母婴、居家等各大品类。唯品会率先在国内开创了"名牌折扣＋限时抢购＋正品保障"的创新电商模式，加上其"零库存"的物流管理以及电子商务的无缝对接模式，使其得以短时间内在电子商务领域生根发芽。唯品会以独特"精选品牌＋深度折扣＋限时抢购"的正品特卖模式，即每天早上 10 点和晚上 8 点准时上线 200 个正品品牌特卖，以低至 1 折的折扣实行 3 天限时抢购，为消费者带来"网上逛街"的愉悦购物体验。唯品会类目划分较细，检索方式简单，用户可以通过关键词检索、分类查询和图片搜索等方式获取需要的商品信息。

图 7 - 53 "唯品会"首页

（2）麦包包（www.mbaobao.com）

麦包包是细分领域的综合代理商，即对同一类型商品进行信息加工与分类进而统一提供给用户。也正因为其代理商的属性，麦包包没有自建物流系统，这也使得用户在物流方面的体验和服务难以保证，为了应对这一局限，麦包包选择服务品质较高的顺丰快递。此外，在商品信息的索引上，麦包包借鉴了京东的信息分类与展示方式，为用户提供多元化的条件选项。

4 购物类移动信息检索

4.1 拼多多（www.pinduoduo.com）

拼多多成立于 2015 年 9 月，是我国移动互联网的主流电子商务应用产品，是专注于 C2M 拼团购物的第三方社交电商平台。用户通过拼多多发起和朋友、家人、邻居甚至陌生人的拼团，可以以更低的价格，拼团购买优质商品。经过多年的发展，拼多多拥有庞大的用户群，截至 2020 年底，拼多多活跃买家数达 7.884 亿，成为我国用户规模最大的电商平台。2022 年 9 月，拼多多上线跨境电商平台，名为"Temu"。

图 7-54　拼多多首页

拼多多 App 是国内主流的手机购物 App，也是全球知名的 B2C 电子商务平台 App。它主要通过提供个性化服务、打造品牌商家形象、建设精准投放社群等综合推广服务，为线上购物提供植根本地的真实体验，构建休闲购物、活力生活的大型电商一站式服务。在拼多多 App 内，用户可以查看实时促销、拼团活动等信息，也可以使用"拼团购物"的方式参加拼购活动，这样既可以节省购物开支，也可以通过评论获得积分，获得积分抵现购物。拼多多 App 还支持绑定主流银行卡进行在线支付，以减少行业支付存在的风险。

图 7-55　拼多多 App 二维码

图 7-56　拼多多 App logo

4.2　淘宝直播（taolive.taobao.com）

淘宝直播是阿里巴巴推出的"消费类"直播平台，它脱胎于"爱逛街"，于 2016 年 3 月启动试运营并成为淘宝首页的"第四屏"，而当时的第一批主播则源于"淘女郎"。2016 年 12 月，淘宝短视频正式获批立项。从此，图文之后，直播和短视频成为阿里内容战略的两个重要起点。2018 年，淘宝将首页"爱逛街"全短视频频道改名为"哇哦视频"，成为淘宝短视频内容的中间平台。2020 年，淘宝官方建议 70％的商品覆盖短视频内容。淘宝天猫直通车还上线了"V 视频"功能，目的是将商品以短视频的形式呈现在手淘搜索页面，此外，还将用户创建的短视频内容集中在淘宝主页的发现频道，以增加视频的曝光率。

淘宝直播作为独立的 App 始于 2019 年，但在当时比起使用一个新的 App，更多用户

图 7-57　淘宝直播主页

仍选择在淘宝 App 上观看直播购物。2021 年，淘宝直播 App 升级为"短视频＋直播"的点淘 App。点淘 App 在原本关注和直播两栏的基础上，加入了短视频一栏，并提供丰富的兴趣类短视频内容，其中不乏包含购物链接的内容。总之，点淘 App 拥有全新的短视频频道，拥有丰富的活动及福利，可以给用户更棒的直播购物体验，看直播刷视频，边看边买。

图 7-58　淘宝直播 App logo

图 7-59　点淘 App logo

4.3　大众点评网（www.dianping.com）

大众点评网于 2003 年 4 月在上海成立，是我国领先的本地生活信息及交易平台，也是全球最早建立的独立第三方消费点评网站，不仅为用户提供餐饮、购物、休闲娱乐及生活等领域商户信息、消费点评及优惠等服务，同时提供团购、餐厅预订、外卖及电子会员卡等 O2O 交易服务。大众点评网的最大特色是拥有海量真实的用户点评信息及客观的商户评分体系，从而为用户选择美食餐厅、预订酒店、门票和参与团购等提供参考。

随着移动互联网的迅猛发展，人们在生活服务领域有了越来越多的移动场景使用需求，在此背景下，大众点评的用户逐渐从传统 PC 端转向移动端，大众点评移动端 App 的应用就越来越广泛。2016 年 1 月，大众点评 App 荣登"2015 年腾讯应用宝星 App 榜"，喜获"年度十大最受欢迎 App"，同时也是唯一一款获评该奖的美食健康类 App。大众点评 App 首页主要提供商家入口，分为 4 种类型：通过搜索栏查找具体商家；商家分类导航；优惠活动；推荐商家。在大众点评 App 上购买商品非常简便：用户打开大众点评 App 后，点击"团购"，选择要购买的商品点击进入，点击"立即购买"；选择套餐价格点击进入，在界面输入收货地址，点击"提交订单"；最后选择支付方式，点击"确认支付"。大众点评网除了 PC 端和移动 App 外，微信小程序也是重要而简便的检索入口。

图 7-60　大众点评网首页

图 7-61　大众点评 App 二维码

图 7-62　大众点评微信小程序二维码

5　物流与支付

网上购物除了正常购物之外，涉及最广泛的就是商品物流与支付。2022 年 5 月 10 日，中国国家邮政局公布了《2021 年中国快递发展指数报告》，报告显示 2021 年中国快递发展指数为 1571.5，同比提高 24.8％。2021 年全年全国快递业务量完成 1083 亿件，首次突破千亿件，同比增长 29.9％。业务增量创历史新高，达 249.4 亿件。日均快件处理量近 3 亿件，最高日处理量 6.96 亿件。

5.1　物流

用户在结束购物时会根据物流配送的特点及自身需求选择物流方式，如平邮、快递、EMS、自取等。快递的费用相对于 EMS 要低些，比平邮又会稍微高一点。而配送速度也正好是快递居中，比 EMS 慢，比平邮快。但是即便是 EMS 特快专递服务，也难以在购物当天把货物送到，而这一点也恰恰是大多数消费者非常关注的。因而面对 EMS 偏高的费用以及达不到要求的速度，大多数人还是愿意选择费用、速度适中的快递服务。

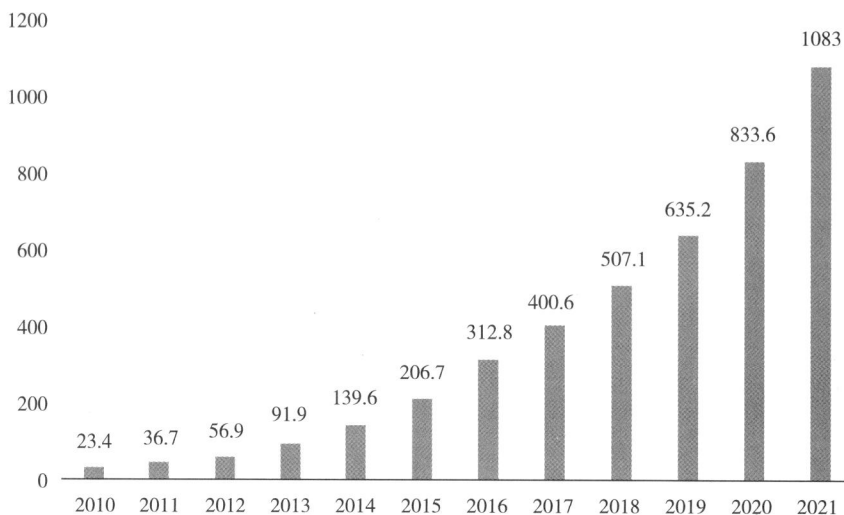

图 7-63　2010—2021 年快递业务量变动情况（单位：亿件）

一般来讲，用户在选择快递公司时，最为看重配送时间及速度、价格因素、公司信誉、物品完好性和员工素质及服务态度。2022 年环球网联合环球舆情调查中心就国产品牌相关话题展开网民对国产品牌好感度的调查，在快递品牌中，顺丰（www.sf—express.com）以最为快速和相对优质的服务排名第一，其他依次为：圆通、申通、中通、韵达、EMS、中国邮政包裹信件、百世汇通、德邦、天天等。

图 7-64　顺丰速运界面

用户可通过订单号实现对快递的实时跟踪。目前大多数的快递公司均可以通过订单号在网上或手机 App 查询快递的物流动态。国家邮政局组织第三方机构对 2021 年快递服务满意度进行调查，对全国重点地区时限准时率进行了测试，并发布了有关情况通告。通告显示：在全程时限方面，时限在 48 小时以内的为顺丰速运，时限在 48—60 小时（含 48 小时）的有京东快递、中通快递、邮政 EMS、韵达速递、圆通速递等。在 72 小时准时率方面，顺丰速运的准时率达 90% 以上，京东快递、中通快递的准时率达 80%—90%

（含 80%）。

我国快递末端市场的快速发展，诞生了许多新型的快递服务主体，快递驿站就是其中一个重要形式。所谓快递驿站就是代收快递和免费寄快递的门店。对于收货不便和有保护隐私需求的用户，在电商平台下单后填写地址时，从页面上选择附近的快递驿站即可免费使用代收包裹服务。同时快递驿站还可以寄件，通过整合零散用户寄件需求，减少最后一公里的物流成本，优化时效，提高用户体验。目前市场上主要的快递驿站有菜鸟驿站、小兵驿站、妈妈驿站、蓝店、快递柜等。

5.2　网上支付

网上支付是电子支付的一种形式，它是通过第三方提供的与银行之间的支付接口进行的即时支付方式，这种方式的好处在于可以直接把资金从用户的银行卡中转账到网站账户中，汇款马上到账，不需要人工确认。客户和商家之间可采用信用卡、电子钱包、电子支票和电子现金等多种电子支付方式进行网上支付，采用在网上电子支付的方式节省了交易的开销。目前用户在网络过程中较常使用的第三方支付平台有支付宝、微信支付、银联商务、银联在线、快钱、壹钱包、京东支付等。

支付宝是全球领先的第三方支付平台，成立于 2004 年 12 月，致力于为用户提供"简单、安全、快速"的支付解决方案。旗下有"支付宝"与"支付宝钱包"两个独立品牌。自 2014 年第二季度开始成为当前全球最大的移动支付厂商。几乎所有的支付服务都可以使用支付宝。当前在第三方支付平台当中，支付宝和微信支付的使用范围最广，从购物到水电燃气缴费，基本上取代了现金支付功能。2021 年 12 月，随着互联网"互联互通"的进一步推进，支付宝、微信支付和中国银联云闪付已经实现了初步的扫码互认。

图 7-65　支付宝界面

参考文献

1. 赵瑞华. 媒介文化与休闲文化：媒介文化对现代休闲方式负面影响研究 [M]. 广州：中山大学出版社，2017.

2. 宋瑞. 休闲消费和休闲服务调查：国际经验与相关建议 [J]. 旅游学刊，2005 (4)：63-66.

3. Data. ai. 移动购物：永不止步［R/OL］．https：//www.data.ai/cn/insights/market－data/2021－mobile－shopping－apps－report/．

4. 张蒿，李玉海．基于内容的图像检索技术在购物网站中的应用研究［J］．情报科学，2012（6）：811－814．

5. 胡再可．我国电子商务搜索引擎用户的媒介选择及使用研究［D］．成都：电子科技大学政治与公共管理学院，2011．

6. 王非．中文电子商务搜索引擎有效性比较［J］．情报杂志，2008（4）：128－132．

7. 侯志伟．面向电子商务搜索引擎的研究［D］．郑州：郑州大学信息管理系，2012．

8. 陈星星．豆瓣读书的品牌建设与图书营销模式探讨［J］．科技视界，2013（8）：99－146

9. 符绍宏，雷菊霞，邓瑞丰，高冉．互联网信息资源检索与利用［M］．北京：清华大学出版社，2012．

10. 同程旅行．公司简介［EB/OL］．［2022－9－1］．https：//www.ly.com/public/about17u/intro．

11. 胡再可．我国电子商务搜索引擎用户的媒介选择及使用研究［D］．成都：电子科技大学政治与公共管理学院，2011．

12. 冯一帆．比较购物引擎系统的设计与实现［D］．成都：电子科技大学计算机科学与工程学院，2013．

13. 黄佳．比较购物搜索引擎的研究与应用［D］．武汉：武汉理工大学计算机科学与技术学院，2013．

14. 丁文．垂直搜索引擎在网络购物系统中的研究与应用［D］．青岛：中国海洋大学信息科学与工程学院，2011．

15. 易观分析．中国网络零售B2C市场季度监测报告2022年第2季度［R/OL］．https：//www.analysys.cn/article/detail/20020654．

16. 中国国家邮政局．2021年中国快递发展指数报告［R/OL］．https：//www.spb.gov.cn/gjyzj/c100278/202205/4f2917df7dfc4ba28c31949456eb390e.shtml．

17. 中国国家邮政局．2021年快递服务满意度调查和时限准时率测试结果的通告［R/OL］．https：//www.spb.gov.cn/gjyzj/c100009/c100010/202201/0ce493fa7228415e9a1e6e81998c4bbb.shtml．

第八章　网络信息的综合利用

第一节　网络信息的搜集与分析

1　网络信息搜集的原则与方法

网络信息的搜集是指机构或个人遵循一定的原则和标准，按照某些方法和技巧有目的地获取有价值信息的全过程。搜集工作是分析利用网络信息的基础和前提，也是确保网络信息质量的关键步骤。当前，网络信息良莠不齐、杂乱无章，难以有效利用，必须遵循一定原则，采取科学的方法进行搜集并进行有序化加工，方可发挥网络信息的使用价值。

1.1　网络信息搜集的原则

（1）针对性原则

针对性原则也叫目的性原则。基于用户特定的信息需求，根据研究课题和信息分析的目标有针对性或有目的性地对网络信息进行搜集整理。这些目标主要包括政府部门的决策、规划、计划，科技企业的产品研发、项目评估，科研机构的课题研究、成果评价等。

（2）时效性原则

时效性原则也叫新颖性原则。跟踪相关网络信息，及时搜集最新信息，是保证网络信息有效利用的必要条件。网络信息的使用价值随着时间的变化而呈现出价值递减的特点，时间越长，使用价值越低。因此，必须紧密围绕研究课题，及时搜集最新信息，掌握最新研究动态，才能充分发挥科研成果或政策决策的经济效益和社会效益。

（3）系统性原则

系统性原则也叫完整性原则。搜集的网络信息是否完整，是否能反映其所属专业的学科体系和历史连贯性，直接关系到网络信息分析利用工作能否顺利进行，能否得到正确研究结论。只有连续、系统地搜集和积累网络信息，才能保证信息提供的系统性、完整性和有效性，从而满足用户的特定需求。

（4）科学性原则

科学性原则也叫可靠性原则。所搜集的网络信息的真实性、科学性和可靠性，直接关系到政策决策和科学研究的成功，这也是分析利用信息的前提条件。在搜集网络信息的过程中，为了保证信息质量，必须选择和确定信息密度大、信息含量多的信息。通常情况下，通过网络搜集信息，应尽量检索大型公开出版的数据库，因为这些数据库的出版单位一般都是政府所属机构、行业协会等权威机构，资源来源稳定、可靠。

1.2　网络信息搜集的方法

（1）开展网络调查

网络调查是网络信息搜集的重要工作之一。网络调查借助互联网可在全球范围内进行信息调查，既借鉴了传统的统计调查理论，也融入了现代计算机通信技术。和传统信息调查方法相比，网络调查能极大地提高信息搜集的时效性，同时也能扩大调查空间，减少调查时间。

常用的网络调查方式有 Web 站点问卷调查法、服务器日志统计法、网上讨论法、网上实验观察法等。Web 站点问卷调查法是将调查问卷放在一个或多个网站的网页上，由浏览这些站点并对该项调查感兴趣的用户填写问卷完成调查。这是目前网络调查的常见方法，代表性的网络调查网站有问卷星（www. wjx. cn）等。服务器日志统计法利用网络服务器中的日志文件记录的用户访问站点的数据，这些数据反映了用户的活动，从而为有关调查提供分析资料。网上讨论法是通过多种网络交互式工具来实现，如 BBS、新闻组（newsgroup）、网络实时交谈（IRC）、网络会议（NetMeeting）等，通过双向或多向交流，反复征询，完成调查过程。网上实验观察法是对信息源网页、数据库、电子出版物等利用情况和用户的网上行为进行实验、观察和检测，分析网络信息源站点的可用性，从而为改善这些站点的性能提供依据。

（2）直接访问网上信息源

有两种访问方法。第一种方法是通过 IP 地址直接打开信息源的网站或网页。这种方法需要重视两类信息源的搜集。首先要重视大型公开出版的数据库，如 CNKI（中国知网）、万方数据知识服务平台、中国高等教育文献保障系统、Elsevier Science Direct、OCLC FirstSearch、Web of Knowledge、EBSCOhost、ProQuest 等，这类信息源一般由数据库集成商或大型出版社提供，内容广泛、知识新颖、规模较大、应用较广。其次要重视免费网络信息资源的检索，主要包括开放获取期刊（如 DOAJ、BioMed Central、PLOS Journal、PubMed Central 等）、电子预印本系统（如中国科技论文在线等）、开放获取机构收藏库（如 MIT Dspace 等）、开放获取课件（如世界课堂 World Lecture Hall 等）和一些学术资源搜索门户网站（如 Google Scholar、OAIster 等），这类信息源是第一类信息源的有益补充，具有较大的发展前景。

第二种方法是在浏览器（如 Internet Explorer）中安装网络实名插件，只要在浏览器中添加网络实名插件，再将网站的中、英文名称直接输入浏览器的地址栏中，点击"回车"，即可迅速进入相应的网站或网页。

（3）利用网络检索工具

网络检索工具是指互联网上提供信息检索服务的计算机系统，它以网站形式存在，一般可提供关键词和主题导航两种检索方式。网络检索工具按照编制原理和检索方式可分为网络指南、搜索引擎和元搜索引擎。

网络指南又称网络资源导航、主题指南，它是把全部文献归入主题目录的层次结构或树形结构，并由人工编制的网站链接汇编而成。它以类目的等级结构为特点，设置多级类目，逐级点击获取。如中国高等教育文献保障系统 CALIS、美国密西根大学图书馆编制的《因特网学科资源指南》等。搜索引擎和元搜索引擎已在本书第二章作了详细介绍，在此不再赘述。

2 网络信息分析的方法与步骤

网络信息数量众多，质量良莠不齐，传输范围广、速度快。无论是政策决策、产品研发，还是课题研究，都必须采取科学的方法，按照一定的步骤对网络信息进行切实有效的分析与预测。

2.1 网络信息分析的方法

（1）逻辑思维方法

逻辑思维方法是一种定性分析方法，主要包括比较法、分析与综合法、推理法三种。比较法是对照各个事物，以确定其间的差异点和共同点，通过比较来揭示事物之间的水平和差距，正确认识事物发展的规律，判定事物优劣。比较法是最常用的一种定性分析方法。分析与综合法是在对信息进行对比、分析和推理的基础上进行综合，以认识事物的本质，揭示个别与一般、现象与本质的内在联系。通常情况下，分析和综合是信息分析过程的两个方面，二者总是结合在一起使用，没有分析的综合或者没有综合的分析，都很难保证信息分析的质量。推理法就是从一个或几个已知的判断得出一个新判断的逻辑思维方法。任何推理都由前提和结论两个部分组成，包括前提、结论和推理过程三个要素。

（2）专家调查法

专家调查法一般是在缺乏必要材料的前提下，向专家咨询、请专家分析预测的一种调查方法，主要包括头脑风暴法和德尔菲法。头脑风暴法主要是向专家咨询，借助于专家的创造性思维来获取未知领域或未来信息的一种调查方法。这种方法实际上就是以头脑风暴会议为基础的集团头脑风暴法，有利于集思广益、取长补短，从而得出较正确的结论。德尔菲法是在专家个人判断法和头脑风暴法的基础上发展起来的一种直观判断和预测方法，它是采用向专家发调查表的方式，请他们对研究问题发表意见、提供问题的分析结果，具有匿名性、反馈性、统计性的特点。

（3）文献计量学方法

文献计量学方法是一种定量分析方法，它是以文献为研究对象，以数学和统计学为手段，用量的概念来表述科学现象，是呈现情报学特色的宏观研究方法。信息网络化为网络计量学的产生提供了基础条件和研究对象。网络计量学是采用数学、统计学等各种计量方法，对网络信息的组织、存储、分布、传递等进行定量描述和统计分析，以揭示网络信息数量特征和内在规律的一门学科。当前，网络计量学主要应用于指导网络信息的组织与管理；指导网站建设，完善搜索引擎功能；指导网络信息检索等。

（4）回归分析法

回归分析法是研究两个或两个以上事物之间的因果关系及其相互影响变化的一种数学方法。这种分析法的关键所在是建立数学模型，处理变量之间的因果关系。在回归分析预测中，通常把研究对象称为因变量，把相关因素称为自变量。回归分析法分为单元线性回归、多元线性回归、非线性回归和单元多项式回归。单元线性回归只有一个自变量，用于两个变量接近线性关系的场合。多元线性回归用于一个因变量和多个自变量之间线性相关问题。非线性回归有两类，一是通过数学变换变成线性回归，如取对数可使乘法变成加法，二是直接进行非线性回归，如多项式回归。单元多项式回归是因变量和自变量成多项式函数关系的一种回归分析法。

（5）层次分析法

层次分析法也叫 AHP 法，是由美国运筹学家萨蒂（T. L. Saaty）提出的一种系统分析方法，其基本原理是将决策问题有关的元素分解成目标、准则、方案等层次，并在此基础上对人的主观判断进行定量描述。其基本步骤是：第一，找出研究对象所涉及的主要因素；第二，要分析各因素的关联、隶属关系，构造递阶层次模型；第三，要对同一层次的各因素进行对比，构造判断矩阵；第四，由判断矩阵计算相对权重，并进行一致性检验；第五，要计算各层次因素相对于最高层次的合成权重，进行层次总排序并检验。

（6）时间序列分析法

时间序列分析法是以时间为序，通过对历史统计数据的分析，来预测评估事物的现状及未来发展趋势。其所要解决的技术问题是消除或减少统计数据中随机因素的影响，从数据模式中找出规律性变化的特征和趋势。时间序列分析法包括追溯法、现时分析法和预测法。追溯法立足现实，分析事物发展的历史过程，探索事物发展的规律性。现时分析法是对现阶段某一事物在即将过去的时间内的发展、变化状况进行分析的方法。预测法是根据过去和现在的有关事实、数据、资料等对未来作出推断，以便预测事物未来的发展趋势。

2.2　网络信息分析的步骤

（1）课题选择

选择和确定课题是网络信息分析的首要环节，也是后续工作的前提和基础。一般来说，课题来源于三个方面：一是政府部门委托的研究课题，具有成本高、费时长、难度大的特点；二是企业委托的课题，具有任务急、灵活性强、竞争性大的特点；三是研究人员自主选题，由研究人员自行选择和确定课题，又称主动选题。课题选择通常应遵循一定的原则：第一，应以国家政策为依据，避免选题的"假、大、空"；第二，要考虑用户的需要，针对用户的需求；第三，要根据自身条件（如人力、物力、财力、时间等）来综合考虑完成课题的可行性；第四，应考虑课题的经济效益和社会效益；第五，要及时跟踪本领域的最新研究成果和研究动态，提出最新的研究方向。

（2）课题计划

课题计划是网络信息分析工作的指南和纲领，是课题任务全面而系统的统筹安排。制订课题计划是信息分析工作的一项重要任务，其主要内容包括：选题的依据；课题在国内外研究现状；课题任务；研究方法和技术路线；课题研究者的具体分工；完成时间和实施步骤；课题所需的人员、经费、设备条件；研究成果的鉴定、出版和交流等。

（3）信息搜集与整理

信息搜集是网络信息分析工作的基础环节，也是开展信息分析的根本依据。网络信息搜集的原则和方法前文已经论述，在此不再介绍。信息搜集通常要解决两个问题，一是信息的类型、专业范围、时间要求等，二是获取信息的方式和途径。搜集到的网络信息繁杂而无序，必须经过整理，使得无序信息变成有序信息才能使用。一般来说，信息整理包括形式整理和内容整理两种方法。形式整理仅凭借信息的某一外在特征进行分门别类的整理，基本不涉及信息的具体内容。内容整理是对信息资料的分类、数据的汇总、观点的归纳和总结等。

（4）信息分析

搜集和整理过的信息并不一定能达到使用的要求，必须运用科学的分析方法，通过系统、深入的分析与预测，由表及里，去伪存真，才能透过现象揭示其本身的内在规律。信息分析是整个分析流程中最重要的一个环节。在实际的信息分析过程中，通常需要选择一种或几种分析方法（前文已论及），考虑定性和定量两种研究方法的综合运用，在此基础上建立信息分析模型，经过分析对比、推理演算，得出最终结论。

（5）报告撰写

撰写信息分析报告是整个信息分析过程的最后一个环节。报告撰写一般应遵循目的性、分析性和科学性的原则。目的性原则要求撰写报告要紧扣主题，删除无关的资料或观点，防止材料堆砌。分析性原则是指撰写报告要从课题要求出发，应当以有价值的信息内容作为研究结论的依据。科学性原则要求在报告撰写中，使用的数据必须准确可靠、采用的研究方法要具有科学性、研究结论要论证严密可靠。

第二节　个人信息管理工具

1　个人信息管理工具概述

顾名思义，"个人信息"由"个人"和"信息"两个词构成，属于信息的延伸概念。通常情况下，个人信息包括一切与个人有关的信息资料，涵盖个人生活信息和个人工作信息两个方面。个人生活信息是以数字或其他方式记录的能够识别特定自然人身份或者反映特定自然人活动情况的各种信息，包括个人及家庭成员信息、账号密码、财产状况、行踪轨迹等。个人工作信息则指与个人工作相关的一切材料，包括工作目标、工作任务、日程计划、纸质和电子文档等。本章所指的个人信息主要是指为完成某项工作任务而搜集、保存的各种文献信息。

个人信息管理的思想起源于 1945 年美国科学研究与发展办公室主任范内瓦·布什（Vannevar Bush）提出的 Memex（一种信息存储器）设想，他设想使用 Memex 对个人信息进行管理。随着个人电脑的普及和信息技术的发展，兰斯代尔（M. W. Lansdale）从心理学角度对"无纸化办公室"的建立提出建议，并第一次提出"个人信息管理"的概念，即"人们在日常工作的基础上处理、分类和检索信息所使用的方法和步骤"。个人信息管理是一种新的管理理念和方法，其本质就是以个人为中心，以信息为对象，将管理贯穿于个人信息的搜集、处理、存储、分析和利用的全过程。

随着网络技术的发展和个人信息的增长，科研人员在享受网络资源带来便利的同时，也不得不面对如何有效管理搜集到的大量网络信息的问题。此外，参考文献的引用整理工作也是学术论文写作过程中的重要事项，而各期刊对参考文献的著录格式不尽相同，这就对引用参考文献是否准确带来不确定性。因此，科学管理日益增长的个人信息，准确引用参考文献就变得十分重要。为此，各类专业化的个人信息管理工具相继出现。目前常用的国产信息管理工具有知网研学（原 CNKI E－Study）、NoteExpress、Notefirst 等；常用的国外信息管理工具有 EndNote、Mendeley、RefWorks 等。

个人信息管理工具是文献信息快速增长的必然产物，已经成为科研人员和学生进行学术研究必不可少的工具。通过这些工具，用户可以快捷、准确地检索、管理和利用各类文献信息，提升学术研究和论文写作的效率。这些管理工具的功能大同小异，主要包括：

① 信息搜集功能。用户可以利用浏览器插件把检索结果直接从同一个数据库或多个数据库中批量地转入到用户的个人信息管理工具里，以统一的格式保存检索结果，并建立、维护自己的数据库。

② 信息查询功能。用户可以对转入的信息资料按照字段（如主题、著者、关键词、篇名等）检索，或者将不同的字段进行布尔逻辑组配检索，并可做记录排序或增删等。

③ 编辑修改功能。用户可以利用工具对搜集到的信息进行查重修改；可以删除重复的记录；还可以建立自己的近义词表，在需要的时候检索并提取相关记录，通过网络共享数据等。

④ 信息检索功能。用户可以在不打开浏览器的情况下，直接检索网络数据库、书目数据库和图书馆馆藏信息，并能将检索结果直接下载到用户自建的数据库中，从而进一步扩大检索范围，跟踪最新研究动态。

⑤ 辅助研读功能。支持用户在阅读过程中进行划词检索和重点标注，包括检索文献和工具书、词组翻译、检索定义、加注读书心得等；支持用户对两篇文献在同一窗口内进行对比研读。

⑥ 辅助写作功能。帮助用户根据自身需要产生科技写作模板，简化论文投稿程序。用户通过此功能，可以按照学术期刊的要求格式化论文，并且自动引用参考文献，便于一步到位地建立符合投稿要求的论文，节省了大量的时间和精力。

2 知网研学平台（原 E－Study）使用方法简介

知网研学平台（原 E－Study）是中国知网推出的一款以搭建个人探究式学习环境为核心，以提高用户自主学习能力和创新能力为目标，集"汇、读、写"为一体的个人终身式学习平台。它利用 XML 碎片化、知识重组、知识网络构建等技术，提供汇聚资源、理解知识、创作表达、选刊投稿、知识管理、协作交流等多样化学习功能，改变传统静态的阅读模式，开启动态、交互、图谱化的阅读模式，服务个人知识学习与管理，从而构建个人知识结构，实现知识创新。该平台为用户提供 WEB 版、PC 端、移动端（App、PAD、小程序），随时随地云同步，满足用户在不同场景下的学习需求。

2.1 注册/登录方式

首先，打开知网研学网站，优先选用谷歌、火狐、360 极速等对 HTML5 新特性兼容性好的浏览器，有两种方法。方法①：打开中国知网（cnki.net），点击"知网研学平台"。方法②：在搜索栏中输入知网研学的网址（x.cnki.net）。

其次，进行注册登录。点击知网研学网站首页右上角的"登录/注册"，根据提示进行登录或注册。老用户直接输入账号、密码进行登录。新用户点击"注册新用户"，通过手机号和验证码进行注册。

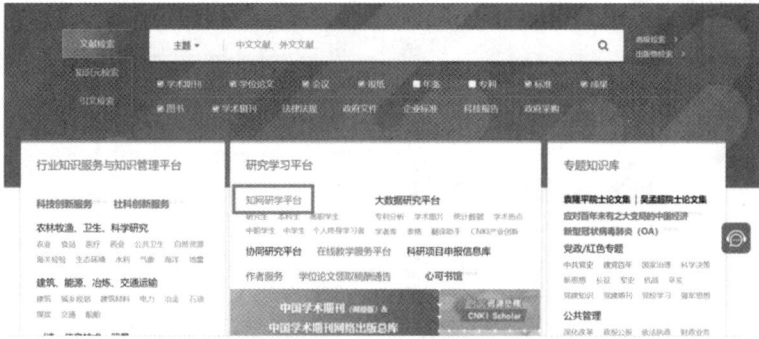

图 8-1　点击"知网研学平台"

图 8-2　知网研学网站首页

图 8-3　老用户登录个人账户

图 8-4　新用户注册

2.2　如何管理资源

① 研读学习：点击"知网研学"网站左侧的"研读学习"，归纳管理个人素材。

图 8-5　研读学习

　　② 新建专题：在"研读学习"模块，用户可以创建自己的"专题"（类似于电脑的文件夹），通过"专题"进行文献搜集和管理。

　　③ 检索添加：通过"专题"上方的"检索添加"，可以直达知网五大核心资源库搜索文献，直接勾选就可以批量收藏到"专题"。

　　④ 本地上传：本地的文献资料等，可以上传到研学平台进行统一管理，也可以进行阅读、划线做笔记等。

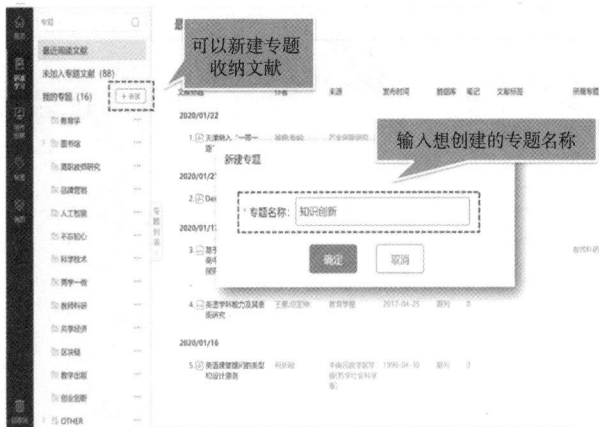

图 8-6　新建专题

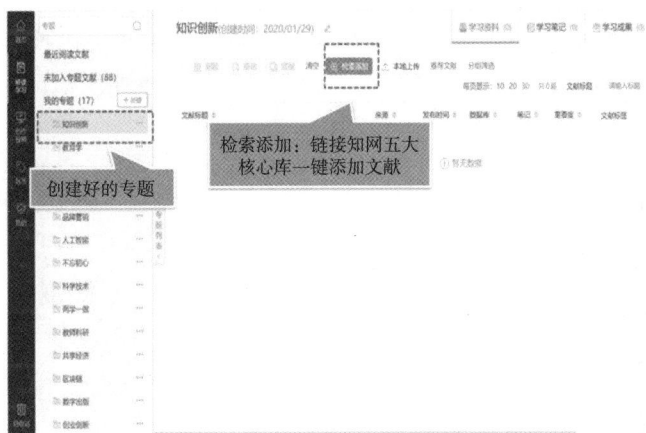

图 8-7　点击"检索添加"勾选文献

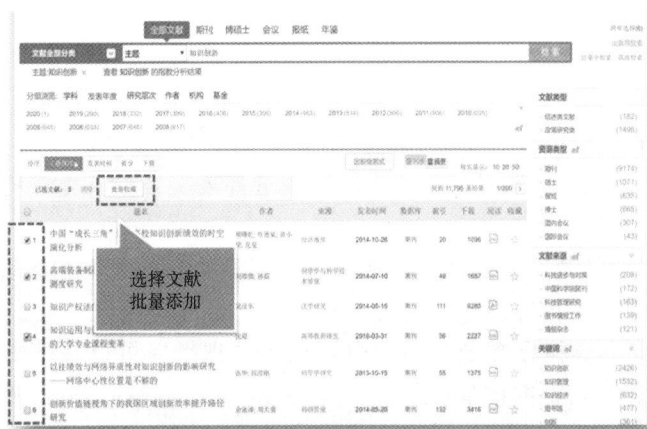

图 8-8　选择文献批量添加

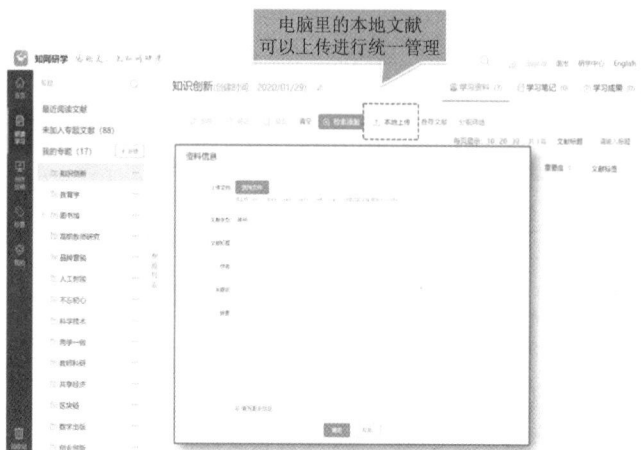

图 8 - 9　上传本地文献

⑤ 文献查找及管理：用户可以按专题对文献进行管理。既可以搜索单篇文献，也可以设置多个条件筛查文献，同时还可以对筛查出的文献进行重要度标识。

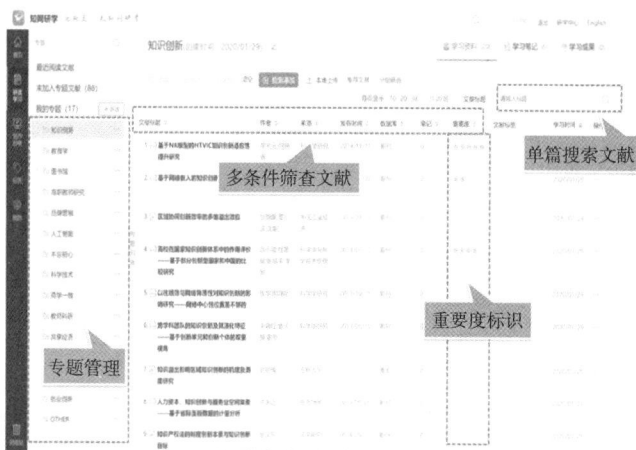

图 8 - 10　文献查找及管理

2.3　如何阅读文献

① 选择并打开文献：在知网研学"专题"中选择要阅读的文章，打开文章点击"记笔记"。

② 阅读目录大纲：通过点击目录快速跳转，浏览文章的大纲和图表，粗读文章，快速了解文章的主旨和主要内容。

③ 划线/做笔记：选择想要记录的片段，点击"划线"可以在下方划线标注。点击"笔记"，即可在右侧笔记框内记录信息。

④ 记录文摘：点击"文摘"，可以将重要的句子、图表、素材等一键添加到素材库，方便写论文时引用。

图 8-11　选择文章

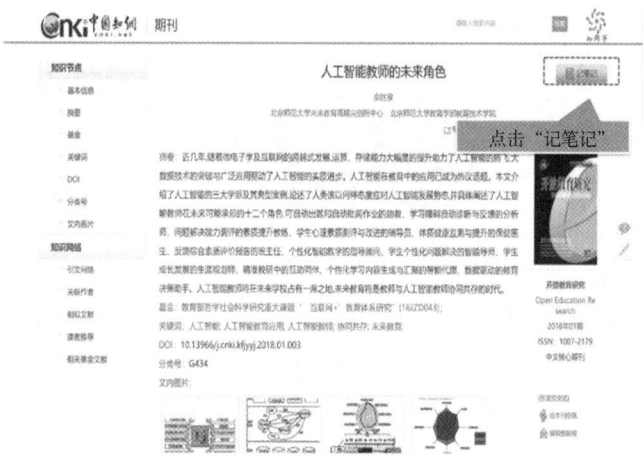

图 8-12　打开文章，点击"记笔记"

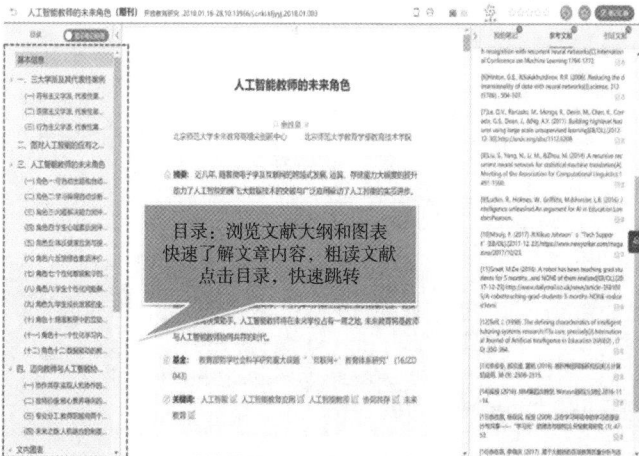

图 8-13　阅读目录大纲

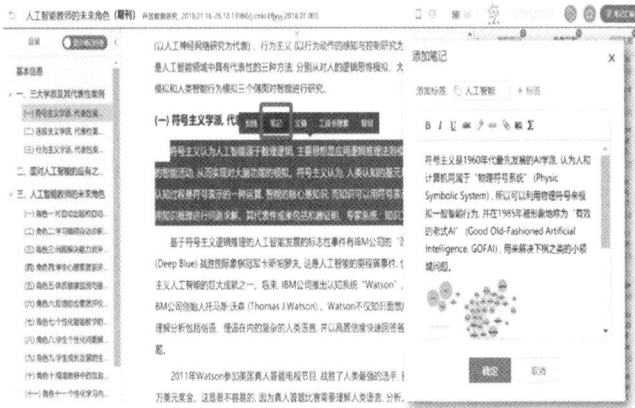

图 8-14　划线/做笔记

图 8-15　记录文摘

⑤ 笔记汇编：单篇文章的所有笔记，可以一键汇编成文档，根据用户的需要进行编辑。

图 8-16　笔记汇编

⑥ 图片记录：用户可以摘录文章中的图片、表格，也可以进行标记。

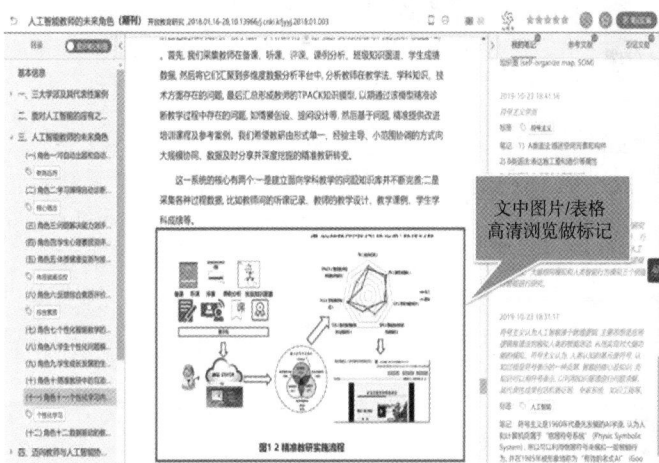

图 8-17　图片记录

⑦ 参考文献：点击"参考文献"，可以直接阅读，也可以参考文献上划线、做笔记、做文摘等。

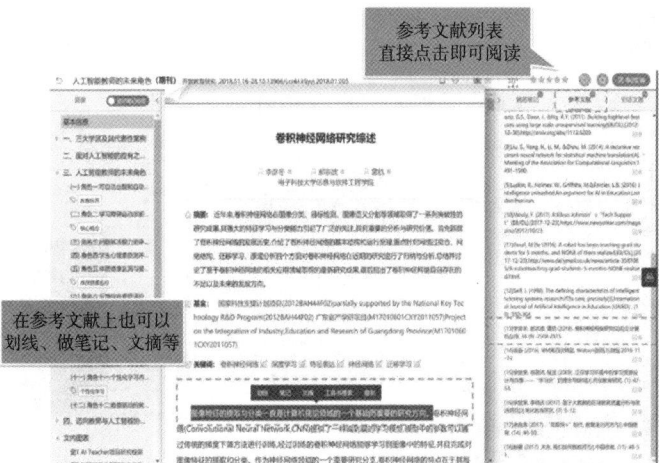

图 8-18　参考文献

2.4　如何进行创作

① 思维导图：点击网页左侧的"创作投稿"模块，可以创建思维导图，构建文章的内容框架，激发作者的创作灵感。

② 文档创作：在网页左侧的"创作投稿"模块，点击"新建"，即可在下方创建文档。

③ 模板创作：点击"模板"，既可以从本地上传编辑好的模板，也可以使用思维导图直接生成模板。

图 8-19 创建思维导图

图 8-20 文档创作

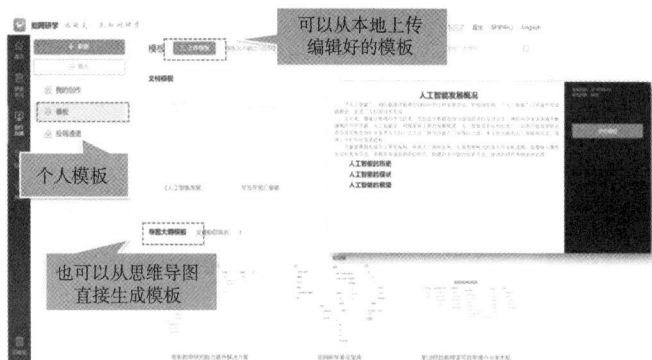

图 8-21 模板创作

④ 创作界面：文档创作分为目录区、创作区、素材区。作者可以通过目录区跳转内容，通过素材区实时添加内容，通过创作区进行编写。

⑤ 文摘添加：点击右侧的"添加"按钮，即可将所需要的文摘一键添加到左侧的创作中。

⑥ 笔记添加：点击网页右侧"我的笔记"，选用需要的笔记，点击"添加"，即可将要用的笔记一键添加到左侧的创作中。

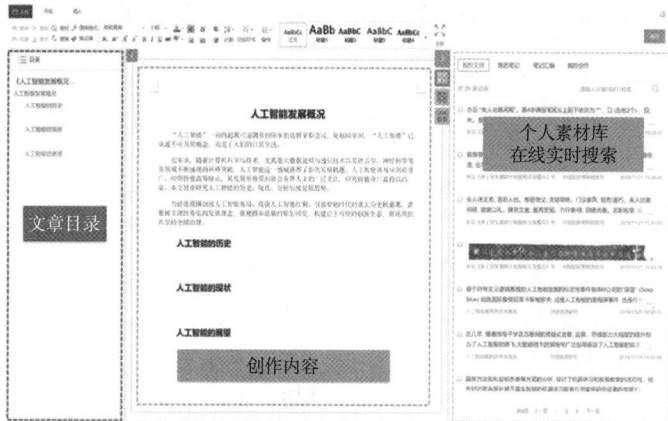

图 8 - 22 创作界面

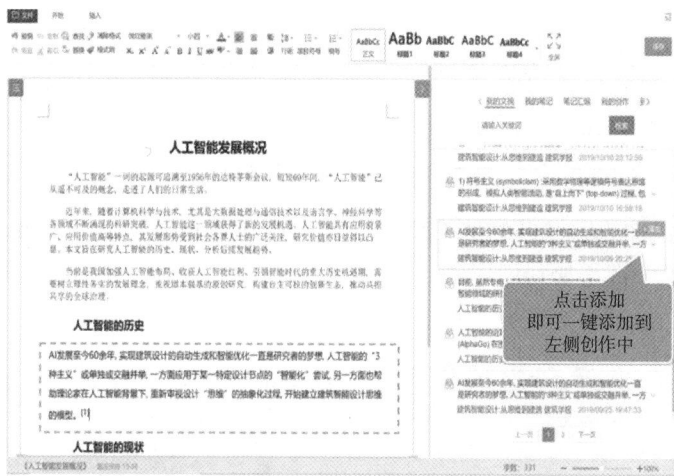

图 8 - 23 文摘添加

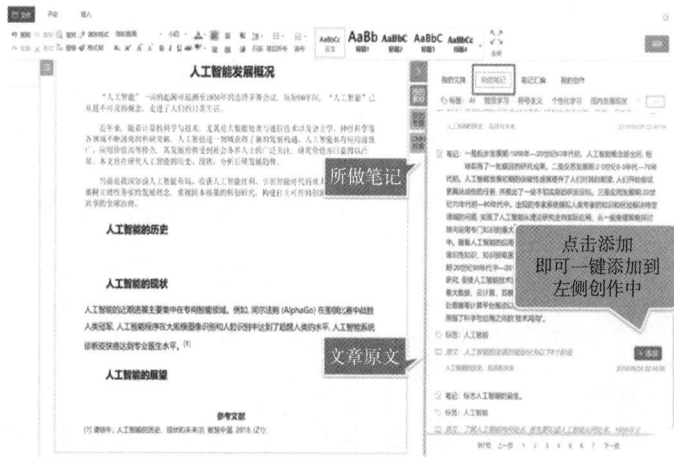

图 8 - 24 笔记添加

⑦ 参考文献自动生成：系统自动添加文章的引用关系，作者双击就可以对参考文献进行修改。

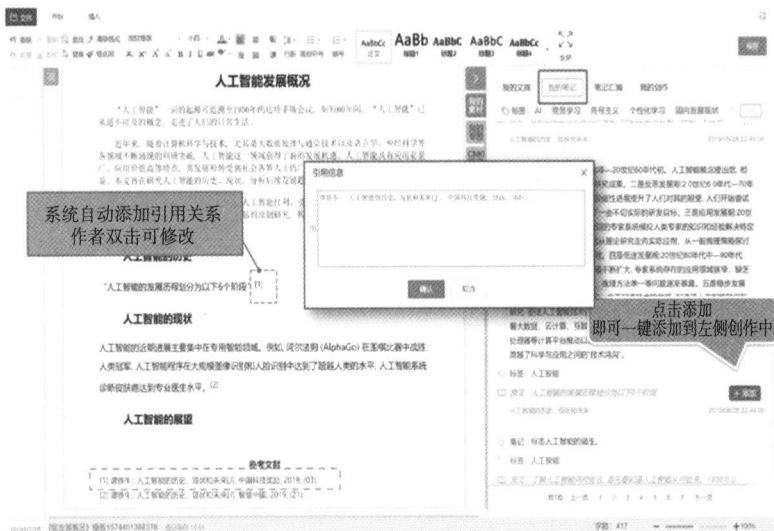

图 8-25　参考文献自动生成

⑧ 在线搜索添加：通过右侧的 CNKI 搜索可以在线检索文章，边阅读边可以将所需要的内容、图表等一键添加到创作区。

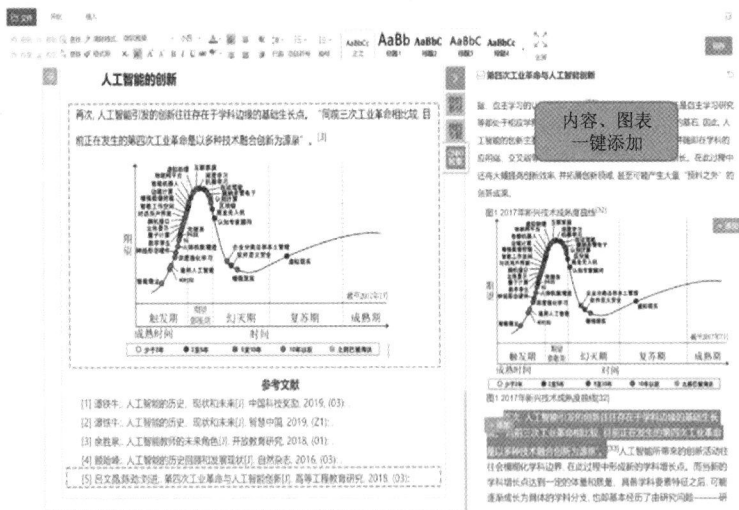

图 8-26　在线搜索添加

2.5　如何在线投稿

知网研学平台提供多种官方投稿渠道，支持一键投稿，非常便捷。可以点击网页左侧的"创作投稿"，也可以通过关键词查找期刊，获取期刊的官网并获取投稿方式。

图 8 - 27　在线投稿

第三节　学术规范与论文写作

1　学术规范

1.1　学术规范概述

当前学术不端事件频频发生，在社会上影响比较大的有 2006 年韩国黄锡禹事件、2013 年东京大学加藤茂明事件、2017 年 Springer 撤稿事件、2019 年翟天临"学术门事件"等。所谓学术规范，是指人们在学术活动中应该遵守的各种行为规范的综合，其目的主要是规范学术活动、开展学术交流、促进学术积累、加强学术创新等。学术规范涉及学术活动的全过程、各方面：包括学术研究规范、学术评审规范、学术批评规范、学术管理规范；也有学者对学术规范作出了横向概括，认为包括它两方面的含义：一是学术研究中的具体规则，如文献的合理使用规则、引证标注规则、立论阐述的逻辑规则等，二是高层次的规范，如学术制度规范、学风规范等。

复旦大学对基本学术规范的要求是：

① 在学术活动中，应严格遵守《中华人民共和国宪法》《中华人民共和国民法通则》《中华人民共和国著作权法》《中华人民共和国专利法》《中华人民共和国计算机软件保护条例》等有关法律、法规以及教育部《高等学校哲学社会科学研究学术规范（试行）》。

② 学术研究要尊重他人的知识产权，遵循学术界关于引证的公认的准则。在作品中引用他人的成果，必须注明出处；所引用的部分不能构成引用人作品的主要部分或者实质部分；从他人作品转引第三人成果，应注明转引出处。

③ 合作作品应按照当事人对科学研究成果所作贡献大小并根据本人自愿原则依次顺

序署名，或遵从学科署名惯例或作者共同的约定。任何合作作品在发表前要经过所有署名人审阅，所有署名人均应对作品承担相应责任，作品主持人应对作品负主要责任。

④ 在对自己或他人的作品进行介绍、评价时，应遵循客观、公正、准确的原则。

⑤ 认真维护学术评价的客观公正。正确行使学术评价权力，公正发表评审意见是评审专家的职责。在参与各种推荐、评审、论证、鉴定、答辩和评奖等活动中，要坚持客观公正的评价标准，坚持按章办事，不徇私情，自觉抵制不良社会风气的影响和干扰。

⑥ 对于应该经过学术界严谨论证和鉴定的重大科研成果，须在论证完成后并经项目主管部门批准，方可向新闻媒体公布。

在学术研究的过程中要严格遵守学术规范，禁止发生剽窃、抄袭、侵占他人学术成果、篡改实验数据、伪造、私自署名、一稿多投、重复发表、泄密以及其他违背学术界公认学术规范的行为。

网络学术规范，顾名思义，是网络环境下的学术规范。网络环境下的学术活动更具不稳定性和可变性，制订网络学术规范、倡导学术诚信，是确保学术健康发展的重要前提。网络学术规范中尤其需要注重参考文献使用规则的规范。

1.2 参考文献著录格式介绍

参考文献是论文的一个有机组成部分，它一般在文章的最后、附录之前。参考文献列出了文章中所有引用的研究，使得读者可以有足够的线索去查找所感兴趣的文献。当然，详细地列出参考文献也是对所引用文献作者的劳动成果的尊重。此外，清晰、准确的参考文献可以让读者对相关文献的发展脉络、文献的实效性和权威性等有个很直观的了解。

各期刊、会议论文对参考文献格式要求不尽相同，同一学科领域的不同期刊对参考文献格式要求也不一样，甚至差异较大。国内刊物通常要求作者参照国家标准《信息与文献参考文献著录规则》（GB/T 7714—2015）。国际刊物通常要求作者参照美国心理协会 APA 格式（http：//www.apastyle.apa.org）、美国现代语言协会 MLA 格式（http：//www.mla.org）、芝加哥大学出版社 CMS 格式（http：//www.press.uchicago.edu）等。

下面将介绍两种比较常用的参考文献使用规则：国家标准《信息与文献 参考文献著录规则》（GB/T 7714—2015）与美国心理学协会 APA 格式。

（1）国家标准《信息与文献 参考文献著录规则》（GB/T 7714—2015）

2005 年国家标准化管理委员会发布了一项用于学术文章文后参考文献著录的国家标准，即《文后参考文献著录规则》（GB/T 7714—2005）。随着信息化的高速发展以及我国期刊国际化进程的加快，"获取和访问路径"的著录成为电子资源必备项，数字对象唯一标识符（DOI）方兴未艾，这些昭示着大数据时代文献记录、传播以及查找路径的变化，学界对参考文献的著录相应也提出了更多要求，对此，2005 版明显滞后，很有必要进行及时修订。

《信息与文献 参考文献著录规则》（GB/T 7714—2015）是 2015 年 12 月 1 日实施的一项中华人民共和国国家标准，它规定了各个学科、各种类型信息资源的参考文献的著录项目、著录顺序、著录用符号、著录用文字、各个著录项目的著录方法以及参考文献在正文中的标注法。该标准针对普通图书、论文集、会议录、科技报告、学位论文、专利文献、专著中析出的文献、期刊中析出的文献、报纸中析出的文献、电子文献等相关文献格式的文后著录标准均作出了详细说明：

① 专著的著录的要素包括：主要责任者（作者）、题名项、其他责任者（可选）、版本项、出版项、获取和访问路径。其中题名项细分为：题名、其他题名信息、文献类型标志（电子文献必须，其他文献任选）；出版项细分为：出版地、出版者、出版年、引文页码、引用日期（联机文献必备，其他电子文献任选）。

格式为：主要责任者．题名：其他题名信息［文献类型标志］．出版地：出版者，年份：引文页码．

【示例】

● 张黎．怎样写好文献综述——案例及评述［M］．北京：科学出版社，2008.1：180－184.

● WURMAN R S. Information Anxiety［M］. New York：DoubleDay，1989：1－2.

● 李卓卓．信息资源共享系统绩效评估研究［D］．武汉：武汉大学，2009：100－102.

● 王新杰，张晋勋．海峡两岸岩土工程/地工技术交流研讨会大陆部分论文选［C］．北京：知识产权出版社，2011.5.

② 专著中析出的文献著录要素包括：析出文献主要责任者、析出文献题名项、析出文献其他责任者（任选）、出处项、版本项、出版项、获取和访问路径（联机文献必备）。其中析出文献题名项细分为：析出文献题名、文献类型标志（电子文献必备，其他文献任选）；出处项细分为：专著主要责任者、专著题名、其他题名信息；出版项细分为：出版地、出版者、出版年、析出文献的页码、引用日期（联机文献必备，其他电子文献任选）。格式为：析出文献主要责任者．析出文献题名［文献类型标志］．析出文献其他责任者//专著主要责任者．专著题名：其他题名信息．版本项．出版地：出版者，出版年：析出文献的页码［引用日期］．获取和访问路径．

【示例】

● 周毅．档案事业及其构成［M］//冯惠玲，张辑哲．档案学概论．北京：中国人民大学出版社，2006.5：69－82.

● 彭裴章．《信息资源共享研究——以JALIS为例》序［M］//刘磊．信息资源共享评估研究——以JALIS为例．南京：南京大学出版社，2010：1－3.

③ 连续出版物的文献著录要素包括：主要责任者、题名项、卷、期、年、月或其他标志（任选）、出版项、获取和访问路径（联机文献必备）。其中题名项细分为：题名、其他题名信息、文献类型标志（电子文献必备，其他文献任选）；出版项细分为：出版地、出版者、出版年、引用日期（联机文献必备，其他电子文献任选）。格式为：主要责任者．题名：其他题名信息［文献类型标志］．年，卷（期）－年，卷（期）．出版地：出版者，出版年［引用日期］．获取和访问路径．

【示例】

● 中国图书馆学会．中国图书馆学报［J］．1957（1）—．北京：国家图书馆，1957—．

● 中国人民大学．情报资料工作［J］．1980（1）—．北京：中国人民大学，1980—．

④ 连续出版物中的析出文献著录要素包括：析出文献主要责任者、析出文献题名项、出处项、获取和访问路径（联机文献必备）。其中析出文献题名项细分为：析出文献题名、文献类型标志（电子文献必备，其他文献任选）；出处项细分为：连续出版物题名、其他题名信息、年卷期标志与页码、引用日期（联机文献必备，其他电子文献任选）。格式为：析出文献主要责任者．析出文献题名［文献类型标志］．连续出版物题名：其他题名信息，年，卷（期）：页码［引用日期］．获取和访问路径．

【示例】

● 沙勇忠，牛春华．iSchool 联盟院校的课程改革及其启示［J］．图书情报知识，2008（6）：26—35，55．

● 孟祥保，钱鹏．国外数据管理专业教育实践与研究现状［J］．中国图书馆学报，2013，39（208）：63—74．

● LARSEN R L. Libraries need iSchool［J］．Library Journal，2007（15）：11．

⑤ 专利文献的著录要素包括：专利申请者或所有者、题名项、出版项、获取和访问路径（联机文献必备）。其中题名项细分为：专利题名、专利国别、专利号、文献类型标志（电子文献必备，其他文献任选）；出版项细分为：公告日期或公开日期、引用日期（联机文献必备，其他电子文献任选）。格式为：专利申请者或所有者．专利题名：专利国别，专利号［文献类型标志］．公告日期或公开日期［引用日期］．获取和访问路径．

【示例】

● 苏州高源科技有限公司．全自动开槽弯字机：中国，CN201010564423.8［P］．2011—7—20．

● 陈长青．一种不锈钢全自动数控围字机：中国，CN202479795U［P］．2012—10—10．

⑥ 电子图书、电子图书中的析出文献以及电子报刊中的析出文献的著录项目与著录格式分别按上述"专著""专著中析出文献""连续出版物""连续出版物中析出文献"中的有关规则处理。除此以外均遵循本条规则。

电子文献的著录要素包括：主要责任者、题名项、出版项、获取和访问路径。题名项细分为：题名、其他题名信息、文献类型标志（含文献载体标志）；出版项细分为：出版地、出版者、出版年、更新或修改日期、引用日期。格式为：主要责任者．题名：其他题名信息［文献类型标志/文献载体标志］．出版地：出版者，出版年（更新或修改日期）［引用日期］．获取和访问路径．

【示例】

● BRUCE H，RICHARDSON D J，EISENBERG M. The I—Conference：Gathering of The Clans of Information［EB/OL］．（2010－11－12）［2014－02－28］http：//www. asis. org. /Bulletin/Apr—06/brucerichardsoneisenberg. html.

● Information Science Education Committee of The Association for Information Science &Technology. Education for Information Architecture Project［EB/OL］．（2009－12－23）［2014－2－23］http：//www. asis. org/educationprograms. html.

以上仅为部分参考文献著录格式的简要介绍，如需了解更多细则仍需仔细研究《信息与文献　参考文献著录规则》（GB/T 7714－2015）。

（2）美国心理学协会 APA 格式

APA 格式是指由美国心理学协会（American Psychological Association）出版的《美国心理学会刊物准则》。APA 格式起源于 1929 年，现已得到了世界各地的广泛认可。APA 格式主要用于心理学、教育学、社会科学领域的论文写作。其规范格式主要包括文内文献引用（Reference Citations in Text）和文后参考文献列举（Reference List）两大部分。APA 格式强调出版物的年代（Time of the Publication Year）而不大注重原文作者的姓名。引文时常将出版年代置于作者缩写的名（the Initial of Author's First Name）之前。中国大陆的外语类期刊（语言学刊物为主）及自然科学类的学术刊物喜欢使用 APA 格式；台湾地区的学术刊物也多使用 APA 格式。

① 书籍名要斜体而且只需要首字母和专名大写，需要注明出版社信息，含地址和出版社名。格式为：作者姓全称，名首字母大写．（出版年份）．书名．出版社地址：出版社.

【示例】

● Galvan，J. L. & Galvan，M. G.（2017）．*Writing literature reviews：A guide for students of the social and behavioral sciences*（7th ed）．New York：Routledge.

② 期刊论文。期刊名一律斜体，采用实词、专名和首字母必须大写。其他部分仅需要首字母和专名大写，其余一律小写，并且不能用斜体。格式为：作者姓全称，名首字母大写．（出版年份）．作品名．期刊名，期刊卷号（期号）：起止页码．

【示例】

● Mahmood，K.（2017）．Reliability and validity of self—efficacy scales assessing students'information literacy skills：A systematic review. *Electronic Library*，35（5）：1035—1051.

③ 学位论文。学位论文的格式和书籍的格式大致相同，学位论文名必须斜体，不同之处在于学位论文要注明作者所取得学位的机构名称。格式为：作者姓全称，名首字母大写．（出版年份）．学位论文名．学校地址：学校名．

【示例】

● Zhang，Q.W. （2012）. *Supporting teachers to enact Integrative Practical Activities in China*. Enschede：University of Twente

④ 网页信息。引用网页信息中的作品名需要用斜体。格式为：作者姓全称，名首字母大写 .（出版年份）. 作品名 . 获得网址

【示例】：

● Association of College & Research Libraries （2015）. *Framework for Information Literacy for Higher Education*. Retrieved from http：//www. ala. org/acrl/sites/ala. org. arcrl/files/content/issues/infolit/framework/. pdf

以上仅是部分参考文献的 APA 著录格式的简要介绍，如需了解具体格式规范请参见：《教育资料与图书馆学》APA 格式说明。

2 论文写作

论文的写作是研究者成长道路的必经环节，是研究者通过对研究工作的整理、总结，将其原创性成果或是对前人工作总结的回顾依据一定的格式和规范创新写作的过程。

2.1 论文概述

（1）论文的种类与含义

学术论文的种类多样，根据不同的划分依据，可以分成多种类型，如：

按研究的学科，可将学术论文分为自然科学论文和社会科学论文。每类又可按各自的门类分下去。如社会科学论文，又可细分为文学、历史、哲学、教育、政治等学科论文。

按研究的内容，可将学术论文分为理论研究论文和应用研究论文。理论研究，重在对各学科的基本概念和基本原理的研究；应用研究，侧重于如何将各学科的知识转化为专业技术和生产技术，直接服务于社会。

按写作目的，可将学术论文分为交流性论文和考核性论文。交流性论文，目的只在于专业工作者进行学术探讨，发表各家之言，以显示各门学科发展的新态势；考核性论文，目的在于检验学术水平，成为有关专业人员升迁晋级的重要依据。

中华人民共和国国家标准 GB 7713－87 将论文分为三类，即科学技术报告、学位论文与学术论文。

科学技术报告是描述一项科学技术研究的结果或进展、一项技术研制试验和评价的结果，或是论述某项科学技术问题的现状和发展的文件。科学技术报告是用于呈送科学技术工作主管机构或科学基金会等组织或主持研究的人员等。科学技术报告中一般应该提供系统的或按工作进程的充分信息，可以包括正反两方面的结果和经验，以便有关人员和读者判断和评价，以及对报告中的结论和建议提出修正意见。

学位论文是表明作者从事科学研究取得创造性的结果或有了新的见解，并以此为内容撰写而成、作为提出申请授予相应的学位时评审用的学术论文。根据申请学位的类别，又

可分为学士学位论文、硕士学位论文与博士学位论文。学士学位论文应能表明作者确已较好地掌握了本门学科的基础理论、专门知识和基本技能，并具有从事科学研究工作或担负专门技术工作的初步能力。硕士学位论文应能表明作者确已在本门学科上掌握了坚实的基础理论和系统的专门知识，并对所研究课题有新的见解，有从事科学研究工作或独立担负专门技术工作的能力。博士学位论文应能表明作者确已在本门学科上掌握了坚实宽广的基础理论和系统深入的专门知识，并具有独立从事科学研究工作的能力，在科学或专门技术上做出了创造性的成果。

学术论文是某一学术课题在实验性、理论性或观测性上具有新的科学研究成果或创新见解和知识的科学记录；或是某种已知原理应用于实际中取得新进展的科学总结，用以提供学术会议上宣读、交流或讨论；或在学术刊物上发表；或作其他用途的书面文件。学术论文应提供新的科技信息，其内容应有所发现、有所发明、有所创造、有所前进，而不是重复、模仿、抄袭前人的工作。

本节将针对学术论文的写作、发表等展开进一步分析与说明。

（2）学术论文的组成部分

学术论文虽种类各异，但大体的组成部分较为接近。通常研究型论文要求详细陈述一项完整规范研究的新发现或新结果，要具有完备的学术论文结构要素：研究问题、研究目的、文献综述、研究方法、研究结果、讨论或结论及参考文献等。综述评介分为文献综述研究、历史回顾和学术书评等综述或评论性论文。

学术论文一般由题名、作者、作者单位、摘要、关键词、正文、参考文献和附录等部分组成，其中部分组成（例如附录）可有可无。论文各组成的排序为：题名、作者、作者单位、摘要、关键词、英文题名、英文摘要、英文关键词、正文、参考文献、附录和致谢。

（3）学术论文写作参考书目

● （英）温·格兰特，菲利帕·谢林顿．规划你的学术生涯［M］．寇文红　译．大连：东北财经大学出版社，2013.12.

● （美）迈尔斯，休伯曼．质性资料的分析：方法与实践（第二版）［M］．张芬芬译．重庆：重庆大学出版社，2013.6.

● （美）罗伯特·K·殷．案例研究方法的应用（第2版　校订新译本）［M］．周海涛，李永贤，李宝敏　译．重庆：重庆大学出版社，2013.10.

● （美）约翰·W·克雷斯威尔．研究设计与写作指导：定性、定量与混合研究的路径［M］．崔延强　等译．重庆：重庆大学出版社，2013.6.

● （英）吉纳·威斯科．研究生论文写作技巧（第2版）［M］．王欣双，赵霞，李季译．大连：东北财经大学出版社，2012.1.

● （英）帕特里克·邓利维．博士论文写作技巧：博士论文的计划、起草、写作和完成［M］．赵欣　译．大连：东北财经大学出版社，2012.12.

● （美）戈登·哈维．学会引用——大学生论文写作指导手册［M］．北京：教育科学出版社，2007.3.

● 张黎．怎样写好文献综述——案例及评述［M］．北京：科学出版社，2008.1.

2.2 学术论文写作程序

学术论文的写作过程大致分为论文准备阶段、调查阶段、撰写初稿阶段、论文修订阶段等四个步骤。但学术论文的写作过程对于不同的研究人员而言有着不同的写作节奏与体验。

（1）准备阶段

学术论文的写作不是一蹴而就的事情，需要仔细地做好准备工作。

选题。学术论文的选题非常重要——题目的选择可说是论文写作最重要的工作之一，因为它展现了研究者对研究问题思考的深度与广度，其中牵涉到研究者对其研究领域的问题意识，是否有足够的洞见。通常文科生在论文选题时要坚持三个原则：在最感兴趣的问题探究中选择论文题目、透过纷繁复杂的现象把握问题的本质、学术论文选题必须要有牢靠的理论基础作支撑。阅读学术前沿问题探究性研究文献最能催生写作冲动；论文选题时不能把一般"现象"当成"问题"，更不能错选"伪问题"进行研究；因研究目的与视角差异，即使研究相同的"问题"，也容易选择不同的基础理论，并得出不一样的结论。除此以外，在确定论文选题之后有许多撰写论文标题的技巧，研究者需要根据写作学术论文的实际情况酌情采纳。

研究设计。研究设计是建立一个"如何"搜集资料、要搜集"什么"资料、"如何分析"的研究计划，以帮助研究者分配有限的资源。研究者根据研究内容选定研究方法（质性研究还是量化研究），并拟定出初步的论文大纲。

进度安排。确定论文选题之后，需要根据自己的时间安排制定写作进度安排表。通过这种时间管理来检查自己的研究进度。需要注意的是：写作进度安排表只是一个参考，需要根据写作过程的变化而不断调整，既不可安排太松散（容易导致论文拖延），也不可太紧凑（容易导致论文讹误频出、研究不充分）。

（2）调查阶段

文献资料搜集。此处的文献的搜集不同于泛化的文献搜集，而是指针对研究者所要撰写的学术论文而展开的文献资料搜集过程。通过特定主题的文献资料搜集，完成文献综述与回顾。通常的做法是：先分析所要撰写论文的主题，找出关键词。如要撰写"以信息构建与信息交互为定位的信息管理专业教育——以美国 iSchool 联盟院校为样本的分析"一文，先分析其关键词为"信息管理专业教育""信息构建""信息交互""iSchool"等。然后通过多种渠道收集与此关键词相关的文献，并展开综述。

调查数据。在研究过程中通常会使用到"问卷调查法""田野法""实验法""焦点访谈法"等一系列研究方法，通过上述方法征集论文写作中会使用到的各类数据。在调查数据的过程中，必须严格遵守学术道德与学术伦理规范，严禁伪造数据、篡改数据等学术不端行为。

（3）撰写初稿

在准备好上述的文献和数据之后，研究者可以根据研究大纲撰写初稿。在撰写初稿的过程中，不需要过度考虑细微用词、用句等，只需要一鼓作气写出来就好。也可以不用写得太具体，但应该包括所有能想到的或想表达的内容。值得注意的是，在写作过程中如果有引用别人的成果，一定要及时标注，避免因后期找不到原文献或出处丢失而造成学术不规范。

（4）论文修订

论文初稿完成之后，可以请师长、同事、同学审阅或参与讨论以便于对初稿提出修改意见；在有选择接受的前提下对初稿展开修改；对文章的细节展开修订，仔细推敲字词的使用，从而让文章更加通顺、合理。

2.3　论文投稿与发表

论文写作完成之后，作者往往会考虑将论文发表。一般情况下，可以投给期刊或者参加学术会议，发表会议论文。下面以期刊论文的投稿流程为例展开说明：

（1）期刊的选择

影响一个学术期刊的因素是多方面的，期刊的影响因子通过期刊论文的平均被引用率揭示论文学术思想传播的深度和广度，使得期刊学术质量的评价能够量化，因此成为世界上期刊评估的重要指标之一。用影响因子评价分析是一种量化的显示度分析指标，也是科学家用来作为选刊投稿的依据，是国际上通行的一种期刊评价方法。由于它是一个相对统计指标，因此用它来评价各类期刊应该是比较公平的。一般，某种期刊的影响因子值越大，该期刊的学术影响力和作用越大。

投国际刊物，可以参照 *Journal Citation Reports*（《期刊引用报告》，简称 JCR）。ISI 每年出版 JCR。JCR 对包括 SCI 收录的 3800 种核心期刊（光盘版）在内的 8000 多种期刊（网络版）之间的引用和被引用数据进行统计、运算，并针对每种期刊定义了影响因子（Impact Factor）等指数加以报道。

投国内刊物，可以参照南京大学中国社会科学研究评价中心开发研制的中国社会科学引文索引（Chinese Social Sciences Citation Index，简称 CSSCI）、北京大学出版的《中文核心期刊要目总览》和中国科学院文献情报中心的《中国科学引文数据库》（Chinese Science Citation Database，简称 CSCD）等。

CSSCI 一般两年一评，主要面向社会科学，其来源期刊主要分为如下门类：法学、语言学、管理学、环境科学、教育学、经济学、考古学、历史学、马克思主义、民族学与文化学、人文、经济地理、社会学、体育学、统计学、图书馆、情报与文献学、外国文学、心理学、新闻学与传播学、政治学、中国文学、宗教学、哲学、艺术学、高校综合性学报、综合性社会科学等。CSSCI 分为核心期刊和扩展版期刊两部分。CSSCI 核心期刊目录（2021—2022）版收录期刊 583 种，台湾期刊 30 种，报纸理论版 2 种。扩展版期刊目录（2021—2022）收录期刊 229 种。

CSCD 每两年遴选一次，主要面向自然科学，主要收录我国数学、物理、化学、天文学、地学、生物学、农林科学、医药卫生、工程技术、环境科学和管理科学等领域出版的中英文科技核心期刊和优秀期刊。中国科学引文数据库来源期刊每两年遴选一次。每次遴选均采用定量与定性相结合的方法，定量数据来自中国科学引文数据库，定性评价则通过聘请国内各学科领域的专家对期刊进行评审。定量与定性综合评估结果构成了中国科学引文数据库来源期刊。2021—2022 年度中国科学引文数据库收录来源期刊 1262 种，其中中国出版的英文期刊 245 种，中文期刊 1017 种。中国科学引文数据库来源期刊分为核心库和扩展库两部分，其中核心库 926 种，扩展库 336 种。

《中文核心期刊要目总览》是由北京大学图书馆及北京十几所高校图书馆众多期刊工

作者及相关单位专家参加的中文核心期刊评价研究项目成果。在 2008 年之前每 4 年更新研究和编辑出版一次，2008 年之后改为每 3 年更新研究和编辑出版一次，目前已经出版了 1992、1996、2000、2004、2008、2011、2014、2017、2020 年版共 9 个版本，主要是为图书情报部门对中文学术期刊评估与订购、为读者导读提供参考依据。

《中文社会科学引文索引》（CSSCI）、《中国科学引文数据库》（CSCD）和《中文核心期刊要目总览》中的核心期刊有部分重合，以图书馆学、情报与文献学为例：

在 CSSCI（2023—2024）中，图书馆学、情报与文献学核心期刊共有 20 种而《中文核心期刊要目总览》（2020 版）中图书馆学、情报学领域有核心期刊 18 种，档案学领域有核心期刊 7 种，其中重合的期刊有 18 种，即 CSSCI（2023—2024）中的 21 种期刊，除了《现代情报》《信息资源管理学报》外，均属于《中文核心期刊要目总览》（2020 版）。

表 8-1　CSSCI 图书馆学、情报与文献学核心期刊（2023—2024）

序号	期刊名称	主办单位	CN 号
1	大学图书馆学报	北京大学	CN11－2952
2	档案学通讯	中国人民大学	CN11－1450
3	档案学研究	中国档案学会	CN11－1226
4	国家图书馆学刊	中国国家图书馆	CN11－4099
5	情报科学	中国科技情报学会、吉林大学	CN22－1264
6	情报理论与实践	中国国防科学技术信息学会、中国兵器工业集团第二一〇研究所	CN11－1762
7	情报学报	中国科学技术情报学会、中国科学技术信息研究所	CN11　2257
8	情报杂志	陕西省科学技术信息研究所	CN61－1167
9	情报资料工作	中国人民大学	CN11－1448
10	数据分析与知识发现	中国科学院文献情报中心	CN10－1478
11	图书馆建设	黑龙江省图书馆学会、黑龙江省图书馆	CN23－1331
12	图书馆论坛	广东省中山图书馆	CN44－1306
13	图书馆学研究	吉林省图书馆	CN22－1052
14	图书馆杂志	上海市图书馆学会、上海图书馆	CN31－1108
15	图书情报工作	中国科学院文献情报中心	CN11－1541
16	图书情报知识	武汉大学	CN42－1085
17	图书与情报	甘肃省图书馆、甘肃省科技情报所	CN62－1026
18	现代情报	中国科学技术情报学会、吉林省科学技术信息研究所	CN22－1182
19	信息资源管理学报	武汉大学	CN42－1812
20	中国图书馆学报	中国图书馆学会、中国国家图书馆	CN11－2746

（2）投稿

选定投稿期刊之后，就面临着选择：是纸质邮寄投稿还是在线投稿。在线投稿方式又可以分为电子邮件投稿和征稿平台投稿。

究竟选择何种方式投稿，依不同杂志社的要求而定。有的杂志社上述三种投稿方式皆可，有的杂志社只接受纸质投稿，但更多的杂志社现在只接受征稿平台投稿。通常情况下，我们优先考虑征稿平台投稿，因为这种投稿方式更加便捷、规范、高效，与此同时还可以节省邮费，尤其是高昂的国际邮费。

表 8-2　CSSCI（2023—2024）图书馆、情报与文献学核心期刊投稿方式

序号	期刊名称	投稿方式	备注（网址）
1	大学图书馆学报	征稿平台	http：//dxts. cbpt. cnki. net/wke/WebPublication/index. aspx
2	档案学通讯	电子邮箱	daxtx@x263. net
3	档案学研究	征稿平台	http：//www. daxyj. cn/html/list—13—1. html
4	国家图书馆学刊	征稿平台	http：//gtxk. nlc. cn/ch/index. aspx
5	情报科学	征稿平台	http：//journal12. magtechjournal. com/jwk3 _ qbkx/CN/1007—7634/home. shtml
6	情报理论与实践	征稿平台	http：//www. itapress. cn/CN/volumn/home. shtml
7	情报学报	征稿平台	https：//qbxb. istic. ac. cn/Journalx _ qbxb/Login. action
8	情报杂志	征稿平台	http：//www. qbzz. org/
9	情报资料工作	征稿平台	http：//qbzl. ruc. edu. cn/CN/1002—0314/home. shtml
10	数据分析与知识发现	征稿平台	https：//manu44. magtech. com. cn/Jwk _ infotech _ wk3/CN/2096—3467/home. shtml
11	图书馆建设	征稿平台	http：//tsgjs. org. cn/CN/1004—325X/home. shtml
12	图书馆论坛	征稿平台	http：//tsglt. zslib. com. cn/CN/volumn/home. shtml
13	图书馆学研究	电子邮箱	tsgxyj@163. com
14	图书馆杂志	征稿平台	http：//www. libraryjournal. com. cn/CN/1000—4254/home. shtml
15	图书情报工作	征稿平台	http：//www. lis. ac. cn/CN/0252—3116/home. shtml
16	图书情报知识	征稿平台	http：//dik. whu. edu. cn/jwk3/tsqbzs/CN/1003—2797/home. shtml
17	图书与情报	征稿平台	http：//tsyqb. gslib. com. cn/
18	现代情报	征稿平台	http：//journal03. magtech. org. cn/Jweb _ xdqb/CN/home
19	信息资源管理学报	征稿平台	http：//jirm. whu. edu. cn/Journalx _ xxzygl/authorLogOn. action
20	中国图书馆学报	征稿平台	http：//www. jlis. cn/jtlsc/ch/index. aspx

征稿平台投稿步骤：

① 仔细阅读投稿指南（说明）。投稿指南包含稿件学科领域要求、稿件类型、形式要求、图表规范、引文标注方法、参考文献、投稿方式、审稿流程、版权说明等等。

投稿过程中首先要弄清楚该期刊所关注的学科领域。如《中国图书馆学报》是图书馆学、情报学界的专业学术期刊，以交流图书馆学、情报学的研究发现，推动该领域的知识创新为己任，发表图书馆学、情报学领域及与其密切相关领域任何专题的高层次学术成果。《中国图书馆学报》的学术定位是思想性、战略性和前瞻性。而《情报学报》则主要刊载情报科学领域的学术论文或高质量的综述评论。重点关注信息、知识、情报相关的理论、方法、技术与应用，内容包括：信息搜集与过滤、信息组织与检索、信息分析与服务，知识获取与构建、知识组织与标引、知识利用与服务，情报收集与监测、情报分析与转化、情报传递与服务等。《情报学报》特别欢迎有数据基础、方法或技术上有创新、理论与实践结合紧密的论文。不一样的学科领域关注点决定了该期刊对稿件的要求。作者必须严格根据期刊关注的学科领域进行投稿，否则再好的稿件也难以被录用，造成缘木求鱼的困惑。

② 注册投稿平台并投稿。确定好投稿期刊后，根据该期刊投稿平台的要求注册作者信息。作者需如实填写个人信息，如姓名、联系电话、电子邮箱、作者单位（中英文）、职务、研究领域、个人简介等。

注册好作者信息之后即可根据期刊投稿要求投稿。作者需要根据期刊的格式要求（参见其提供的论文模板）修改文章格式，如字体、字号、行间距、文献著录格式等，部分期刊还会要求一并上传版权转让协议等。

投稿完成后，作者可以在期刊投稿平台查看稿件的审稿状态等一系列信息。

③ 投稿的道德规范及注意事项。作者在投稿的过程中，必须遵循学术道德规范等一系列学术伦理准则。

a. 禁止一稿多投。有些作者为了提高稿件的命中率，会采用一稿两投或一稿多投。杂志社一般明令禁止这种行为，一旦被发现，稿件将会被退稿。个别杂志社还会将作者拉入黑名单，拒绝发表该作者作为主要作者的所有稿件并向兄弟期刊通报。

b. 禁止论文抄袭。论文抄袭是严重学术不端行为，严厉禁止。近年来论文抄袭事件屡有发生，拷问着学界的职业操守。如需引用他人的观点等学术成果必须加以文献标注，而且文献标注必须符合规范。现在杂志社通常会对投稿文献进行论文抄袭监测，只要多于20单位的字数匹配一致，就被认定为抄袭，除非作者进行合理的参考文献标注。

c. 署名问题。稿件的作者必须是直接参与研究工作或对其有重要指导作用的成员（如研究生导师等），协助做实验的人员可放入致谢中。作者人数应控制在6人以下，严禁与论文无关人员挂名。联系人需要注明姓名、性别、年龄、职务、职称、学位等自然情况。

图 8 - 28　《图书馆杂志》期刊主页

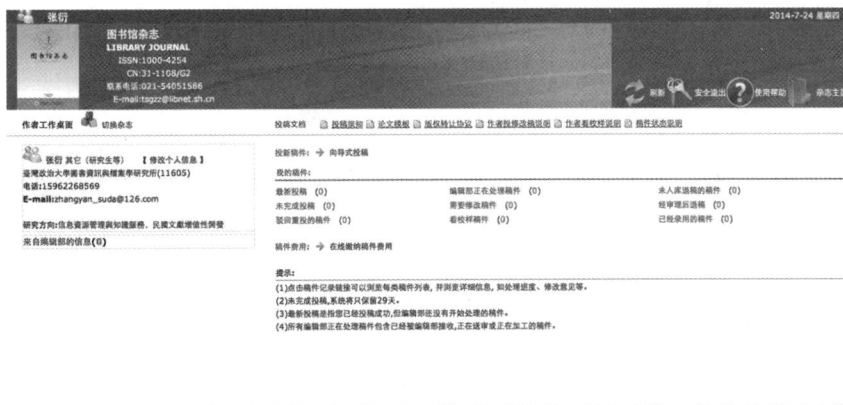

图 8 - 29　《图书馆杂志》期刊投稿平台中的作者界面

参考文献

1. 张倩苇. 信息素养：开启学术研究之门［M］. 北京：北京理工大学出版社，2020.

2. 沈传尧. 数字资源检索与利用［M］. 南京：江苏人民出版社，2009.

3. 学术规范［EB/OL］.［2022－8－03］. http：//baike. baidu. com/view/664682. htm.

4. 复旦大学学术规范及违规处理办法（试行）［EB/OL］.［2022－8－03］. http：//www. fudan. edu. cn/new _ research/norm. htm.

5. 张黎. 怎样写好文献综述——案例及评述［M］. 北京：科学出版社，2014.

6. 学术论文基本类别［EB/OL］.［2022－8－10］. http：//baike. baidu. com/view/222616. htm? fr＝aladdin#1 _ 2.

7. 中国图书馆学报投稿指南［EB/OL］.［2022－8－12］. http：//www. ztxb. net. cn/jtlsc/ch/first _ menu. aspx? parent _ id＝20080416210958001.

8. 李慧敏. 学术论文选题的几个关键字［EB/OL］.［2022－8－16］. http：//www. awec. ntu. edu. tw/news. html? sn＝105.

9. 李燕凌. 文科硕士研究生论文选题三原则［J/OL］. 学位与研究生教育，2010（10）：11－13.

10. 康桂英，等. 网络信息资源检索与科技论文写作［J］. 北京：电子工业出版社，2012.

后　　记

　　21 世纪的第二个 10 年是移动互联网快速发展的 10 年，网络信息检索技术快速发展，网络信息资源更加丰富，网络信息检索平台更加多元。编者积多年课程教学内容和工作经验，编写本教材，旨在介绍如何利用便捷的网络信息检索技术通过网络信息检索平台获取所需的各种网络信息资源。与第一版相比，第二版内容变化很多，把新出现的网络信息检索平台和检索方式纳入其中，具有内容更新、编排更合理、时代性更强等特点。

　　教材编写具体分工如下：高俊宽（苏州大学），负责全书的大纲制订、后期的统稿和修订工作、第六章的编写。徐芳（苏州大学），负责第一章的编写。高峰（河南理工大学），负责第二章和第三章的编写。任荣（苏州大学），负责第四章的编写。杨方铭（淮安工学院），负责第五章的编写。明海（苏州科技大学），负责第七章和第八章的编写。邹桂香（苏州大学），负责全书的校对工作。宗琦（苏州大学），负责全书的资料整理工作。

　　教材出版得到苏州大学"档案学国家级一流本科专业建设点"项目的大力资助。教材编写过程中，档案系领导给予了大力支持和帮助，同时参考了大量与网络信息检索有关的学术论文和论著。责任编辑张慧的认真负责，为教材的顺利出版起到了重要作用，在此一并表示感谢。

高俊宽

2025 年 7 月 15 日

图书在版编目(CIP)数据

网络信息检索/高俊宽主编 . --2 版 . --合肥:合肥工业大学出版社,2025
ISBN 978-7-5650-6211-7

Ⅰ.①网… Ⅱ.①高… Ⅲ.①网络检索 Ⅳ.①G254.92

中国国家版本馆 CIP 数据核字(2024)第 005099 号

网络信息检索(第二版)

高俊宽 主编 责任编辑 张 慧

出 版	合肥工业大学出版社	版 次	2015 年 11 月第 1 版	
地 址	合肥市屯溪路 193 号		2025 年 7 月第 2 版	
邮 编	230009	印 次	2025 年 7 月第 1 次印刷	
电 话	人文社科出版中心:0551-62903205	开 本	787 毫米×1092 毫米 1/16	
	营销与储运管理中心:0551-62903198	印 张	18 字 数 445 千字	
网 址	press.hfut.edu.cn	印 刷	安徽联众印刷有限公司	
E-mail	hfutpress@163.com	发 行	全国新华书店	

ISBN 978-7-5650-6211-7 定价:68.00 元

如果有影响阅读的印装质量问题,请与出版社营销与储运管理中心联系调换